教育部高等学校道路运输与工程教学指导分委员会"十三五"规划教材

Chengshi Gongjiao Guihua yu Yunying Zuzhi
城市公交规划与运营组织

靳文舟　主编
赵淑芝　主审

人民交通出版社股份有限公司
北京

内 容 提 要

本书是教育部高等学校道路运输与工程教学指导分委员会"十三五"规划教材。全书共分九章,包括绪论、城市公共交通发展现状分析、城市公共交通评价指标及评价方法、城市公共交通需求预测与规划目标制定、城市公共交通线网规划、城市公共交通场站规划、常规公交运营调度基本参数分析、常规公交运营调度模型与分析、城市辅助公交及其运营技术。

本书可作为交通运输专业本科生教材,也可作为相关专业高年级本科生、研究生以及各类相关专业技术人员的参考书。

图书在版编目(CIP)数据

城市公交规划与运营组织/靳文舟主编. —北京:
人民交通出版社股份有限公司,2022.4
ISBN 978-7-114-17607-4

Ⅰ.①城… Ⅱ.①靳… Ⅲ.①城市交通系统—公共交通系统—公路规划—高等学校—教材 Ⅳ.①U491.1

中国版本图书馆 CIP 数据核字(2021)第 189535 号

书 名:	城市公交规划与运营组织
著 作 者:	靳文舟
责任编辑:	时 旭
责任校对:	孙国靖 宋佳时
责任印制:	刘高彤
出版发行:	人民交通出版社股份有限公司
地 址:	(100011)北京市朝阳区安定门外外馆斜街 3 号
网 址:	http://www.ccpcl.com.cn
销售电话:	(010)59757973
总 经 销:	人民交通出版社股份有限公司发行部
经 销:	各地新华书店
印 刷:	北京市密东印刷有限公司
开 本:	787×1092 1/16
印 张:	14.5
字 数:	345 千
版 次:	2022 年 4 月 第 1 版
印 次:	2022 年 4 月 第 1 次印刷
书 号:	ISBN 978-7-114-17607-4
定 价:	42.00 元

(有印刷、装订质量问题的图书由本公司负责调换)

前言

为深入贯彻落实《国家中长期教育改革和发展规划纲要(2010—2020年)》及国务院关于《统筹推进世界一流大学和一流学科建设总体方案》,进一步提高(道路)交通运输本科专业核心课程教材的质量,打造高质量、高水平的精品教材,充分发挥教材建设在人才培养过程中的基础性作用,根据教育部《深化教育教学改革的指导意见》及教育部、科技部《关于加强高等学校科技成果转移转化工作的若干意见》,教育部高等学校道路运输与工程教学指导分委员会启动了"十三五"规划教材的编写申报工作。经过各高校老师申报及材料初审、专家评审和教指分委秘书处审定,(道路)交通运输专业有9本教材通过编写大纲审批,被列为教指分委"十三五"规划教材。

本书根据教育部高等学校道路运输与工程教学指导分委员会审定通过的《城市公交规划与运营组织》撰写大纲要求组织编写,重点介绍了城市公共交通发展现状分析、城市公共交通评价指标及评价方法、城市公共交通需求预测与规划目标制定、城市公共交通线网规划、城市公共交通场站规划、城市公交运营调度基本参数分析、城市公交运营调度模型与方法、城市辅助公交及其运营技术等内容。

本书的特点和目标如下:

(1) 体系上:将公交规划和运输组织合并为一门32～40学时的课程,作为交通运输专业的专业课程,把通用的交通规划、运筹学作为前序课程;本书把公交规划作为专项规划给出系统深入的理论方法和技术要点,力求在公交规划基础上,完善公交运营组织调度的理论体系。

(2) 内容上:公交规划部分,主要参照交通运输部《城市公共交通规划编制指南》中的"规划编制技术要点"要求,综合了国内外传统公交规划教材的理论内容,偏重介绍理论模型、数据分析、计算技术方面的内容;运营组织与调度部分,考虑到运输组织工作中,工作程序、规章制定及日常管理较多,因此这部分内容重点放在运营调度的理论方法。

(3) 深度上:本书是交通运输专业理论深度较深的课程之一,尤其是运营组织与调度方面的模型和算法的介绍较系统深入。

(4) 功能上:完成对交通运输专业技能培养,培养学生对公共交通的大局观。学生学习后会有阶段成就感,尤其是通过每部分的小习题和大作业,让学生对本门课程有深入的理解。学生可以用高级语言自行编程,争取可以用平台软件编程解决问题。

本书由华南理工大学靳文舟担任主编,吉林大学赵淑芝担任主审。全书共分九章。靳文舟(华南理工大学)编写第一章、第四章的第五节、第六节、第九章的第二节;巫威眺(华南理工大学)编写第二章、第七章、第八章、第九章的第五节;任其亮(重庆交通大学)编写第三章;孙文霞(河北工业大学)编写第四章的前四节、第九章的第一节、第三节、第四节,宋俪

(河北工业大学)编写第五章,第六章。全书由靳文舟统稿。华南理工大学的研究生林越、夏弋松、胡蔚旻、邓钦原、胡迪、曾坤、马检、周霄,重庆交通大学的研究生易鑫金、滕逸伟,河北工业大学的研究生李夏、孙宏帧、孔丽颖等参加了编写工作。

  本教材在编写过程中,得到了教育部高等学校道路运输与工程教学指导分委员会及有关专家的指导,在此致以诚挚的感谢!同时,本教材参考了国内外大量书籍、文献,在此谨向相关作者表示崇高的敬意和衷心的感谢!

  由于编者水平所限,书中难免存在不足或错误,敬请各位读者批评指正。

编 者
2021 年 10 月

目录

第一章 绪论 ··········· 1
- 第一节 城市生活与居民出行 ··········· 1
- 第二节 城市公共交通的基本概念和基本属性 ··········· 4
- 第三节 城市公共交通规划的任务及方法 ··········· 8
- 第四节 城市公共交通运营组织与调度的任务和方法 ··········· 11
- 第五节 城市公共交通政策导向和发展趋势 ··········· 14
- 复习思考题 ··········· 16

第二章 城市公共交通发展现状分析 ··········· 17
- 第一节 城市公共交通运行状况调查 ··········· 17
- 第二节 城市公交客流与居民出行调查 ··········· 20
- 第三节 居民出行特征分析与总结 ··········· 35
- 第四节 城市公共交通现状问题分析 ··········· 37
- 复习思考题 ··········· 39

第三章 城市公共交通评价指标及评价方法 ··········· 40
- 第一节 城市公共交通整体状态指标 ··········· 40
- 第二节 城市公共交通网络性能指标 ··········· 42
- 第三节 城市公共交通服务水平指标 ··········· 46
- 第四节 城市公共交通效益水平指标 ··········· 50
- 第五节 城市公共交通评价方法 ··········· 51
- 复习思考题 ··········· 59

第四章 城市公共交通需求预测与规划目标制定 ··········· 60
- 第一节 交通小区划分方法 ··········· 60
- 第二节 居民出行生成预测 ··········· 61
- 第三节 交通方式发展趋势分析及方式比例预测 ··········· 69
- 第四节 城市公共交通客流量分布预测 ··········· 75
- 第五节 城市公共交通规划的控制性指标 ··········· 80
- 第六节 城市公共交通发展战略与规划目标的制定 ··········· 83
- 复习思考题 ··········· 87

第五章 城市公共交通线网规划 ··········· 89
- 第一节 城市公共交通线网总体设计 ··········· 89
- 第二节 城市轨道交通线网规划 ··········· 93

第三节　快速公交线网规划 ·· 99
　　第四节　常规公交线网规划 ·· 103
　　复习思考题 ·· 119

第六章　城市公共交通场站规划 ·· 121
　　第一节　城市公共交通场站布局规划 ······································ 121
　　第二节　城市公共交通枢纽选址优化 ······································ 124
　　第三节　常规公交线路起终点和中途站点规划 ························ 130
　　复习思考题 ·· 134

第七章　常规公交运营调度基本参数分析 ································· 136
　　第一节　常规公交运营调度的目的及前期工作 ························ 136
　　第二节　常规公交运营调度的基本参数与信息 ························ 136
　　第三节　常规公交运营调度的多源数据分析 ··························· 143
　　第四节　常规公交短期客流预测技术 ······································ 148
　　第五节　常规公交车辆行程和到站时间预测 ··························· 149
　　复习思考题 ·· 155

第八章　常规公交运营调度模型与分析 ····································· 156
　　第一节　发车频率与发车间隔的确定 ······································ 156
　　第二节　发车时刻表的制定 ·· 162
　　第三节　车辆行车计划编制 ·· 171
　　第四节　司乘人员排班 ··· 179
　　第五节　区间车与大站快车设计 ··· 183
　　第六节　提升公交服务可靠性的实时控制策略 ······················· 189
　　第七节　公交网络协同调度 ·· 193
　　第八节　公交行车计划自动生成技术简介 ······························· 201
　　复习思考题 ·· 204

第九章　城市辅助公交及其运营技术 ··· 207
　　第一节　辅助公交的概念与构成 ··· 207
　　第二节　辅助公交的行业管理 ·· 210
　　第三节　辅助公交的运营管理技术 ··· 213
　　第四节　定制公交的运营管理 ·· 218
　　第五节　需求响应公交的调度方法 ··· 220
　　复习思考题 ·· 223

参考文献 ·· 224

第一章 绪 论

第一节 城市生活与居民出行

一、城市功能

1933年8月,国际现代建筑协会(Congrès International d'Architecture Modern,CIAM)第4次会议通过了关于城市规划理论和方法的纲领性文件《雅典宪章》,认为"城市规划的目的是解决居住、工作、游憩与交通四大功能活动的正常进行"。城市客运交通与城市发展中的人口密度、布局形态、用地结构、经济水平和土地资源等要素有着密切的关系。城市发展中的各个因素促进或制约着城市客运交通的发展;同时,客运交通也有能动的反作用,它必须在城市各种环境中不断变革和进步,从而促进城市的可持续发展。

(1)决定城市规模的主要因素是人口数量,其次是城市建设用地。

城市人口的数量、空间分布和密度是确定城市客运交通设施规模与结构的重要依据。在城市化进程中,大城市由于社会经济发展的吸引力,城市人口除了自然增长外,人口的机械增长率大大高于中小城市,因而大城市人口规模增长和用地规模增长不平衡,大城市人口的增长总是高于城市用地面积的增长。城市规模两种形态增长的不一致,不仅导致城市人口密度上升,而且是产生城市问题特别是城市交通问题的根源。

(2)城市布局形态对城市客运交通系统有着重要的影响。

城市布局是指城市的物质(环境)实体在地域空间上的投影。城市布局形态对城市客运交通系统有着重要的影响,不同的城市布局形态需要不同的交通系统与之相适应。我国多数大城市的布局形态采用单中心结构,即只有一个城市中心,且大都位于市区地理中心位置,城市以"摊大饼"式扩张。市中心建筑密集、商业繁华、岗位集中,导致公共交通负荷极大。实践证明,调整和采取新的城市布局形态是缓解城市中心交通紧张状况的一条重要途径,同时,新的城市布局形态的形成又依赖于城市交通的发展。城市布局形态向多中心结构发展是现代城市发展的一个方向。

(3)城市土地利用决定了社会经济活动的集聚程度和分布特性。

城市土地利用决定了城市不同社会经济活动在不同区域的集聚程度和分布特性,也决定了城市客运交通发生、吸引源的分布特性,对城市客运交通需求、客运交通网络布局具有决定性的影响。合理的用地结构有利于客运交通系统的发展,而客运交通系统的发展将促进用地结构的调整。土地利用类型可分为:大型基础工业用地、重工业用地、轻工业用地、高等院校和文化教育用地、政府部门用地、居住区用地、商业区用地、主要交通运输设施用地、公园和绿化区用地、大型的运动场地、军队和军事设施用地以及城市内的空地、河流、湖泊等。

(4) 城市经济繁荣促进了交通发展。

城市经济的繁荣发展,加快了城市化的进程,城市辐射力上升,商品经济交流加快,带来人流、物流的大幅度上升,从而产生大量的交通需求。一般来说,城市经济的增长与城市就业岗位呈线性关系,大批就业人员上下班的交通出行,使城市客运交通成为扩大社会生产的必要条件,是社会生产、分配、交换和消费的纽带。另一方面,随着城市经济的发展、生活水平的提高,人们对交通出行的要求越来越高,势必选择迅速、便捷、舒适的交通工具,因此,城市客运交通的结构、形态、方式和水平必须与客运量的增长和人民的生活水平相适应,而且要不断以更加先进的交通为城市的进一步发展创造条件。

(5) 土地资源是城市发展和客运交通发展的基础。

社会发展是无限的,而土地资源是有限的。为缓解这一矛盾,最行之有效的方法是提高单位土地资源的使用效率,即优化城市布局和交通结构。在交通设施供应和使用上,充分发挥每种交通设施的优势,以最少土地资源占用满足尽可能多的交通需求。同时优化组合城市布局与客运交通土地占用的级配。显然,在一定的土地资源条件下,用于城市布局安排各产业部门与居民居住的土地越多,给予交通设施的建设空间就越少,而客观上却需要更多的土地来建设交通设施,以保障城市的社会生产与生活。这样,城市土地资源和客运交通系统,就成为供应和需求矛盾的双方,土地资源成为客运交通发展的制约条件。

二、人的活动

城市生活中,人的活动可以用居民出行来定义。

关于一次出行,《城市综合交通调查技术标准》(GB/T 51334—2018)给出了定义:出行者为了一个活动目的,采用一种或多种交通方式从一个地点到另一个地点的过程。同时还定义了短出行:采用步行方式出行距离小于400m或者出行时耗小于5min的出行。

一次出行的定义中涉及三个基本要素:①以完成一个出行目的作为一次出行(trip);②可以单一交通方式也可以多个交通方式,每个方式的每一段上完成的一次运输称为一个乘次(ride);③出行距离和时间上有下限限制——发生在建筑物内部的移动和街坊、大院、校园内的短距离出行,由于不会对市政交通设施产生影响,可以不予考虑,也就是不考虑短出行。人的一次出行的单位记为1人次。出行用trip作单位,乘次用ride作单位,其关系是:一个trip包含了若干个ride,它们之间没有严格的对应关系。

考虑到各种交通方式都要独立地统计本方式的乘客数量,比如某人从家到单位要使用自行车、公共汽车、地铁及步行600m各一次,计算出行次数时只算一次出行(1个trip),各方式在统计自己客流数量的时候(我们理解为乘次统计),自然都会把这个人的乘次各计算一次,即全方式统计总运量(其实是总乘次数)的时候,这个人贡献了四次。如果该人乘坐公交车但经过一次换乘,或者在地铁内部通过换乘坐了两条线,在各个方式或各个线路的客运量统计中,往往会把这个人的乘次记录为两个乘次。简单地说,换一次车就多计算一个乘次。为了避免混淆,我们需要明确统计的背景和用途:统计各个方式的客流量(运量)的时候,用的都是乘次(ride);统计居民出行总量的时候,用的都是出行量人次(trip)。由于各个乘次的乘距不同,只统计乘次也不能完全反映各个方式的工作强度。尤其是统计各个方式的出行分担率容易引起出行总量(人次)分担率还是乘次总量(乘次)分担率的问题。最科学严谨的办法是用完成的周转量来说明各个方式完成的工作量。计算方式结构用周转量也科学合理,但由于周转量的统计比较麻烦,且周转量等于运量乘以乘距,就可以用近似方法计算方式结构比例。一个人一次出行用了多种交通方式,乘距最长的交通方式称为主要交通方式。此时的出行方式结构可以理解为各主要交通方式的出行量占总出行量的比例。

三、居民出行目的构成

城市生活中人有各种各样的活动,通常伴随从某起点到某终点的单向移动,即伴随出行。依据出行目的可将出行活动分为:工作出差、教育出行、旅游、探亲、访友、购物及其他出行活动。

居民出行是为了谋生、处理个人或家庭事务,以及参加社交和文化娱乐等活动,即出行必须具有相应的目的。在城市生活中,居民的出行目的比较繁杂。美国的国内出行研究(NPTS)曾经将出行目的定义为21种。国内为调查及研究的方便,通常将出行目的归纳为主要的8种:上班、上学、公务、购物、文化娱乐、探亲访友、回家(含回程)和其他。根据研究目的及深度的不同,上述目的还可以进一步细分或综合,如国内有些城市将购物、文化娱乐、探亲访友、外出就餐、就医、个人或家庭事务(如去银行、邮局)等与生活有关的出行综合为私人生活一个出行目的。

四、公共出行与私人出行

城市客运交通系统作为交通运输系统的主要组成部分之一,其根据人们的意愿大致可分为步行交通,单独使用私人交通工具的自行车交通、摩托车交通、小汽车交通,以及使用公共交通系统的公共交通。其中,公共交通系统作为城市客运交通的主要载体,与城市的形成、发展与兴衰紧密联系。

(1)公共交通(Mass Transit,或者 Public Transportation)是指城市中供公众乘用的、经济方便的各种交通方式的总称。公共交通系统由线路、交通工具、场站设施等物理要素构成,具体可分为常规公共交通、快速公共交通、轨道交通、出租汽车、城市水上公共交通系统。

(2)私人交通泛指徒步和以自用车为交通工具的出行,可分为步行交通、自行车交通、私人小汽车交通、摩托车交通等。

五、城市的公共出行服务

城市公共客运是城市中供公众使用的经济、方便的各种客运交通方式的总称。城市公共交通是为城市居民生产、工作、学习、生活等需要服务的,是交通运输业的一个重要分支。它具有交通运输业的全部特性,也有其与众不同的特殊性。狭义的公共交通是指在规定的路线上,按固定的时刻表,以公开的费率为城市公众提供短途客运服务的系统。广义的公共交通指所有供公众使用的交通方式,包括客运和货运、市内和区域间运输的总体。理论上,城市公共客运服务对应的是私人出行方式,而城市公共客运也可以分为常规的公共交通(主要指大载运量的、不随乘客意愿而改变路线和站点的、没有乘客专属使用权的公共交通方式)、定向服务的公共客运方式(主要包括出租汽车、包车等具有乘客专属使用权的方式,行驶线路和站点可按乘客意愿改变,乘客可多可少)。近年来又出现了介于上述两者之间的准公共客运模式,如定制公交、需求响应公交、客运专线等非固定线路和站点,随需求变化的公共客运模式,既不像出租汽车那样完全随乘客意愿行驶,也不像常规公交那样按班车模式运行。这种准公共交通模式可以称为辅助公交或者多元化公交,其功能弥补了常规公交的灵活性缺陷,也减少了一对一服务的出租汽车在价格和效率方面的不足。尤其是在移动信息飞速发展的条件下,这种模式更体现了客运服务满足出行需求的发展规律。

第二节　城市公共交通的基本概念和基本属性

一、城市公共交通的基本概念

通常所说的城市公共交通,一般是指在城市人民政府确定的区域内,利用公共汽(电)车(含有轨电车)、城市轨道交通系统、渡轮、索道和有关设施,按照核定的线路、站点、时间、票价运营,为公众提供基本出行服务的活动。城市公共交通是关系国计民生的社会公益事业。城市公共交通可以为城市居民提供低价、安全、环保的乘车环境,是缓解大城市的交通拥挤和污染的交通方式。

二、城市公共交通的公益属性

城市公共交通是公共服务产品,"公益属性"是城市公共交通的本质属性。同时,城市公共交通作为一种产品,具有市场的基本属性。随着社会主义市场经济体制的建立和改革开放的不断深入,城市公共交通的发展对外部市场的依赖越来越大。

城市公共交通属于网络型基础设施产业,其公益性建设和服务难以从市场中得到正常的投资和经营效益,因而不能通过完全市场化方式来建设和经营,企业没有自发地生产供给这类服务的激励。但城市公交企业又具备一般竞争性行业的经营特征,其部分建设和经营需要通过市场规律来调节,并通过具体经营获得收益。因此,城市公共交通属性可以定义为准公益属性。根据其属性定位,城市公共交通的准公益性决定了落实城市公共交通优先发展战略的责任主体应是各级城市人民政府,应当适当运用财政资金提供必要的扶持,或向城市公交企业为群众购买必要的公共交通服务。

根据服务定位和特征差异,城市公共交通划分为基本公共交通和辅助公共交通(或称多元化公共交通)。

基本公共交通是为满足公众基本出行需求提供的城市公共交通服务,是城市公共交通的主体,由城市人民政府主导建设和保障,按照核定的线路、时间、班次、站点和票价等方式运营。基本公共交通包含城市轨道交通和基本公共汽电车。基本公共交通包含但不限于常规公共交通。

辅助公共交通是为满足社会公众个性化、高品质出行需求提供的公共汽电车服务,是基本公共交通的补充,多以市场化运作为主导,实行市场调节价,按照快速、高效、舒适、灵活等特征运营。辅助公共交通包括专线公交、定制公交和需求响应公交等。其中,专线公交是为满足城市主要人口集散点与机场、铁路客运枢纽、旅游景区、园区、大型居民区等区域间公众快速出行需求,按照固定线路和站点运行的公共交通模式。定制公交是依托互联网技术构建信息平台,通过网络预约售票,整合供需信息,并使用符合条件的车辆和驾驶员,提供个性化服务的公共交通模式。需求响应公交是不定线、不定点、不定时的按照乘客出行需求开行的灵活公交,其灵活性介于出租汽车和定制公交之间。

为满足区域一体化和城乡一体化发展要求,打破行政区域界线,实现城市与城市周边行政区域的公共交通服务网络的有效衔接,可以开行跨市运营的城市公共交通。

三、城市公共交通的分类标准和技术特征

根据《城市公共交通分类标准》(CJJ/T 114—2007),城市公共交通分类标准和技术特征如表1-1所示。

城市公共交通分类标准和技术特征　　　　　　表1-1

分类名称及代码			主要指标及特征		
大类	中类	小类	车辆和线路条件	客运能力N和平均运行速度v	备注
城市道路公共交通GJ_1	常规公共汽车GJ_{11}	小型公共汽车GJ_{111}	车长:3.5~7m 定员:≤40人	N:≤1200人次/h v:15~25km/h	适用于支路以上等级道路
		中型公共汽车GJ_{112}	车长:7~10m 定员:≤80人	N:≤2400人次/h v:15~25km/h	适用于支路以上等级道路
		大型公共汽车GJ_{113}	车长:10~12m 定员:≤110人	N:≤3300人次/h v:15~25km/h	适用于次干路以上等级道路
		特大型(铰接)公共汽车GJ_{114}	车长:13~18m 定员:135~180人	N:≤5400人次/h v:15~25km/h	适用于主干路以上等级道路
		双层公共汽车GJ_{115}	车长:10~12m 定员:≤120人	N:≤3600人次/h v:15~25km/h	适用于主干路以上等级道路
	快速公共汽车系统GJ_{12}	大型公共汽车GJ_{121}	车长:10~12m 定员:≤110人	N:≤1.1万人次/h v:25~40km/h	适用于主干路及公交专用道
		特大型(铰接)公共汽车GJ_{122}	车长:13~18m 定员:110~150人	N:≤1.5万人次/h v:25~40km/h	适用于主干路及公交专用道
		超大型(双铰接)公共汽车GJ_{123}	车长:≥23m 定员:≤200人	N:≤2.0万人次/h v:25~40km/h	适用于主干路以上等级道路及公交专用道
	中型无轨电车GJ_{13}	中型公共汽车GJ_{131}	车长:7~10m 定员:≤80人	N:≤2400人次/h v:15~25km/h	适用于支路以上等级道路
		大型公共汽车GJ_{132}	车长:10~12m 定员:≤110人	N:≤3300人次/h v:15~25km/h	适用于支路以上等级道路
		特大型(铰接)公共汽车GJ_{133}	车长:13~18m 定员:120~170人	N:≤5100人次/h v:15~25km/h	适用于主干路以上等级道路
	出租汽车GJ_{14}	小型出租汽车GJ_{141}	定员:≤5人		随时租用或预订,按计价器收费或按日包车
		中型出租汽车GJ_{142}	定员:7~19人		预订,按计程或计时包车
		大型出租汽车GJ_{143}	定员:≥20人		预订,按计程或计时包车

续上表

分类名称及代码			主要指标及特征		
大类	中类	小类	车辆和线路条件	客运能力 N 和平均运行速度 v	备注
城市轨道交通 GJ_2	地铁系统 GJ_{21}	A型车辆 GJ_{211}	车长:22.0m 车宽:3.0m 定员:310人 线路半径:≥300m 线路坡度:≤35‰	N:4.5~7.0万人次/h v:≥35km/h	高运量适用于地下、地面或高架
		B型车辆 GJ_{212}	车长:19m 车宽:2.8m 定员:230~245人 线路半径:≥250m 线路坡度:≤35‰	N:2.5~5.0万人次/h v:≥35km/h	大运量适用于地下、地面或高架
		L_B型车辆 GJ_{213}	车长:16.8m 车宽:2.8m 定员:215~240人 线路半径:≥100m 线路坡度:≤60‰	N:2.5~4.0万人次/h v:≥35km/h	大运量适用于地下、地面或高架
	轻轨系统 GJ_{22}	C型车辆 GJ_{221}	车长:18.9~30.4m 车宽:2.6m 定员:200~315人 线路半径:≥50m 线路坡度:≤60‰	N:1.0~3.0万人次/h v:25~35km/h	中运量适用于地下、地面或高架
		L_C型车辆 GJ_{222}	车长:16.5m 车宽:2.5~2.6m 定员:150人 线路半径:≥60m 线路坡度:≤60‰	N:1.0~3.0万人次/h v:25~35km/h	中运量适用于地下、地面或高架
	单轨系统 GJ_{23}	跨座式单轨车辆 GJ_{231}	车长:15m 车宽:3.0m 定员:150~170人 线路半径:≥50m 线路坡度:≤60‰	N:1.0~3.0万人次/h v:30~35km/h	中运量适用于高架

续上表

分类名称及代码			主要指标及特征		
大类	中类	小类	车辆和线路条件	客运能力 N 和平均运行速度 v	备注
城市轨道交通 GJ_2	单轨系统 GJ_{23}	悬挂式单轨车辆 GJ_{232}	车长:15m 车宽:2.6m 定员:80~100人 线路半径:≥50m 线路坡度:≤60‰	N:0.8~1.25万人次/h v:≥20km/h	中运量适用于高架
	有轨电车 GJ_{24}	单厢或铰接式有轨电车（含D型车）GJ_{241}	车长:12.5~28m 车宽:≤2.6m 定员:110~260人 线路半径:≥30m 线路坡度:≤60‰	N:0.6~1.0万人次/h v:15~25km/h	低运量适用于地面（独立路权）、街面混行或高架
		导轨式胶轮电车 GJ_{242}	—	—	—
	磁浮系统 GJ_{25}	中低速磁浮车辆 GJ_{251}	车长:12~15m 车宽:2.6~3.0m 定员:80~120人 线路半径:≥50m 线路坡度:≤70‰	N:1.5~3.0万人次/h 最高运行速度:100km/h	中运量主要适用于高架
		高速磁浮车辆 GJ_{252}	车长:端车27m 中车24.8m 车宽:3.7m 定员:端车120人 中车144人 线路半径:≥350m 线路坡度:≤100‰	N:1.0~2.5万人次/h 最高运行速度:500km/h	中运量主要适用于郊区高架
	自动导向轨道系统 GJ_{26}	胶轮特制车辆 GJ_{261}	车长:7.6~8.6m 车宽:≤3.0m 定员:70~90人 线路半径:≥30m 线路坡度:≤60‰	N:1.0~3.0万人次/h v:≥25km/h	中运量主要适用于高架或地下
	市域快速轨道系统 GJ_{27}	地铁车辆或专用车辆 GJ_{271}	线路半径:≥500m 线路坡度:≤30‰	最高运行速度:120~160km/h	适用于市域内中、长距离客运交通
城市水上公共交通 GJ_3	城市客渡 GJ_{31}	常规渡轮 GJ_{311}	定员:≤1200人	v:<25km/h	静水航速
		快速渡轮 GJ_{312}	定员:≤300人	v:≥35km/h	静水航速
		旅游观光轮 GJ_{313}	定员:≤500人	v:<35km/h	静水航速
	城市车渡 GJ_{32}	—	定员:8~60标准车位	v:<30km/h	单车载质量5t的车辆限界为一个标准车位

续上表

分类名称及代码			主要指标及特征		
大类	中类	小类	车辆和线路条件	客运能力 N 和平均运行速度 v	备注
城市其他公共交通 GJ_4	客运索道 GJ_{41}	往复式索道 GJ_{411}	吊厢定员:4~200人 索道坡度:≤55°	N:≤4000人次/h v:≤12m/s	—
		循环式索道 GJ_{412}	吊厢定员:4~24人 吊椅或吊篮 定员:2~16人 索道坡度:≤45°	N:≤4800人次/h v:≤6m/s	—
	客运缆车 GJ_{42}	—	车长:8.5~16m 定员:48~120人 线路坡度:≤45°	N:≤2400人次/h v:≤5m/s	—
	客运扶梯 GJ_{43}	—	线路坡度:≤30°	N:≤12000人次/h v:≤0.75m/s	—
	客运电梯 GJ_{44}	—	定员:12~48人	N:≤2000人次/h v:≤10m/s	—

注:1. "平均运行速度"是指公共交通线路的起点站至终点站间全程距离除以车辆全程运行时间(包括沿途停站时间在内)所得的平均速度指标,又称"运送速度"或"旅行速度"。

2. 表中 L_B 和 L_C 型车辆为直线电机车辆。

第三节　城市公共交通规划的任务及方法

一、城市公共交通规划的任务

城市公共交通规划是城市综合交通规划的下层专项规划,而综合交通规划又是城市总体规划的下层专项规划。城市公共交通规划是根据城市发展规模、用地布局和道路网规划,在客流预测的基础上,确定公共交通车辆数、线路网络、换乘枢纽和场站设施用地等,使公共交通客运能力满足客流高峰的需求。

城市公共交通规划是保障城市公共交通科学发展的先导。城市公共交通规划需要统筹城市发展与城市公共交通发展,在总结城市公共交通发展现状、研判发展形势、分析公众出行需求的基础上,确定发展战略、发展目标、发展任务和保障措施,推动建立城市公共交通支撑和引导城市发展的规划模式,实现城市公共交通资源的优化配置,提升城市公共交通服务能力和服务水平,最大能力保障公众基本出行需求。

城市公共交通系统规划的目标一般为:①建立公共交通系统;②解决城市公共交通系统中存在的问题;③作为解决城市交通问题的关键途径;④做好城乡道路客运的有效衔接与配合。

城市公共交通规划按规划期不同可分为:近期规划、中期规划和远期规划。不同的规划期限要求有不同的规划范围、规划内容和规划方法。规划的深度要求根据需要而定,近期规划注重具体实施方案,远期规划侧重发展方向。

二、城市公共交通规划的理论基础

由城市公交系统的动态开放特性所决定,公交规划理论建立在相关领域研究的基础之上。其中相关性最强的领域为:

1. 城市规划学

城市规划中对社会经济、人口、城市性质、规模、布局、环境等各项城市要素的研究,都是公共交通规划的依据。如城市规划中对城市性质和规模的定位,直接影响城市的交通结构。中心城市和旅游城市,由于其具有的强大辐射力和吸引力,产生了大量的流动人口,流动人口大多依赖公共交通,因而这些城市一般都需要有一个发达的公共交通系统支撑城市的运转。

城市的空间布局结构规划决定了交通出行方式、公共交通客流量大小和客流分布。同样,城市公共交通系统的性质和服务质量又影响了城市空间大小、结构布局,两者相互作用,促进了城市的发展。

城市社会经济发展目标和水平是确定公共交通发展的目标,也是安排公共交通项目建设时序的依据。

2. 城市交通系统工程学

城市交通系统工程学是以系统科学为基础理论、以系统分析为基本方法、以城市交通为研究对象的一门新兴学科,是系统工程学和交通工程学的交叉组合。10 余年来,在国外经验和国内实践的基础上,该学科已初步形成。主要内容有:城市交通与社会经济、城镇化进程三者间的相互作用和整体优化;城市交通从规划、设计、建设、运营到管理,各个子系统和母系统的关系;城市交通规划中土地利用、交通需求和交通供应三要素的反馈调整与综合平衡;城市交通规划方法中信息采集、分析预测、方案评估、决策实施与跟踪监测五阶段的个体运作和总体协调城市交通构成中各个系统纵向与横向的作用分析。交通系统工程学为城市公共交通规划提供了基本方法和技术手段。

3. 环境工程学

现代城市的环境概念最早是由城市交通引出的。环境受交通的影响很大,2/3 的空气污染由小汽车引起,交通噪声干扰着城市的正常生活。环境工程学在公共交通规划中的作用是考虑如何减少公共交通车辆的噪声、废气、振动等对环境的影响,协调公共交通设施与城市景观的关系,如轨道交通系统建设如何满足城市景观的要求;另外,又要从城市生态环境的角度肯定优先发展公共交通的必要性,并对公共交通系统设施发展提出要求。

4. 城市交通经济学

城市交通经济学是研究城市交通建设中经济规律的一门学科,其核心为研究成本和效益的关系。主要内容包括经济决策的制订、投资选择、交通成本、交通费用、交通效益、供求分析等。研究目标是用最低的投入获得最高的产出,即提供质优价廉、规模合理、快捷安全的运输服务。交通经济学正在和技术要素一起影响交通规划和交通建设的评价与决策。如票价对运量的作用、时间价值在效益分析中的地位等。

三、城市公共交通规划的基本内容和方法

1. 城市公共交通规划的基本内容

城市公共交通规划应当全面评价城市公共交通发展现状,分析发展需求,明确指导思想

和基本原则,制定发展目标,对城市公共交通线网和枢纽场站、运营组织、支持系统等进行规划,确定实施安排,评估规划实施预期效果,并提出保障措施等内容。具体编制要求可参见2014年交通运输部颁布的《城市公共交通规划编制指南》。

城市公共交通规划的基本内容包括常规公交线网规划、轨道交通线网规划、快速公交规划、公共交通场站枢纽规划、公共交通营运管理系统规划等。公共交通线网布局和场站枢纽规划是城市公共交通规划的中心内容。

2. 城市公共交通规划的方法

城市公交规划最基本的方法为系统工程的方法。由于公交系统自身所具备的特性,采用系统工程的概念、逻辑、观点、功能可以很贴切地定义、分析、发展、评估公交系统。在公交规划中,系统工程所需的各种方法有:

(1) 典型、部分调查法,数学分析和信息处理法,用以进行调查研究。

(2) 回归分析法、时间序列分析法、关联矩阵法、动态模型法等,用以分析和预测公交客运需求。

(3) 线性规划法、网络优化法等,用以选择规划方案。

(4) 成本效益研究、多目标系统评价及技术再评价等,用以评定方案。

具体的规划方法包括交通调查方法、需求预测方法、线网规划方法、公共交通枢纽场站布局方法和评价方法等。

3. 城市公共交通规划的技术

1) 公共交通调查与分析技术

城市公共交通调查是建立城市公共交通系统的基础和前提。城市公共交通规划中的交通调查主要包括城市社会经济及土地利用基础资料调查、城市居民出行OD(交通起止点)调查、城市流动人口出行OD调查、城市公共交通现状调查等方面。其中专项调查主要包括随车调查、驻站调查和智能卡收费统计等。调查数据可根据具体要求设计成表,并应用数据库软件编程进行统计分析,获得公共交通客流的特征指标及技术运营指标。公共交通专项调查应定时进行,积累资料,建立公共交通数据库。

2) 预测技术

预测就是对未来事物的发展趋势作出估计。科学可靠的预测是决策的依据,也是编制规划的依据。本书中的预测主要包括客运方式结构预测、公共交通OD预测和基于土地利用的公共交通客流需求预测。预测技术是城市公共交通规划的基础工作和重要组成部分,是城市公共交通规划的关键环节之一,预测结果的准确与否,对规划的科学性和合理性会产生很大影响。

3) 公共交通线网规划技术

线网规划的具体对象有轨道交通线网和常规地面公共交通线网,方案的设定应在客流分配前完成,再通过测试、评价,进行调整并形成最优方案。一般来说,城市公共交通线网的形式取决于城市道路网的平面布局。有什么样的道路网,就会有什么样的公共交通线网,这是决定线网构成形式的前提条件。从另一方面讲,线网的构成形式也取决于该城市的主要客流方向。公共交通线网的铺设,要与城市主要客流方向一致。

4) 规划评价技术

城市公共交通的现状和规划的评价可以从三个方面进行:网络技术性能、服务水平和效益水平。网络技术性能评价主要指标有公共交通线网密度、公共交通车辆拥有率、公共交通站点覆盖率等,反映公共交通乘客乘车便利程度。服务水平评价指标有行车事故间隔里程、行车准点率、乘客换乘率、乘客平均候车时间、满载率、零票交通费率等,反映公共交通服务满足居民出行需要程度。效益水平评价指标有居民年乘坐公共交通车次数、制度工时比、完好车率、百车公里成本、全员劳动生产率等,反映公共交通行业和公共交通企业的经济效益水平。

5) 优化技术

公共交通线网优化设计是城市公共交通规划过程中的一个重要规划步骤。这不仅是因为所设计的公共交通线网直接影响发车间隔的确定、公共交通司乘人员的配置,而且一旦公共交通线网设计好,公共交通公司一般不经常改变。特别是在智能公共交通系统实施前,如果线网设计不合理,将直接影响智能公共交通系统的整体运营效果。

第四节 城市公共交通运营组织与调度的任务和方法

一、城市公共交通运营组织与调度的任务

城市公共交通运营管理工作主要是企业层面的日常业务,其前期的工作基础是城市公共交通规划及其相关设施建设、公共交通政策及其相关的服务标准、公共交通企业的基本配置(如公交企业的组织机构、许可资质、各类人员、规章制度、营运车辆、工作场地、经营范围等)。有了上述配置以后,企业的后续工作主要可以归为运营管理范围。其中,运营组织工作主要是围绕公交车辆日常营运所做的相关工作,主要包括发车作业表的制定和执行、车辆运行保障、人员保障、运行监管以及相关辅助工作。一般公交企业的日常运营组织工作也大致可以分为三类:第一类是围绕发车作业时刻表的制定与执行的工作;第二类是围绕车辆运行保障的工作;第三类都归为其他工作。这里关注的主要是第一类工作,用运营组织与调度(简称运营调度)来描述企业在运营中的理论和技术问题。

城市公交运营组织与调度是指城市公交企业根据客流的需要、城市公交的特点,通过制定运营车辆的行车作业计划和发布调度命令,协调运营生产的各环节、各部门的工作,合理安排、组织、指挥、控制和监督运营车辆的运行和有关人员的工作,使企业的生产达到预期的经济目标和良好的社会服务效益。具体地说,公交企业的运营车辆、司售人员通过线站调度手段和措施形成了各线路的载运乘客能力。各线站的调度在上级运营调度部门的指导下,根据客流规律线路的运营条件、企业的运输能力和公交企业社会效益、经济效益的指标要求编制出为乘客服务的行车时刻表。通过执行行车时刻表,将分散作业的各个车组纳入计划运营的轨道,使公共交通线路运营工作有计划、有节奏地进行。通过调度系统对线路运营状态的监控和现场适时、合理的调度指挥,保持运营生产的稳定性,保证公交企业较好地、均衡地完成客运任务和各项经济、技术、服务指标。

运营调度的主要职责有以下7项:

(1) 客流调查。除了设专职机构之外,客流调查是运营调度部门的基本职责之一。

(2) 线路管理。按照线路发展规划,负责实施当年的线路开辟、调整计划;因市政工程、

城市建设要临时改变线路的措施；设计线路的起讫点、中间站、调度设施、区间调度点、行车校时点以及乘客所需的服务设施等。

（3）行车人员与车辆的调派。制定各种调度方案、行车计划，包括临时调度方案和应急作业计划。

（4）现场调度。为了保障调度方案、调度计划的顺利执行以及使线路车辆运行保持客流需要的秩序而在线路现场实施的调度指挥措施。

（5）制定相应的规章制度，并进行运营过程监管和运营效果评价。

（6）向计划部门提供运营调度业务和有关的各种经济指标。

（7）建立信息系统。负责建立运营调度、行车业务方面的信息系统，包括各种原始记录、台账、统计报表、资料、数据及定额等，并能及时快速地反馈传递。

二、城市公共交通运营组织与调度的理论基础

公共交通运营组织涉及企业运营管理层面的基本知识，管理学、经济学方面的理论基础自然是必不可少的。针对这里关注的运营组织与调度，其相关性最强的领域为：

1. 最优化理论

运营组织与调度的实质问题是供需匹配问题。针对客流需求和城市公交的服务标准要求，在制定发车作业表时要依据配车数量、人员、时间、成本效益、动态运行等主要影响因素进行优化设计，需要用到静态和动态优化理论，同时因为需求的随机性，也需要进一步根据随机优化理论来解决实时优化问题。把实际运营中的条件约束和目标进行数量化，通过计算来实现运营组织调度的智能化显然需要最优化理论做基础。

2. 微观经济学理论

公交企业的运营管理必须重视经济效益。整个运营过程中，包括发车作业表的制定、保障条件的配置、调度方案的执行不仅涉及管理成本、财务成本、运营成本的计算，还必须考虑各类社会成本、社会效益、环境效益等分析。这里不只是需要宏观经济学、社会学、管理学的基本知识，更需要具体经济指标的计算，每个运营组织计划和调度方案都要经过成本效益分析来论证经济的可行性。

3. 可靠性理论

公交车辆的运行虽然有时刻表作为标准，但受到各种波动的影响，如客流的波动、交通拥堵带来的延迟、人员行为引起波动等，因此需要动态调度来优化调整，目的是保证运营计划执行的稳定性。同时，发车作业计划的制定和执行涉及一系列相互影响、制约的环节，尤其是有先后顺序的环节，其系统可靠性在运营组织与调度过程中必须进行充分论证。

4. 数据科学理论

数据科学主要以统计学、机器学习、数据可视化以及(某一)领域知识为理论基础，其主要研究内容包括数据科学基础理论、数据预处理、数据计算和数据管理。

数据科学主要有两个内涵：一个是研究数据本身，研究数据的各种类型、状态、属性及变化形式和变化规律；另一个是为自然科学和社会科学研究提供一种新的科学研究的数据方法，其目的在于揭示自然界和人类行为现象的规律。

5. 运营组织与调度的关键技术

（1）预测技术。包括客流预测技术、行驶时间预测技术，尤其是短时预测技术和高仿客

流聚集预测技术等。

(2) 数据分析与挖掘技术。现在信息条件为公交的运营组织和监控提供了强有力的技术支持,乘客的乘车刷卡数据、手机信令数据、车辆定位数据、车站实时监控数据等都能做到实时的收集与传输。这种条件下,如何有效利用大数据来支持运营调度就成了必不可少的关键技术。

(3) 最优化建模与求解技术。这是运营调度的管理核心技术,有了数据,还需要通过建模、算法、求解计算等来完成调度计划的自动编制。

(4) 系统评价技术。包括服务指标的达成度评价、运营的可靠性评价、系统的综合评价等,通过评价以及反馈,实现对调度计划的优化调整,而这样的优化调整周期将逐步缩短甚至需要做到短时优化和实时调整。

三、城市公共交通运营组织与调度的基本内容和方法

城市公交运营调度的形式可按如下方式划分:
(1) 按照车辆工作时间的长短与类型划分为:正班车、加班车和夜班车等。
(2) 按照车辆运行与停站方式划分为:全程车、区间车、快车、定点/定班车和跨线车等。
(3) 按调度管理范围划分为:单线调度、多线联合调度、多模式协调调度等。

公交企业的运营调度工作主要包括两方面的内容,一是发车作业计划的制订,二是发车作业计划的执行和监控。近年来,调度通信手段和车辆自动监控等先进的运营管理信息系统投入使用,可以实现公共交通运营的实时控制和运营管理现代化。

完成运营调度工作需要一定的技术支持,特别是作业计划编制,车辆运行定位、监控系统、运营辅助调度系统等都是必不可少的。

1. 发车作业计划编制

发车作业计划是公交运营组织与调度的最核心内容,其目的是通过合理的人力、运力安排来满足客流需求,达到资源的优化配置。行车时刻表是发车作业计划的具体体现,是计划调度的基本形式。通过行车时刻表,把分散作业的各车组司售人员组织起来,纳入计划运输的轨道。行车时刻表根据乘客的流动规律,确定各时组的行车频率和调度方法,为乘客提供良好的乘车环境,为提高整体服务水平提供了条件。行车时刻表的编制质量和执行中的准确程度,直接反映调度工作的能力,反映企业管理水平的高低和社会效益、经济效益的优劣。所以,公交企业必须加强对行车时刻表的管理。

应依据以下原则来编制行车作业计划:
(1) 依据客流动态变化规律,以最大限度的方便和最短的时间,安全运送旅客。
(2) 调度形式的选定,要适应客流需要和有利于加快车辆周转,提高运营效率。
(3) 充分挖掘车辆的运营潜能,不断提高劳动生产率。
(4) 组织有计划、有节奏、均衡的运输秩序。
(5) 在不影响服务质量的前提下,兼顾职工劳逸结合,安排好行车人员的作息时间。
(6) 根据季节性客流量变化来适时调整计划,并根据每周、每日的不同客流量,制订并执行不同的计划安排。

2. 车辆运行定位、监控

为了及时地向调度员提供车辆状况的实时信息,使调度员能够采取措施保证运营的正

常进行,需要采取车辆定位子系统、无线通信子系统、网络通信子系统、地理信息子系统等现代信息技术对车辆的运行过程进行监控。

3. 运营辅助调度

运营辅助调度系统是调度员工作的平台,利用监控、定位系统得到信息,通过预案为运营指挥过程提供支持。

公共交通企业必须加强运营管理工作,只有通过周密严格的运营计划,才能实现更好的服务,才能掌握流动、分散、连续、多变的客流规律,才能把局部动态和整体动态在时间、空间上的分配纳入运营组织之中。

第五节　城市公共交通政策导向和发展趋势

一、城市公共交通发展的政策导向

1. 国外城市公共交通发展导向

目前,世界上先进国家的大城市私人交通都很发达,但公共交通在居民的日常工作和生活中仍发挥着重要作用,维持着较高的出行比例。近年来,世界各国,特别是发达国家的城市公共交通发展迅速,一些大城市已形成以快速轨道交通为主、常规地面公共交通为辅,相互协调运转的完整客运交通服务系统,从根本上解决大城市及其卫星城镇群的出行问题。当今世界上一些大城市公共交通系统的结构趋于多元化的方向发展。

从世界公共交通的发展经验可以看出,公共交通经历了从兴盛经衰退到复苏的过程,其得以生存和普及的关键在于:①有效的政策保护;②充足的资金支持;③不断地开辟公共交通新模式;④向公共交通倾斜的管理政策;⑤新技术在公共交通领域的广泛应用;⑥优质的服务。这些公共交通发展的成功经验值得我国城市借鉴。

2. 我国城市公共交通发展导向

城市公共交通是城市交通的主体,被称为是城市肌体的"动脉"。随着城镇化程度的提高,城市公共交通在城市中的地位就越显得重要。城市公共交通不仅要进一步满足人民群众的各种出行需求,还要建立起通达、便捷、安全和优质的城乡交通一体化公共服务体系。

《国务院关于城市优先发展公共交通的指导意见》(国发〔2012〕64号),对我国城市公共交通指明了发展方向,充分体现了我国对公交发展的重视。近年来,我国城市公共交通得到快速发展,技术装备水平不断提高,基础设施建设运营成绩显著,人民群众出行更加方便,但随着我国城镇化加速发展,城市交通发展面临新的挑战。城市公共交通具有集约高效、节能环保等优点,优先发展公共交通是缓解交通拥堵、转变城市交通发展方式、提升人民群众生活品质、提高政府基本公共服务水平的必然要求,是构建资源节约型、环境友好型社会的战略选择。为实施城市公共交通优先发展战略,国务院提出以下指导意见:

(1) 树立优先发展理念:在用地、财税、通行、政策等方面体现优先发展。

(2) 把握科学发展原则:方便群众、综合衔接、绿色发展、因地制宜。

(3) 明确总体发展目标:通过提高运输能力、提升服务水平、增强公共交通竞争力和吸引力,构建以公共交通为主的城市机动化出行系统,同时改善步行、自行车出行条件。要发展多种形式的大容量公共交通工具,建设综合交通枢纽,优化换乘中心功能和布局,提高站点覆盖率,提升公共交通出行分担比例,确立公共交通在城市交通中的主体地位。科学研究确定城市公共交通模式,根据城市实际发展需要,合理规划建设以公共汽(电)车为主体的地面公共交通系统,包括快速公共汽车、现代有轨电车等大容量地面公共交通系统,有条件的特大城市、大城市有序推进轨道交通系统建设。提高城市公共交通车辆的保有水平和公共汽(电)车平均运营时速,大城市要基本实现中心城区公共交通站点500m全覆盖,公共交通占机动化出行比例达到60%左右。

(4)实施加快发展政策:强化规划调控、加快基础设施建设、加强公共交通用地综合开发、加大政府投入、拓宽投资渠道、保障公共交通路权优先、鼓励智能交通发展。

(5)建立持续发展机制:完善价格补贴机制、健全技术标准体系、推行交通综合管理、健全安全管理制度、规范重大决策程序、建立绩效评价制度。

此外,城市公共交通发展的途径包括以下几条:

(1)加快基础设施建设。加快制订城市建设项目公共交通场站设施配建管理政策,组织开展交通影响评价。

(2)构建一体化公共交通体系。加快制订城乡公共交通一体化发展政策,实现城市内外交通便利衔接。

(3)发展多层次公共交通服务。不断优化城市公共交通线网结构,积极构建快线、干线、支线三层次服务网络,鼓励发展快速公交、直达公交、大站快车、观光巴士等特色公共交通服务模式,满足不同层次、差别化的出行需求。大力发展社区公交、支线小公交,构筑微循环公交系统,增强公交服务社区的能力,完善步行和自行车等慢行交通系统,解决公众出行"最后一公里"需求。

(4)落实城市公共交通路权优先。加快制订城市公共交通路权优先的指导意见,提高公共交通车辆营运速度和道路资源利用效率。

(5)发展绿色交通。大力发展低碳、高效、大容量的城市公共交通系统,加快新技术、新能源、新装备的推广应用,推动新能源公交车在公共交通领域的规模化、商业化运营,不断优化新能源公交车发展环境等。

二、城市公共交通发展趋势分析

城市公共交通系统总体上会朝着可持续发展的方向前进。可持续发展指标能够描述和表现城市公共交通系统各个方面的现状,能够描述和表现城市公共交通系统各个方面的变化趋势,能够描述和表现城市公共交通系统与其他系统之间的协调程度,从而定量地评价城市公共交通系统的发展状况,预测其发展趋势和走向,采取相应的宏观调控措施。建立城市公共交通系统可持续发展指标体系能够跟踪监测城市公共交通系统可持续发展战略的实施进程,通过指标反馈的信息对城市公共交通系统的发展潜力、动力和发展的持续性、协调性进行监控,反映出城市公共交通系统发展过程中突出的矛盾,诊断原因,以便采取对策,为城市公共交通系统的建设和发展提供一些参考。

随着城市公共交通各项方针政策的贯彻实施和改革措施的逐步落实,我国城市公共交通必将在接下来得到稳步的发展,其发展的主导趋势概括如下:

1. 大中运量快速轨道交通系统建设速度加快

城市快速轨道交通,特别是地铁经过多年来的不断完善,已发展成为一种运量大、速度快、准时、节能、安全、可靠、舒适、污染小的现代化立体交通系统,不仅能有效地满足大城市不断增长的城市客运交通需要,而且还会为城市带来多方面的间接经济效益和社会、环境效益。实际上,现代快速轨道交通也代表了城市一种新的生产力。

2. 公共交通枢纽设施逐步向综合化和立体化方向发展

由于城市功能多样化及城市用地资源稀缺等缘故,客运枢纽设施将在未来走向综合化,其内部功能将不仅局限于为乘客提供搭乘所需的购票、候车、乘车等,而且将纳入购物、办公等多种功能,交通设施将与商场、办公楼结合形成城市综合体,有的甚至会发展成为未来的城市中心或区域中心。合理规划、设计综合客运交通枢纽,是改善公交系统、方便出行换乘、提高公交服务质量和运营效益的重要环节。

3. 现代信息技术推进公交规划及运营调度管理水平的提高

伴随着科学技术的进步和城市经济的发展,在城市公共交通系统规划、建设及运营管理中将大力推广高新技术。利用云计算、大数据、即时通信、人工智能技术建立起公交运数据采集与分析系统,在客流分析、公交规划、运营调度、服务评价及行业管理等方面实现智能化,从而大大提高公交规划管理决策水平,改善公交的服务质量,更好地满足乘客需求,增强公共交通的竞争力。

4. 公共交通结构多元化,满足不同层次的需求

在经济比较发达的大城市正逐步建立起以大中运量快速轨道交通、地面常规公共交通系统,并辅之以其他客运交通方式的多层次的符合生态及环保要求的城市客运交通体系,保证公共交通覆盖率,方便市民出行。同时积极发展辅助公交,提高公共出行服务的个性化水平。

5. 新能源公交车的广泛应用促进公共交通绿色化

大力发展新能源公交车,加快新技术、新能源、新装备的推广应用,推动新能源公交车规模化、商业化运营,不断优化新能源公交车发展环境等。

复习思考题

1. 广义和狭义的城市公共交通系统概念有什么区别?
2. 城市公共交通系统由哪几部分组成?
3. 详细解释出行量与各方式客运量的关系。
4. 结合具体的案例说明城市公共交通系统与城市发展的关系。
5. 说明城市公共交通的服务对象和基本属性。
6. 说明城市公共交通规划的内容和任务。
7. 说明城市公共交通运营组织和调度的内容和任务。
8. 简述城市公共交通的发展趋势。

第二章　城市公共交通发展现状分析

　　客流是指乘坐公共车辆的乘客群,由于乘客群沿着公共客运线路流动,所以又称为乘客群流,简称客流。乘客群流动的数量,简称客流量。客流量从总的方面反映城市居民需要乘坐公共交通车辆的概括数据。它是由市区和郊区的固定居住人口和外来临时人口,因生产、生活等需要而出行乘车来构成的。客流量包括时间、方向、地点、距离、数量等因素。客流量的大小取决于城市性质与面积、人口密度、经济水平、就业人口、城市布局、出行距离以及公共交通线路网的布设、票价和服务质量等因素。

　　为了分析客流在公共客运交通线路上的需求与具体分布,经常要了解某一区域或某一路段的居民出行,以作为城市公交网络优化、改进的依据。因此,需展开居民出行与客流调查,总结出行特征,掌握出行运行现状与需求。

第一节　城市公共交通运行状况调查

一、城市经济社会现状调查

　　公交线路、运营方案的规划涉及众多领域,如:车型的选取、票价的优惠政策等需从社会经济方面进行考虑;站点的设施应结合其周边的土地利用分布特征;场站的选取涉及土地利用总体规划的协调等。因此,城市公共交通规划的相关调查不仅局限于公交领域的资料搜集,需进行细化、扩展调查,对于收集的资料也有一定的要求。

　　规划资料应收集最新批复的相关规划成果和在编的规划草案。反映现状的数据资料宜采用规划起始年前一年的资料,反映发展历程的数据资料不宜少于 5 年。现状与发展趋势分析宜采用 5 年之内的交通调查资料,5 年以上的调查资料可作为参考。主要收集以下资料:

1. 城市概况

　　城市概况包括城市地理位置、气候、地形地貌、地质、自然资源、旅游资源等。地形、地质等对公交系统布局有很大影响,如山区城市的道路网布局结构多是自由式的,公交车辆选取时需考虑爬坡动力等因素。

　　规划区域的旅游资源对该地区的交通出行量同样也会产生影响,如旅游资源丰富将会刺激该地区的客运量,催化旅游专线、站点接驳专线等特殊公交线路的产生。因此,制订新公交运营方案前应重点掌握旅游风景名胜、文物古迹的位置、等级、开发状况以及开发计划等旅游资源,通过运营方案的制订,满足旅游出行等居民的非日常出行需求。

　　针对不同类型的资料应采取差异化调查,如气候、地形、地质等情况基本上是长期稳定的;而旅游资源可能会随时间、政策、开发程度而变化,对此类动态变化明显的资源应分年度列出数据。

对于大多数区域社会经济指标，要求具有一定长度的时间序列数据作为预测和规划的基础。数据来源应该以国家、省、地区的统计资料为主，必要时作为专项调整加以补充。

2. 经济社会基础资料历年数据

经济社会基础资料历年数据包括人口资料和国民经济发展相关指标等。经济的发展在潜移默化地改变着人们的出行，方式上从非机动化的步行、自行车转向机动化的公交车、私人小汽车、网约车；频率上在单一的日常通勤基础之上增加不少休闲、娱乐出行，出行时长与距离也显著增加。交通量是由人所产生的，人口的增加，加之经济的迅速发展，必然导致居民出行量的爆炸增长。社会经济状况对交通有直接的影响，一定的社会经济状况对应一定的交通状况。对未来城市社会经济状况进行预测，建立交通与社会经济的关系需要历史及现状的社会经济基础资料。社会经济基础资料调查需收集以下资料：

(1) 城市人口总量及各交通小区人口分布量，城市人口年龄结构、性别结构、职业结构、出生率死亡率、机械增长率等；这里所说的交通小区可根据公交规划的范围来划定，一般地，尽量不打破行政区的划分，以便能利用行政区现成的统计资料。如果做城市中的某个区的公交规划，上述资料能以社区居委会为单位基本可以达到规划的要求。如果做全市的公交规划，能以社区居委会为单位收集资料固然可以，以街道(镇)及重点社区为单位也基本可以满足要求。

(2) 国民经济指标：城市生产总值(GDP)、各行业产值、产业结构、人均收入等。

因此，顺应经济、人口变化趋势，准确预测日益增长的交通需求，是做好交通规划必不可少的基础资料。为了分析、预测未来的城市社会经济发展变化情况，调查中应包括历史及现状的资料。社会经济基础资料一般可从统计、规划、交通等政府机构获得。

3. 土地利用基础资料

土地利用基础资料包括土地利用现状与规划的土地利用类型、规模等。土地利用是进行居民公交出行需求预测的基础，与公交线路、站点规划有密切的关系，不同性质的土地(如居住、商业、工业等)有不同的交通特征，如早晚高峰出行不均衡系数、节假日出行量分布等决定了公交车发车班次、行车速度的制定；商业、工业用地的面积决定了车辆容量的选取。

4. 城市交通发展资料

城市交通发展资料包括城市交通基础设施、车辆保有量、城市交通管理和发展政策等。基础设施是一个国家国民经济的社会管理资本，是国家全部经济活动、社会活动赖以存在和正常运行的基础条件。交通运输基础设施是指不能移动的运输设施，也称为固定设施，具有社会公益性、级差效益、商品属性、不可分割性等特性，主要包括交通控制设施、出入口控制设施、铁路、公路、车站、港口、河道、机场等。

城市交通基础设施可分为城市公共交通设施和城市交通管理设施。城市公共交通设施调查包括公交线网总体布局情况、各线路站点设置情况、线路车辆配备情况、公交场站设置情况等内容；城市交通管理设施包括城市道路交通管理设施投资水平、交通标线、交通标志、行人过街设施、平面交叉口渠化、信号控制等内容。

5. 城市相关规划资料

城市相关规划资料包括城市总体规划、城市综合交通运输规划，以及城市轨道交通、城市道路网等交通专项规划资料。其中,《中华人民共和国城乡规划法》(2019年修正)规定,国务院城乡规划主管部门负责全国的城乡规划管理工作,县级以上地方人民政府城乡规划主管部门负责本行政区域内的城乡规划管理工作;制定和实施城乡规划,在规划区内进行建设活动,必须遵守本法,本法所称城乡规划,包括城镇体系规划、城市规划、镇规划、乡规划和村庄规划。城市总体规划、镇总体规划以及乡规划和村庄规划的编制,应当依据国民经济和社会发展规划,并与土地利用总体规划相衔接。城市公共交通系统规划是城市城乡规划在城市交通领域的细化,必须以城乡规划为前提。

6. 其他经济社会发展资料

除上述相关资料外,区域发展背景、城市历史演化、产业发展等也会对城市的公共交通规划与运营方案的制定产生一定影响。

二、城市交通现状调查

1. 城市道路网现状资料

城市道路网现状资料包括各级道路基本信息、路网图等。路网规划是公路交通规划的组成部分;是道路建设中一项重要的前期工作,它属于长远发展布局规划,是制订路网建设中长期规划、选择建设项目的主要依据;是确保道路建设合理布局,有秩序地协调发展,防止建设决策、建设布局随意性、盲目性的重要手段。

公交线路的规划是依托现有道路网,结合出行需求进行的线路规划。它不会产生新的道路,但紧紧依附道路网的扩张而壮大,因此,道路网是进行公交规划的基石与风向标。

2. 城市交通运行状态调查

城市交通运行状态调查包括居民出行的一般特征调查、机动车状况调查、城市客运枢纽调查、慢行系统现状调查等。

居民出行特征调查包括出行量出行率分析、出行方式结构、出行空间分析、出行时间分析、出行目的、出行时耗等。

机动车状况调查包括摩托车、小汽车、客车、货车等保有量和发展状况、发展趋势等。

城市客运枢纽调查包括公路客运枢纽、铁路客运枢纽、港口、机场等。需要调查客运枢纽的数量、区位、规模、客流量、连接线路的路由等。

慢行系统现状调查包括人行设施和自行车道等。

三、城市公共交通配置情况调查

1. 城市公共交通线路资料

城市公共交通线路资料主要包括公共交通线网功能层次结构、线网布局、线路长度、线网密度、线路重复系数、非直线系数、站点覆盖率等。

城市公共交通线网是线路规划与运营的基础,其调查内容主要为公交线网总体布局情况、各线路站点设置情况、线路车辆配备情况、公交场站设置情况等内容。

2. 城市公共交通站场资料

针对场站等公共交通停车设施,可按类别进行调查。按功能可划分为首末站、枢纽站、停保场(也可以叫综合车场,也可分为保养场和停车场);按用地性质可分为专用土地、临时用地、占道停车等;按建设进度和状态可分为在用场站、已规划的在建场站、已有规划用地的未建场站等。城市公共交通停车设施的调查主要收集停车场的名称、位置、类型、规模、周边路网情况、停车场进出口设置等信息。

城市交通枢纽的运营情况直接反映了对外交通的服务水准,城市对外交通枢纽调查内容包括车站、码头等对外交通枢纽布局,各车站、码头的容量、交通集散广场情况等。

3. 运营现状调查

公共交通的规划与完善都需以出行需求为导向,基于现状的反馈,有的放矢地进行改进,才能真正解决实际问题,缓解交通压力。通常选取反映现状运营、服务水平的量化指标作为评价标准,主要分为线网、运力、班次、服务水平等几个部分。

线网和站点情况前面已有说明。城市公共交通运力调查主要包括运力的总规模、运力结构、运力配置等。各条线路的发车班次和频率反映该线路的运力配置、人力配置和行驶里程等情况,与途经区域、客流需求、线路长度、停靠站点、首末场站、停保场、能源类型以及营运时间等因素有关,是公共交通运营组织管理的重要依据。有关公交运营的服务水平,除了基本的设施配置以外,还包括运营时间、准点率等,可按服务质量考核指标来调查相关资料,并需要进行居民出行满意度调查,以问卷调查、现场问询等形式了解居民对公交运营现状的评价与建议,构建反馈机制,作为后续规划改进的基础。

相关概念和指标的定义详见第三章。

4. 城市公共交通车辆资料

公共交通营运车辆资料应当包括城市公共交通车辆的所有人、数量、车型、长度、动力类型、年限等。所有人指的是车辆所属单位,动力类型指的是燃油、电动、天然气、氢能源等。近年来由于公交车辆能源结构的变化,还需要深入了解各类车辆的能源供给场地、一次补充能源的时间和行驶里程等。广义的城市公共交通车辆还包括为城市居民生产、生活服务的公共汽车、出租汽车、地铁、轮渡、缆车、索道等。

第二节 城市公交客流与居民出行调查

一、公交客流调查

1. 调查目的与意义

这里的交通调查是指公共交通企业有目的地对客流在线路、方向、时间、地点、断面上的动态分布所进行的经常的或定期的、全面的或抽样的调查并进行分析的过程,是对城市居民乘车需求情况的分布资料的收集、记录和分析过程。

交通调查可以使行车作业计划组织设计更切合实际。通过经常的定期的客流调查,可以检验运行调度措施、行车运行实际情况和客流实际的偏离程度,并根据客流动态对其及时进行修改、补充和完善。交通调查是公共客运经营管理的基础工作,掌握客流的规律,有利于合理地平衡行车计划,缓解高峰期乘车拥挤的矛盾,避免非高峰时间车辆空驶造成的浪费,合理经济地使用车辆。通过交通调查资料的分析,了解线路客流在各断面上、时间上、方向上的不平衡性情况,与规范值进行比较,总结现状问题,合理配备车辆,编制符合实际的行车时刻表,使运营调度科学化。

2. 公交客流调查

调查公交客流可以了解公交线路(线网)上客流的时间与空间分布规律,直观反映客流需求,同时也作为未来客流预测的基础数据。公交客流调查的常用方法包括问询调查和观测调查两种。

(1)问询法根据调查地点,可分为驻站问询、随车问询。

①驻站问询法。

驻站问询法是指派专人在调查站点内通过询问来调查乘客在线路上的起讫点及客流情况的方法。驻站问询调查的记录表可以参考表2-1。这种方法适合于了解线路某个段或某几个站点客流资料的情况。

驻站问询调查表　　　　　　　　　　　　　　　　表2-1

线路：　　行向：　　驻站站名：　　日期：　　调查员：

时间	车号	到 站 名		备注
		进站人数	出站人数	

②随车问询法。

随车问询法是指派专人在车上,沿线询问调查乘客在线路上的起讫点及客流情况的方法,也称为跟车问询法。随车问询调查的记录表可以参考表2-2。了解全线路客流去向情况通常采用这种方法。

随车问询调查表　　　　　　　　　　　　　　　　表2-2

线路：　　车号：　　行向：　　日期：　　调查员：

时 间 段	上车站名	下车站名	备　注

(2)观测法主要包括以下三种方法：

①高断面观测法。

高断面观测法是指派专人在旅客流量比较多的路段,选取一个合适断面,观测通过该断面的车辆的车内人数,以得到该路段的乘客通过量等客流情况。

高断面观测调查表可以参考表2-3。通过高断面观测,可以了解全日各时段客流量变化的程度,评价高低峰时间配车是否合理,以作为配车或增减车辆的依据。

高断面观测调查表　　　　　　　　　　　　　　　　表2-3

断面位置：　　线路：　　行向：　　日期：　　调查员：

车　号	到达时间	车内人数	留站人数	备　注

运用高断面观测法要注意：

断面的选择。要根据日常的观测和工作要求确定恰当的断面地点,应以熟悉线路情况的人员来正确估计流量的密度。一般可以将高断面设在靠近停靠站点的地方。

调查日期。可以根据客流规律来决定,因为一周里的平日与假日不同,而平时又因企业交替公休、乘客多少也不同,所以调查日期应确定得当,既要有代表性,又要保持准确性。

资料的统计分析。可以把原始记录以半小时作为组距,结算出通过班次、通过量、平均车容量等数据,高断面观测汇总表见表2-4。根据高峰和平峰的客流量,按照车型定员来检查载运人数。如果高峰期太拥挤并有留站人数,就要采取有效的调度方法以增加运输班次;而在平峰期时,如果流量少,就要减少班次。

高断面观测汇总表 表2-4

统计员:

时间	通过车次	通过量	留站人数	平均车容量	满载率	上次调查			比较	
						车次	通过量	满载率	客流情况	满载情况

求半小时班次的计算公式为:

半小时内班次(车次) = (每30min通过人数 + 同时段留站人数)/计划车容量

半小时的行车间隔计算公式为:

$$半小时行车间隔(min) = 30/30min 内班次 \qquad (2-1)$$

这种方法的特点是处理简单,整理资料快,可以比较准确地反映客流变化情况。还可以利用调查资料及时修改行车时间表,虽然资料的正确性与实际情况略有出入,但是一般相差不大,完全可以作为运力和运量的平衡依据。

②随车观测法。

随车观测法是在线路上的运行车辆中派专人记录沿途各站上下车乘客的数量以及留站人数。随车观测的调查车辆数量,可以每车调查,也可以抽取其中部分车辆来进行调查。调查表格参考表2-5。

随车观测调查表 表2-5

线路: 行向: 发车时间: 车号: 日期: 调查员:

站 名	到站时间	上车人数	下车人数	留站人数	备 注
××站					

调查得到资料,按以下步骤进行汇总:

首先,按分组时间段,将观测记录原始表格中的数据汇总后,填入表2-6中。

汇总表一 表2-6

线路: 行向: 分组时间: 车型: 车次: 平均车容量:

站 名	上车人数	下车人数	旅客通过量
××站			

接着,按单向的各分组时间段,将各站上下车量分别填入表2-7中。

汇总表二 表2-7

时间分组	通过车次	A站		B站		……	合计	
		上车人数	下车人数	上车人数	下车人数	……	上车人数	下车人数

最后,按单向的各分组时间段,分别计算各站段的旅客通过量,填入表2-8中。

各站段旅客通过量 表2-8

分组时间	车次	车容量	A站	B站	C站	D站	E站	……	合计

③驻站观测法。

驻站观测是在规定时间内派人分驻各个调查点记录上下车人数、留车人数和留站人数的调查方法。按清点留车人数的观测方法的不同,一般又可以分为两种:一种是直接点录乘客实数,另一种是估计车厢内载客的满载率程度。这两种方法在实际中都可以采用。驻站观测调查表可参考表2-9。

驻站观测调查表 表2-9

驻站站名: 线路: 行向: 日期: 调查员:

车号	达到时间	离站时车内人数	上车人数	下车人数	留站人数	备注

具体操作办法为:

直接清点车厢内的载客人数,在不易点清时可按车厢内站立人数的均衡程度以每平方米站立人数来估计。

事先制定出车厢满载的标准,调查员按满载标准来估计车厢内的载客数。

经过观测后得到的调查资料,按行车方向分别汇总在表2-10中。

驻站观测数据汇总表 表2-10

| 分组时间 | ××站 | | | | | | …… |
	车次数	上车人数	下车人数	平均车容量	旅客通过量(站后)	满载率	……

在一条线路上,选择哪一个停靠站作为观测点,是要根据平时掌握的资料和实际工作中的具体问题来决定的;假如研究一条大线路上是否需要增加一段较短的辅助线路,就应该选择可作终点站的观测点,这个点既是沿线的主要站点,又有流转量较大的特点;如要研究停靠站是否增加、撤销,是否开辟临时站,或者确定大站车、区间车是否需要每站必停,就可以根据观测的数据资料来分析决定。

(3)其他调查法。

对于特殊吸引点或者进行的专项调查(如意愿、态度、建议调查等),可选取特殊调查方法,如乘客调查、公众调查等,针对车辆自由行驶时长等特殊指标,还可通过空驶调查等方法实现。

①乘客调查。

乘客调查通常分为一般调查和特殊目的调查。在一般调查中,可以通过多种方式获得信息,如OD数据、出行模式和距离、出行目的、出行线路的选择、支付的车费、支付方式、每天的乘车频率,以及社会地位和经济状况等。特殊目的调查旨在得到某种特定类型的信息,如OD信息,对线路变化的选择、换乘、限行、对可能变化的票价的态度、不同票价种类的比率等意见。

②公众调查。

公众调查指对某个地区的家庭、商店或工作地进行的调查。这些调查通常是以采访为基础,涉及使用和不使用公共交通的人群,目的是获取公众对公交线路变更(包括对家庭住址选择的影响)、票价变更,以及交通和土地利用项目的态度和意见。对公交使用者和非公交使用者的采访也可以解决很多关键问题,包括潜在的出行需求、市场划分、市场机会及对新的公交举措的建议等。

③空驶调查。

空驶调查指调查车辆在一条线路上的到达点和另一条线路的出发点之间的平均运行时间。空驶时间是由于跨线路调度而产生的,它由运行在两条线路终点之间最短路径上的公交车辆的行驶时间来确定。最短路径则根据每天的不同时刻以及每周中的不同天而各不相同。

④跟车调查。

跟车调查指由调查人员或是采用自动化设备在整条线路上进行的调查。跟车调查内容主要包含统计上下车乘客数,通过这种方式能够得到从每一站的上下车乘客数、在每个站点的到达和离开时间,以及特定项目的调查或测量,并登记售票数据。自动化跟车调查采用智能踏板、自动车辆定位以及 IC 卡刷卡技术实现车辆行驶信息的自动化获取,通过线束将处理板固定于踏板上,以获取乘客上下车踩踏踏板的信息,并通过数据采集终端将数据传送至数据处理计算机。

二、居民出行调查

居民出行调查能最为直观反映居民出行需求与交通运营现状,可用以完善交通模型,为城市交通战略研究、交通规划、交通管理提供定量分析的基础数据,只有基于居民出行规律及需求所指定的交通策略才能切实解决实际问题,消除发展瓶颈。

通过居民出行调查,掌握居民出行频率、出行方式构成、公交出行分担率、目的构成、出行时耗,以及出行时间分布特征、空间特征、距离特征以及出行满意度等,分析公众出行意愿和出行需求,从而进行针对性的方案制定。一般通过起讫点调查获取人物画像、出行数据等资料。

作为公共交通规划研究过程中最基础的调查,起讫点调查的结果对道路交通系统的分析诊断、交通需求预测都有非常重要的影响,在公共交通规划中有极为重要的地位。针对公交出行的起讫调查主要针对人的出行 OD 展开,也称居民出行调查。

居民出行是构成城市交通的主要部分,因此对居民出行 OD 状况进行全面调查在城市交通规划中占有十分重要的地位。

居民出行 OD 调查的内容包括居民的职业、年龄、性别、收入等基础情况,以及各次出行的起点、讫点、时间、距离、出行目的、所采用的交通工具等出行情况。典型的城市居民出行调查示意表见表 2-11,详细调查表见《城市综合交通体系规划交通调查导则》。

国内外在进行城市居民出行调查时所采用的方法主要有家访调查、电话询问调查、明信片调查、工作出行调查、职工询问调查等。有些方法适用于全面的交通调查,有些方法则适用于对居民公交出行 OD 调查某一方面的补充。下述对公交 OD 调查的若干方法进行简要介绍。

居民出行调查表

表 2-11

调查对象：按一定抽样原则确定的居民住户，包括家庭户和集体户。家庭户是以家庭成员关系为主，居住一处共同生活的人口作为一个家庭户。单身居住独自生活的，也作为一个家庭户。相互之间没有家庭成员关系，集体居住共同生活的人口为集体户。

一次出行的定义：为了一个（活动）目的，采用一种或多种交通方式从一个地方到另一个地方的过程。

调查出行日期：_____年_____月_____日凌晨 00 时至_____月_____日凌晨 00 时　星期_____

住户住址：_____区_____街道（镇、乡）_____居（村）委_____小区，_____路（街）_____号（弄）_____交通小区：_____

家庭人口：总数_____人，其中不满 6 周岁_____人

家庭拥有交通工具：1）小汽车_____辆；2）摩托车_____辆；3）电动自行车_____辆；4）自行车_____辆；5）其他_____辆

一个人基本情况调查

1. 户籍	2. 与户主关系	3. 性别	4. 年龄	5. 职业	6. 文化程度	7. 有无驾照
1）本市户籍；2）非本市户籍，居留 6 个月以上；3）非本市户籍，居留 6 个月以内	1）户主；2）配偶；3）子女；4）父母；5）岳父母或公婆；6）祖父母；7）隰婚女；8）孙子女；9）兄弟姐妹；10）其他	1）男；2）女	_____岁	1）单位负责人；2）专业技术人员；3）办事人员有关人员；4）商业、服务业人员；5）农、林、牧、渔、水利业生产人员；6）生产、运输设备操作人员及有关人员；7）军人；8）中小学生；9）大专院校学生；10）离退休人员；11）其他	1）小学及以下；2）初中；3）高中或中专；4）大专；5）本科；6）研究生	1）有；2）无

二个人常用车辆特征（常用人填写）

8. 车辆类型	9. 车辆性质	10. 车龄	11. 排量	12. 车辆行驶总里程	13. 工作日一天平均行驶里程
1）小轿车；2）越野车（SUV）；3）商务车、客货两用车（MPV）；4）小型货车；5）摩托车；6）其他	1）自有；2）租赁；3）雇主提供；4）其他	_____年	_____L	_____km	_____km

续上表

三、个人出行情况调查：当日出行次数 _____ 次

出行次序	出发			到达			出行目的	同行人数(含自己)	交通方式次序			主要交通方式	出行支付	机动车停车费用	个人出行情况指标说明：
	时间	地点	小区码	时间	地点	小区码			第一种	第二种	第三种				出行目的(10类)：1)上班；2)上学；3)公务；4)购物、餐饮；5)文体娱乐、旅游休闲；6)探亲访友；7)看病、探病；8)陪护；9)回家；10)其他 出行交通方式(11类)：1)步行；2)自行车；3)电动自行车；4)公交车；5)轨道交通；6)小汽车(自驾)；7)小汽车(搭乘)；8)班车；9)出租车；10)摩托车；11)其他
第1次	__时__分			__时__分											
第2次	__时__分			__时__分											

1）家访调查法

对居住在调查区的住户进行抽样家访，由调查人员当面了解该住户中包括学龄儿童在内的全体成员全天出行情况。调查前应重视调查员的培训，并进行模拟表格填写训练。

调查前应进行广泛的舆论媒体宣传，力求做到家喻户晓，老少皆知，并依靠各级组织。

家访调查按调查表格逐项进行，一般来说难度不大，但调查人员仍需有充分的思想准备以应付一些预料不到的局面，如被访人的不合作态度、漫不经心、敷衍了事、随口编造等。调查人员对此务必冷静、耐心对待，同时如实汇报，及时采取补救措施。家访调查法一般能较全面准确地获得城市居民出行 OD 信息，是常用的居民出行 OD 调查方法。

2）工作出行调查法

对调查区内的职工抽样进行居住地点（即 O 点）和工作地点（即 D 点）的调查，由于这些资料可以从工作单位的档案中得到，因此工作量较小。虽然只能调查工作出行，但因工作出行一般是形成交通高峰的主体，对城市客运交通有很大影响，因此，此法可用于对居民工作出行 OD 所进行的重点调查。

3）职工询问法

将调查表分发给就业中心，如大型企事业单位的全部职工，要求当天填好并交回。要登记分发给各个单位的表格总数和每个单位的职工总人数，以便能对每个单位的出行数据加以扩样。此法只能调查职工的出行 OD，可用于对职工的出行 OD 进行的重点调查。

4）利用交通大数据的居民出行调查法

近年来，随着科学技术、移动通信手段的发展，特别是无线定位技术的不断发展，利用手机使用中不断产生的位置和时间信息进行居民出行调查已经逐渐成为可能。国内外部分城市已经逐渐在城市交通规划中的出行调查阶段应用了该项技术，充分发挥大数据获取灵活、覆盖广泛、信息全面的特征，大大提升了出行调查的效率和准确度。

此类调查主要通过数据的获取、汇总、清洗、校核与扩样，刻画人物画像与出行信息，最终构成可直接进行出行特征分析的直观数据。如通过基站与手机通信的原理，可以获取到手机即时位置和时间信息，也就是说，利用手机也能得到与卫星导航系统设备类似的位置和时间信息，结合无线网络小区划分卫星导航系统基础数据，就可以得到基于交通分析小区划分的起点、终点以及时间信息。

三、基于大数据的调查方法

1. 数据来源

1）手机信令数据

手机信令，即利用手机信号映射至全市各个空间区域，通过基站位置分布进行用户所在位置的定位。

手机信令数据，是指利用专用路测设备，对分析范围内基站小区信号覆盖范围进行外场路测。根据网络基础数据处理模块计算路测小区局部边界成果，利用 GIS 软件等软件进行空间分析工具，获得基站小区与城市交通路网的映射关系。它是利用手机通信网络中的定位信息来分析推算动态交通状况，其原理是采集手机网络中的信令信息，通过信令信息预处理，经交通模型的分析处理，实现信令信息与地图的匹配，最后获得实时的出行信息；通过后台数据获取,结合交通小区的划分,可实现微观用户出行详细信息的捕捉,获取用户出行的完整 OD 信息,如表 2-12 所示。

手机信令数据样本示意　　　　　　　　　　　　　　　　　表 2-12

用 户 编 号	小区标志	扇区标志	呼叫标志	接入时刻
4600357544＊＊＊＊4	200	2	0	2018-8-19　05:45:58
4600357544＊＊＊＊1	1009	2	0	2018-8-19　23:58:04
4600357544＊＊＊＊0	131	1	0	2018-8-19　18:50:34

手机信令除了能够获取定位信息外,还可通过不同的表达方式,结合用户个人信息特征,进行包括用户活动强度、活动半径、活动空间分布等用户属性与出行特征的综合深入分析,如表 2-13 所示。

指标与分析方法对照表　　　　　　　　　　　　　　　　　表 2-13

指　　标	定　　义	表达方式	分析方法
职住关联	以空间分区为居住地(工作地)的群体	空间分布	采用核密度估计生成的密度分布
	工作地(居住地)空间分布	职住距离分布	分布统计特征
活动强度	空间分布内集聚群体活动强度分布	分布函数	分布统计特征
活动复杂度	空间分区内集聚群体活动复杂分布	分布函数	分布统计特征
日均活动半径	分区内集聚群体等效活动半径分布	分布函数	分布统计特征
空间使用频度	分区内集聚群体交通使用频度	分布函数	分布统计特征
活动点空间分布	分区内集聚群体活动点空间分布	空间概率分布	核密度估计

此外,通过拟合手机信令数据获取的用户日均活动点个数与居民出行率,建立二者对应函数模型,可用于未进行出行率调查区域的居民出行率估算。以上海市第四次综合交通调查为例,如图 2-1 所示,通过函数拟合、校核可知,二者间具有较强的一元线性相关关系($R^2 = 0.8767$),因此,可利用有限样本实现规划全域内居民出行率的估算,用以评价居民出行强度,结合公交分担率,可作为公交车辆车型、车辆数、发车班次等确定的依据。

此外,还可利用相关算法,实现居民出行路径的识别。以某用户单日出行信令数据为例,通过数据预处理后按时间进行排序,可获取如表 2-14 所示信令数据。通过与周边基站数据的配对,匹配地图位置,形成乘客出行路径,如图 2-2 所示。

如通过 DBSCAN 聚类算法,利用预先设定的半径,综合考虑半径区域内的基站个数以及周边基站到达选定核心对象的可达性,经过反复迭代计算,最终确定核心基站。结合核心站点周边土地利用性质和基站的布设规律,以核心基站间能否直接可达作为划分指标,对站点进行聚类;根据已完成的站点聚类将各站点获取的数据进行分类,利用基站对用户手机信令的定位数据,得到站点客流去向分布图,以此识别站点服务范围,实现对站点的进站客流来源和出站客流去向分布的可视化分析,从而形成从手机信令数据轨迹到乘客出行行为过程的还原,可用以分析居民出行的空间特征。

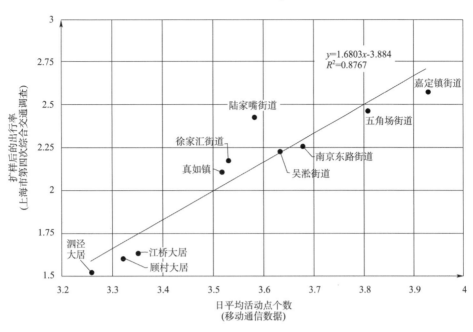

图 2-1 移动通信所测日均活动点数与交通调查出行率的转换
数据来源：上海市第四次综合交通调查。

出行试验信令数据 表 2-14

编号	MSID	TIMESTAMP	LAC	CID
1	3b8b3093ef3241032d4945607034fd7d	6:46:05	33564	25819
2	3b8b3093ef3241032d4945607034fd7d	7:21:36	33568	17479
3	3b8b3093ef3241032d4945607034fd7d	7:21:52	33568	17479
4	3b8b3093ef3241032d4945607034fd7d	7:32:07	33568	27242
5	3b8b3093ef3241032d4945607034fd7d	7:33:10	33564	21716
6	3b8b3093ef3241032d4945607034fd7d	7:44:28	33562	21664
7	3b8b3093ef3241032d4945607034fd7d	7:50:28	41760	8024
8	3b8b3093ef3241032d4945607034fd7d	7:57:31	33594	10017
9	3b8b3093ef3241032d4945607034fd7d	8:11:34	33594	10019
10	3b8b3093ef3241032d4945607034fd7d	10:16:49	33594	10019
11	3b8b3093ef3241032d4945607034fd7d	10:42:11	33594	16318
12	3b8b3093ef3241032d4945607034fd7d	11:20:31	33594	9055
13	3b8b3093ef3241032d4945607034fd7d	11:38:45	33592	18288
14	3b8b3093ef3241032d4945607034fd7d	12:42:25	33592	23828
15	3b8b3093ef3241032d4945607034fd7d	13:24:28	33592	3497

注：MSID 表示个体的唯一识别号；TIMESTAMP 表示手机信令数据产生的时间；LAC 表示信令的位置区号编号；CID 表示信令的蜂窝编号。

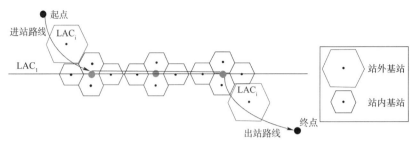

图 2-2　无换乘出行路径示意

2）卫星导航系统数据

可在手机流量的辅助下利用手机 App 软件进行卫星导航系统定位,获取用户出行 OD 信息,如起讫点、出行时间、出行时长等,为居民出行各项特征分析提供数据基础。如北京市在第五次交通综合调查(2014 年)中利用卫星导航系统数据完成居民出行及车辆出行调查校核工作;广州市在第三次交通综合调查中利用卫星导航系统数据挖掘常规公交、出租汽车及货运车辆营运特征;深圳市 2016 年居民出行调查中基于卫星导航系统数据进行样本基本特征、数据分析。

此外,还可实现利用卫星导航系统定位数据预测车辆的到站时间,为居民出行提供便利。

3）互联网数据

互联网飞速发展,如今微信等各大社交平台普及率极高,相比于填写人工问卷,网络问卷的填写不受时间、地点的限制,因此,被调查者更倾向选择微信平台上的网络问卷。加之社交平台的覆盖广泛性、传播快速性、填写经济性,将大大降低调查成本、扩大调查样本数、细化样本信息,可分析包括出行目的、出行方式、空间分布、时间分布在内的基本出行特征。

4）刷卡数据

随着各城市公共交通"一卡通"及手机自动售检票(Automatic Fare Collection,AFC)技术的普及,多数公共交通出行的信息可通过刷卡数据(如 IC 卡、AFC 数据)精确获取包括 OD、出行时间、出行空间分布在内的数据,如利用刷卡数据分析总体特征,如刷卡量、刷卡率、刷卡人群结构、出行时间分布特征、出行时耗分布特征、出行空间分布、各交通方式比例;利用刷卡数据分析 OD 时间、空间分布特征,结合典型公交线路及站点的上下车客流情况以及主要公交走廊断面客流规模和客流时变分布,与公交跟车调查成果进行相互补充校核;利用刷卡数据分析运营特征,如轨道、地面公交及系统发车班次分布、载客率、各线路客流占比、换乘特征,如站点上下车客流、站点换乘量、平均候车时间、拥挤度等;利用刷卡数据识别乘客属性特征,根据识别时段筛选通勤用户,进而实现对通勤用户出行的专项分析。

5）动态数据监测系统

通过以车载卫星导航系统数据为基础,利用大数据分析技术建立道路运行的实时监测分析系统。通过该系统,运用交通工程分析方法,可实现建立交通运行的动态评估技术体系;结合专用道效益评估要求,建立全面客观的专用道评估指标和方法。

以杭州市为例,利用杭州市交通运行动态监测分析系统(图 2-3、图 2-4),实现整合出租车卫星导航系统数据、公交卫星导航系统数据、道路定点检测器等多元数据,并基于多元检测数据,通过在线大数据实时运算,获取道路流量、道路车速、公交车速、发车间隔、交叉口排队时长、公交行驶准点率等基础性指标,以及深度综合交叉分析多项指标,计算得到如交通拥堵指数、拥堵路段的空间分布特征、拥堵区域的客流时间分布特征等能够广泛涵盖道路和公交网络运行的综合性指标,以此作为评价运行现状的量化指标。

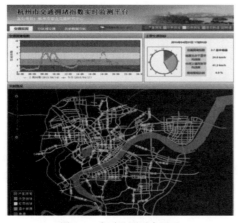

图 2-3　实时监测平台展示

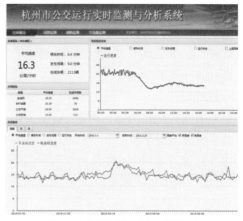

图 2-4　实施检测与分析系统界面

2. 数据处理

1）技术路线

技术路线包括修正样本数据、直接扩算数据、校核扩算数据三个层面,如图 2-5 所示。

(1)修正样本数据。原始数据在编码和输入后,存在数据逻辑错误、定位偏移、出行时长过长或过短、出行时间与方式不匹配等无效数据,需对此类数据进行修正,通过修正异常数据,剔除无法修正的数据之后所形成的新数据库。

(2)直接扩算数据。基于修正后的原始数据,按不同调查区家庭户、集体户、户人数、小汽车保有量、家庭平均拥车数以及年龄分布等数据,对修正后原始数据进行扩算后所得到的数据。

(3)校核扩算。利用境界线流量、其他交通数据(如公共交通客流量数据、出租车载客数据、枢纽站的跨境客流数据等)对数据进行校核、扩算后所得到的校核扩样数据。经过校核扩算后得到的数据才可进一步用于居民出行特征分析。

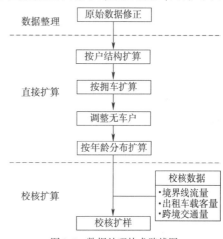

图 2-5　数据处理技术路线图

2）数据清洗

交通大数据包括智能交通系统中采集到的公交 IC 刷卡、公交车卫星导航系统、出租车卫星导航系统和车牌识别数据等。

(1)公共交通数据。公交 IC 刷卡和公交车卫星导航系统数据,相比传统人工调查数据而言其获取的公交客流 OD 数据更全面,几乎涵盖了公交 OD 的全部样本,因此在本项目中作为公交 OD 母体数据用于扩样。公交卫星导航系统数据包括公交车辆位置以及对应的时间信息,结合站点坐标可以推算出公交车到站时间,然后再结合刷卡数据可以大致推算出上下车刷卡时间和站点,从而计算公交 OD。

(2)出租车数据。由于深圳市所有出租车都安装了卫星导航系统设备,因此出租车卫导航系统数据是出租车这种出行方式的总体,可以直接作为调查数据扩样的母体。由于出租车卫星导航系统数据包括出租车位置、时间以及上下客信息,因此可以计算出出租车 OD。

(3)车牌识别数据。车牌识别数据是深圳市交警部门安装在部分路段和交叉口的监控设备采集的数据,包括车辆 ID、经过时间信息,可以直接用于计算任意时段经过的全部车辆的流量值。在本项目中,车牌识别数据用于对调查数据进行扩样,并且可以对境界线调查数据进行有效补充和校核。

3)数据清洗

虽采用大数据作为分析对象,省去了以往纸质问卷耗时耗力的数据编码录入工作。但数据的清洗过程仍至关重要,数据清洗需要定义一系列规则,如调查问卷的调查日期(是否为工作日)、完成总时间(是否调查时间过短)、受访的家庭人数(是否调查人数过多)、平均出行次数(人均出行次数是否在合理范围内)、一日总调查家庭户数(是否在规定时间内完成的总数量异常)等指标,对每份调查问卷进行指标分析,通过出行速度、出行时长、年龄与职业等进行逻辑检查以剔除无效问卷。

4)数据扩样

直接扩算后的数据能够比较准确地反映深圳市居民的户特征、个人特征、出行分布特征等基本信息,但是调查过程由于受访者的不配合或消极配合极有可能出现出行漏登情况,导致居民出行率(反映城市交通的居民出行需求量)的结论出现误差。

从国际惯例来看,居民出行调查的漏登情况是比较严重而且无法避免的,我国香港 1992 年的出行调查(TCS)漏登率为 34%,美国 1995 年的居民出行调查(NPTS)漏登率为 30%,我国广州 2005 年居民出行调查的漏报率为 23%。因此有必要根据实际的道路交通调查结果和交通营运数据,对居民出行调查的出行总量做出修正,有必要对居民出行调查的总体出行量及大区 OD 分布进行校核,校核的总量控制依据主要是境界线调查数据、客流量以及客运公司提供的运营数据。但统计数据及境界线数据实际上包括居民市内出行、居民对外出行、流动人口市内出行及流动人口对外出行 4 部分。而入户调查主要为居民市内出行部分,因此需要综合各类数据对入户调查数据进行校核。大数据背景下,各类数据为校核扩样提供了充分的基础。

不同来源的数据处理的总体路线大致相同,但仍存在一些差别,以手机信令数据处理的技术为例,如图 2-6、图 2-7 所示。

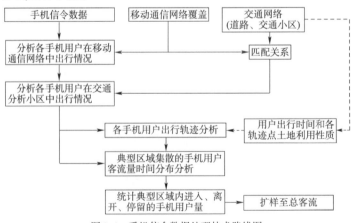

图 2-6 手机信令数据处理技术路线图

图2-7 手机信令数据扩样示意

经过清洗、扩样等处理后的数据可直接反映规划区内的居民出行OD、出行时间、起讫点性质等信息,实现同一数据不同角度、不同层面的分析。

3. 客流OD反推

交通大数据虽覆盖广泛、信息全面,但不能直接用于交通分析,需进行数据整合、转化、清洗、校核等一系列处理后才可使用。目前,不少学者在这方面进行建模及优化,实现数据的反推,从而完成数据的转化,应用的模型有:以乘客公交出行行为为基础,结合站点附近土地利用性质和站点吸引特征,确定站点间的吸引概率,从而建立改进的结构化模型进行公交站点客流OD推算;通过同一条线路每个站点的上车人数、乘客乘坐站点数的概率推算出OD的概率论模型;根据马尔科夫链的转移概率计算下车概率矩阵,反推得到客流OD结果的马尔科夫链算法;利用单线路公交各站点上下车人数结合乘客出行的种子矩阵来进行客流OD推算的迭代比例拟合方法等。

以基于IC刷卡数据的结构化算法反推客流OD为例进行简单介绍:由于绝大部分采用公交IC卡的线路乘客下车无需刷卡,因此根据IC卡数据不能直接得到站点的下车人数。但因大部分公交乘客为通勤出行及往返程出行,所以通常公交线路的客流是稳定的,乘客由某站点上车到某站点下车的概率也是基本稳定的。加上上下行线路客流的对称性,即下行线路各站点上车人数占总上车人数比例与上行线路相应站点下车人数占总下车人数比例接近(反之亦然),由此可得到各站点的下车乘客数。

考虑上行方向,设站点i上车人数为S_i,下行对应站点上车人数为S'_{m+1-i},则反映站点对乘客出行吸引强度的站点吸引率为:

$$\alpha_i = \frac{S'_{m+1-i}}{\sum_{k=1}^{m} S'_k} \tag{2-2}$$

设站点j下车人数为A_j,且乘客出行站数近似服从泊松分布,则计算如公式(2-3)~公式(2-5)所示:

$$A_j = \alpha_i \sum_{i=1}^{m} S_i \tag{2-3}$$

$$P(k) = \frac{\frac{\lambda^k e^{-\lambda}}{k!}}{\sum_{k=1}^{m} \frac{\lambda^k e^{-\lambda}}{k!}} \quad (k=0,1,2,\cdots,m) \tag{2-4}$$

$$\beta_{ij} = \frac{P(j-i)}{\sum_{k=1}^{j-1} P(k)} \tag{2-5}$$

式中:$P(k)$——乘客乘坐k站的概率;
λ——乘客平均出行站数;
β_{ij}——j站下车乘客来自站点i的概率。

因此,来自站点i、在站点j下车的乘客占总下车乘客的比例为:

$$\begin{cases} p_{ij} = \alpha_j \beta_{ij} = \dfrac{S'_{m+1-j}}{\sum_{k=1}^{m} S'_k} \cdot \dfrac{P(j-i)}{\sum_{k=1}^{j-1} P(k)} & (i<j) \\ p_{ij} = 0 & (i \geqslant j) \end{cases} \quad (2\text{-}6)$$

由此,建立公交 OD 反推结构化模型,如公式(2-7)所示:

$$\begin{cases} x_{ij} = p_{ij} A & (i<j) \\ x_{ij} = 0 & (i \geqslant j) \end{cases} \quad (2\text{-}7)$$

式中:x_{ij}——站点 i 到站点 j 的 OD 分布量。

$$A = S = \sum_{i=1}^{m} S_i$$

通过 $S_i^* = \sum_{j=i+1}^{m} x_{ij}$ 与 $A_j^* = \sum_{i=1}^{j-1} x_{ij}$ 得到各站点上、下车乘客数的理论值,引入修正系数 $r_i = \dfrac{S_i}{S_i^*}$、$r_j = \dfrac{A_j}{A_j^*}$,令 $x'_{ij} = r_i r_j$,进行迭代计算,直至满足设置的收敛条件。

以广东某市 21 路公交车为例,该公交线路共 51 站。利用某时段 IC 刷卡记录,处理后得到的站点上、下乘客人数如表 2-15 所示,乘客出行站数概率计算结果如表 2-16 所示。

基于 IC 信息的各站点上、下乘客人数　　　　表 2-15

站点	上车人数(个)	下车人数(个)	站点	上车人数(个)	下车人数(个)
1	33	0	9	4	8
2	22	2	10	9	4
3	31	1	11	2	24
4	38	3	12	11	28
5	10	12	13	7	37
6	3	0	14	5	15
7	4	5	15	0	30
8	6	16			

出站数概率计算结果　　　　表 2-16

出行站数(站)	概率(%)	出行站数(站)	概率(%)
1	1.5	8	14.6
2	2.5	9	12.2
3	4.9	10	10.7
4	7.3	11	7
5	8	12	5.2
6	8.5	13	2.8
7	13.4	14	1.3

令 $a = \max(r_i, r_j)$,$b = \min(r_i, r_j)$,以 $\varepsilon = (a-b)/[(a+b)/2] \leqslant 0.01$ 为收敛条件,采用上述算法进行 OD 分布计算,计算结果如表 2-17 所示。此时,$a = 1.00069$,$b = 0.99802$,$\varepsilon = 0.0027$。

计算所得 OD 分布矩阵　　　　　　　　　表 2-17

站点	1	2	3	4	5	6	7	8	9	10	11	12	13	14	15	上车人数(人)
1	0	2	1	2	6	0	1	6	3	1	4	3	3	1	0	33
2		0	0	1	3	0	1	3	2	1	4	4	3	0	1	23
3			0	1	2	0	1	2	1	1	6	6	7	2	2	31
4				0	1	0	1	4	2	1	6	8	9	3	3	38
5					0	0	0	1	0	0	1	2	3	1	1	9
6						0	0	0	0	0	0	1	1	0	0	2
7							0	0	0	0	0	1	1	1	2	5
8								0	0	0	1	1	2	1	2	7
9									0	0	0	1	1	1	1	4
10										0	1	1	3	2	3	10
11											0	0	1	0	1	2
12												0	3	2	6	11
13													0	2	5	7
14														0	5	5
15															0	0
下车人数(人)	0	2	1	4	12	0	4	16	8	4	24	28	37	16	31	187

用矩阵的范数检验推算得到的 OD 矩阵与实测 OD 矩阵间的误差。该例中,推算 OD 矩阵的二范数为 $\|A\|^* = 26.92$,实测 OD 矩阵的二范数为 $\|A\| = 29.76$,推算 OD 矩阵与实测 OD 矩阵的误差 $\varepsilon = (\|A\| - \|A\|^*)/\|A\| = 9.3\%$,精度良好。

第三节　居民出行特征分析与总结

依据上节所述的调查方法进行居民出行调查,并对调查数据进行整合、清洗、汇总、校核及扩样,最终形成可直接用于特征分析的新数据库。居民出行的特征分析与总结,通常从乘客个人属性和公交出行特征两个方面选取相应量化指标进行分析,最终依据数据分析结果,形成出行特征专项调查报告。

一、乘客属性

1. 年龄、性别

公交运营的收入主要来源于票价收入,近年来,各地针对学生、老年人等特殊人群出台相应的票价优惠政策,从而影响运营收入。因此,通过调查掌握规划区内乘客的年龄分布,有利于制定公交票价与提高收入预估的准确度。

相关研究表明,男性更偏向于选择速度快、效率高的出行方式,如摩托车、私人小汽车等;女性则倾向于公共交通、步行等方式。因此,公交出行乘客中性别分布将存在一定差异。

2. 职业、收入

发车间隔固定、准点率波动、票价低等特征，导致选择公交出行的乘客在职业分布上存在一些差异，如准点上学学生更倾向于选择公交出行，而时间不定、追求效率的商务人员则相反。

收入的高低反映居民实际生活水平及消费能力高低，对居民日常的出行方式有影响，因此有必要统计公交出行乘客的收入分布，以进行乘客特征分析。

以汕尾市常用公交出行的居民职业、收入水平分布为例，如图2-8、图2-9所示。

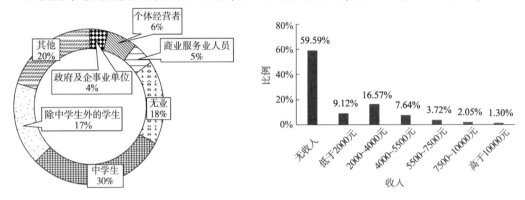

图2-8　常用公交出行的居民职业分布　　　　图2-9　常用公交出行的居民收入水平分布

3. 交通工具拥有情况

自行车的环保与实惠，电动车、摩托车的灵活与轻巧，私人小汽车的便捷与舒适等都将对居民出行方式选择产生不可忽视的影响，因此，需对居民交通工具拥有情况进行调查与分析。

二、公交出行特征

1. 出行分担率

公交出行分担率即居民出行交通量中公交出行所占比重，可划分为全方式出行分担率和机动化出行分担率。公交出行分担率能直观反映调查区域内公交对居民的吸引强度，可侧面反映公交的服务及运营水平。

2. 出行时间、空间

通过对居民公交出行时间分布的分析，了解调查区域的高、平峰精确时段，为制定动态运营班次提供理论数据，从而缓解高峰时段运载能力不足的短板，降低平峰期间车辆空载率，提高资源利用率与运营效率。

土地利用情况、交通设施建设条件、人口数量、人口特征等的不同，导致不同交通小区的交通发生吸引量存在显著差异，因此，统计机动化出行中，基于各区的出行发生、吸引量，结合自然、社会等因素，分析各小区发生吸引量的空间分布特征。

3. 出行距离、时长

距离较近时，经济、便捷的步行、自行车、电动车等非机动出行方式具有强大吸引力；距离较远时，高灵活、舒适度的网约车、私人小汽车等机动化出行方式更受出行者青睐。因此，通过分析公交出行距离分布特征，了解居民可接受的公交出行距离范围，为优化已有线路、开设新线路的路线直线系数、运营速度的限定提供可参考依据。

4. 满意度调查

公交线路的规划、运营方案的制订都是以出行需求为导向,及时掌握出行需求、获取实时反馈信息对于规划至关重要。因此,需将乘客出行满意度调查引入调查范畴,通过网络、线下调查问卷、走访座谈、设置意见箱等形式建立出行满意度反馈机制,利用主观描述、客观打分等方式获取市场反馈信息,从而作为完善公交规划的现状依据。

满意度调查的范畴可包括运营正点率、乘坐舒适度、票价合理性、换乘便捷性、运营速度、候车时间等。

三、出行特征专项调查报告

针对居民出行调查,需形成专项调查报告,选取评价指标,对比规范值(表2-18),对居民出行现状进行评价、总结,作为未来规划的基础材料,利于针对性地制订公交规划方案。专项调查报告应详细说明调查方法、调查过程,并对调查数据进行整理和初步分析,内容包括居民出行调查和城市公共交通运行状况调查。专项调查报告主要包括:

(1)概述。包括调查的背景、目的、范围、内容、抽样方法、组织实施及主要结论等。

(2)基本信息调查。包括个人和家庭构成、收入水平、居住地、机动车保有情况等。

(3)交通出行特征调查。包括出行量、出行频率、出行的时间和空间特征、出行方式选择、出行目的、交通OD(起讫点间交通出行量)等。

(4)线网调查。包括城市公共交通线网功能层次结构、线网布局、线路长度、线网密度、线路重复系数、非直线系数、覆盖率、线网通达性等。

(5)城市公共交通运力调查。包括运力的总规模、运力结构、运力配置,以及车辆的车龄和完好率等。

(6)客流调查。包括城市公共交通乘客的出行起讫点、出行时间以及客流总体分布特征等。

(7)乘客满意度调查。包括乘客对票价、出行信息服务、运行正点率、运营速度、候车时间、换乘便捷性、乘车舒适度等方面的评价情况。

(8)其他调查。包括交通核查线调查、车速调查、城市公共交通站点乘降量调查等。

(9)附件。包括各类调查数据结果汇总等。

《城市公共汽电车客运服务规范》(GB/T 22484—2016)部分评价指标规范值 表2-18

指　　标	规　范　值
线网覆盖率(%)	城市建成区:40;中心城区:50
300m站点覆盖率(%)	城市建成区:50;中心城区:70
500m站点覆盖率(%)	90
万人公交拥有量(标台/万人)	超大、特大城市:15;大城市:12;中小城市:8

第四节　城市公共交通现状问题分析

针对公交运营现状,可从三个方面进行问题总结,以制订有针对性的规划方案。

一、政策制定方面

公共交通多为公益性质,政策的制定与执行对企业的运营情况起到重要作用。企业的长久运营需要政府的大力扶持,其中包括政策倾向、财政支持等。在进行新一轮公交规划前,需了解当前倾向政策的执行情况、补贴方案的合理性、监管机制的科学性等,避免出现政策性亏损却无相应补贴的现象。对于有效政策应继续发扬,效果欠佳的方案需总结原因、反省改进。

二、交通基础建设方面

交通基础设施包括道路网的建设、车辆、场站、枢纽等硬件设施。公共交通的运营依附交通基础设施的建设,不完善的设施建设将大大降低运营能力与服务水平,主要从两个方面反映交通基础设施建设水平:

1. 公交路网布局

核查城区公交线网服务定位与覆盖范围,针对现状公交线路,统计线路实际覆盖密度及范围、线路重复系数、区域站点覆盖密度、站点 300m 和 500m 的覆盖率等。其中,线路覆盖密度及范围能够反映规划区域内的公交网络布局、地区发展均衡性、成熟度;站点覆盖密度与覆盖率则能反映线网中站点的设置的合理性。

2. 公交场站设施

调查交通枢纽站的聚散能力、场站设施建设水平,如候车厅、遮雨棚等必要的配套设施,服务对象范围,与其他交通方式、邻接站点的客流接驳,场站服务能力,乘客换乘舒适性及效率等。

三、公共交通运营管理方面

公交运营水平是居民对于公共交通便利性、科学性的最直观体验,也是最容易暴露规划方案不足与短板的地方,需对现状的运营、管理进行指标统计,结合居民出行的满意度调查,构成规划改进的现状依据。通常车辆运行速度、行驶准点率、发车间隔、平均候车时长等量化指标作为分析依据。

总之,公交规划的前期需进行交通及其相关领域调查,如城市概况、人口、经济、土地利用、地形地质、交通发展现状、道路网现状、城市相关规划等,调查范围不仅局限于规划区域,还涉及其毗邻地带,调查对象包括常规公交、轨道、航空及水路等交通枢纽。

除上述静态数据的收集之外,还需对公交运营的动态数据进行调查、收集,如公交客流、停车设施、运营现状等,针对居民出行还需进行专项调查,以此获得现状运营情况的反馈、居民出行的特征。以往调查主要以人工走访、调研、座谈、问卷发放等形式展开,但随着科技的发展,传统费时费力的调查方式将逐渐被替代,利用互联网、大数据等新技术的高效调查逐步得以运用。通过数据整理、清洗、扩样等流程,实现多调查方式数据的整合、校核,获取完整的居民出行 OD 信息,从而完成居民出行特征分析,并形成出行特征专项调查报告。此外,规划者还应从政策制定、基础设施建设、运营管理等方面总结现状存在的问题,并在新一轮规划中有的放矢地进行完善。

复习思考题

1. 列举居民出行调查的方法及含义。
2. 列举居民出行专项调查报告的要素。
3. 列举现状调查中静、动态资料组成要素,并简要列举对应的具体内容。
4. 针对公共交通运营现状,主要从哪些方面进行现状问题的核查?
5. 请简述公交OD反推的基本思想和方法。
6. 结合网络资料,简述交通大数据的实际应用案例。

第三章 城市公共交通评价指标及评价方法

第一节 城市公共交通整体状态指标

一、公交车辆拥有率(标台/万人)

指标定义:在城市一定空间内每万人拥有的公交车标台数,是反映城市公共交通客运实际能力的重要指标。一辆标准车按80客位计。单纯公交车辆的绝对数不能反映城市公共交通设施的水平,而要用单位人口拥有公交车辆数作为标准,在不同地域、不同规模、不同经济发展水平条件下,各城市的公交车辆拥有率状况也各不相同,一般是城市越大,公交车辆拥有率越高,这一方面是由于大城市对公共交通需求量大,另一方面也具备经济条件,此外也与交通政策密切相关。根据对世界167个城市万人公交车辆拥有率的统计,平均值为11.7辆/万人,在统计曲线上50%位的对应点此值为10辆/万人。大城市的公共汽车和电车的规划拥有量为每800~1000人一辆标准车,即10~12标台/万人,中、小城市为每1200~1500人一辆标准车,即7~8标台/万人。

二、城市公共交通乘客满意度

1. 指标定义

统计期内,城市公共交通服务质量乘客满意度调查有效问卷的平均得分率(单位:%)。

2. 计算方法

$$\text{城市公共交通乘客满意度} = \frac{\sum \text{单份有效问卷得分}}{\text{有效调查问卷总数}} \times 100\% \tag{3-1}$$

式中,单份有效调查问卷得分 = $\sum$(单项调查内容得分 × 调查内容权重)。

三、公共交通占机动化出行分担率

1. 指标定义

统计期内,中心城区居民选择城市公共交通的出行量与机动化出行总量之比(单位:%)。

2. 计算方法

$$\text{城市公共交通机动化出行分担率} = \frac{\text{城市公共交通出行量}}{\text{机动化出行量}} \times 100\% \tag{3-2}$$

式中,城市公共交通出行量包括采用公共汽电车、轨道交通、城市客运轮渡等交通方式的出行量;机动化出行总量是指使用公共汽电车、轨道交通、城市客运轮渡、小汽车、出租汽车、摩托车、通勤班车、公务车、校车等各种以动力装置驱动或者牵引的交通工具的出行量。

四、多元化公共交通服务体系

指标定义:多元化公共交通服务体系是指除基本公共交通服务外,城市针对社会公众个性化、高品质的出行需求,以市场化方式为主导,提供的定制公交、网络预约公交、直达公交、大站公交、旅游观光巴士等多元化公共交通服务。

五、公共交通智能化调度和监控率

1. 指标定义

纳入城市公共交通管理部门监控平台的城市公共交通营运公交车辆占城市公共交通营运车辆规模的比重(单位:%)。

2. 计算方法

$$公共交通车船智能化调度和监控率 = \frac{纳入智能化调度和监控平台的公共交通车船数}{公共交通运营车船总数} \times 100\% \quad (3-3)$$

式中,公共交通车船包括城市轨道交通系统、公共汽电车系统运营车辆及城市客运轮渡系统运营客轮。

六、公共交通一卡通覆盖率

1. 指标定义

安装使用全省公交一卡通标准终端的公交车辆数占公交车辆总数的比例(单位:%)。

2. 计算方法

$$公交一卡通覆盖率 = \frac{安装使用公交一卡通标准终端公交车辆数}{公交车辆总数} \times 100\% \quad (3-4)$$

七、城市交通绿色出行分担率

1. 指标定义

中心城区城市公共交通、自行车、步行等出行量与全方式出行总量之比(单位:%)。

2. 计算方法

$$城市交通绿色出行分担率 = \frac{(城市公共交通 + 自行车 + 步行)出行量}{统计期内地区总人数} \times 100\% \quad (3-5)$$

八、新增及更换公交车中新能源公交车比重

1. 指标定义

城市年度新增及更新的新能源公交车辆数与年度新增及更新公交车总数之比(单位:%)。

2. 计算方法

$$新增及更换公交车新能源公交车比重 = \frac{年度新增及更新的新能源公交车数}{年度新增及更新的公交车数} \times 100\% \quad (3-6)$$

式中,新能源公交车是指纳入国家"新能源汽车推广应用推荐车型目录"的纯电动公交车、燃料电池公交车和插电式混合动力公交车。

九、公共交通补贴补偿资金到位率

1. 指标定义

同年度,城市公共财政实际支出的公共交通补贴补偿资金占城市公共财政实际应当承担的公共交通补贴补偿资金规模比重(单位:%)。

2. 计算方法

$$公共交通补贴补偿资金到位率 = \frac{公共财政实际支出公共交通补贴补偿资金}{公共财政应当承担公共交通补贴补偿资金} \times 100\% \quad (3-7)$$

十、每标准车平均综合服务面积

1. 指标定义

公共交通车辆场站服务面积与公共交通标台数的比值(单位:m²/标台)。

2. 计算方法

$$每标准车平均综合服务面积 = \frac{公共交通车辆场站服务面积}{公共交通标台数} \times 100\% \quad (3-8)$$

式中,公共交通车辆场站服务面积包括停车场、维修场、枢纽站、首末站等场所的实际占地面积;公共交通标台数是指城市公共汽电车运营车辆按相应的标准当量折算成的营运车辆数。

十一、年度公交基建投资额比例

指标定义:每年投入公交系统基础建设的资金总额占城市基础设施建设总额比例。

$$年度公交基建投资额比例 = \frac{年度公共交通基建投入}{年度基建总投入} \times 100\% \quad (3-9)$$

这项指标可以反映城市公共交通事业发展的好坏,查阅城市有关统计报表即可得到。

十二、车辆更新率

1. 指标定义

公共交通车辆实际更新车辆数与应更新车总数的比例。

2. 计算公式

$$车辆更新率 = \frac{实际更新车辆数}{应更新车辆总数} \times 100\% \quad (3-10)$$

第二节 城市公共交通网络性能指标

城市公共交通系统的网络性能指标是从公共交通网络的发展水平和技术性能方面,描述其发展规模与客运需求的适应性以及网络的布局结构和功能,目的是揭示公交网络的服务质量、验证规划方案的合理性、技术可行性,为规划方案的优化和决策提供技术方面的信息和依据。从整体而言,公共交通系统的经济效益、社会环境效益如何,首先取决于规划方案的技术可行性。因此,公共交通网络技术评价是城市公共交通系统评价中必不可少的重要组成部分。网络技术性能的评价指标主要包括:到达步行时间、平均换乘系数、非直线系数、平均出行时间、运营速度、线路网络密度、公交站点密度、线路重复系数、线路客运能力、车辆拥有率、路线效率等。相关指标的具体含义和计算公式如下:

1. 公共交通线网密度

公共交通线网密度是指覆盖区域内有公交线路的道路中心线长度除以覆盖区域的面积,其数学计算公式为:

$$m = \frac{\sum_{i=0}^{n} l_i}{A} \tag{3-11}$$

式中:m——覆盖区域的公交线网密度(km/km^2);

l_i——覆盖区域内第 i 条有公交线路经过的城市道路中心线长度(km);

n——覆盖区域内有公交线路经过的城市道路中心线数量;

A——覆盖区域面积(km^2)。

这里的覆盖区域可以是城市建成区、城市行政区或者某个特定的区域。由于我们重点关注城市内部的公共交通,所以常把城市建成区作为定义的区域。城市公共交通线网密度的概念可以细化为如下两种具体概念,分别是公共交通纯线网密度(km/km^2)和公共交通运营线路网密度(km/km^2)。

1)公共交通纯线网密度

公共交通纯线网密度指有公共交通服务的每平方公里的城市用地面积上,有公共交通线路经过的道路中心线长度,即该指标的大小反映了居民接近公交线路的程度,从理论上分析全市以 $(2.5 \sim 3.5 km)/km^2$ 为好,在市中心区客流量大处可适当加密,市边缘地区客流密度低,则可减小。

计算公式为:

$$公共交通纯线网密度 = \frac{有公交线路的道路的中心线总长度}{公共交通服务范围内的城市用地面积} \tag{3-12}$$

公共交通线网密度和公共交通纯线网密度的区别为:在公共交通线网密度的定义中,所指的覆盖区域泛指一个区域内的所有土地,包含山地、水域、林地等;而公共交通纯线网密度就是指有公交服务的区域,扣除这些不属于公交服务范围的山地、水域、林地等。

2)公共交通运营线网密度

公共交通运营线网密度的计算方法是用各公共交通运营线路的实际长度之和除以所经地区的面积,即这一指标考虑到了公共交通复线、重叠系数的事实,但对于公共交通线路分布是否均匀、居民乘车是否方便,还不能反映出来,该指标与公共交通纯线网密度指标无法联系,也不能相互换算,不过这项指标比较容易计算。

2. 公共交通站点覆盖率(%)

公交站点服务面积占城市用地面积的百分比,是反映城市居民接近公交程度的重要指标(单位:%)。计算公式为:

$$公交站点覆盖率 = \frac{公交站点服务面积}{有公交服务的城市用地面积} \tag{3-13}$$

公交站点覆盖率在评估公共交通服务水平的作用中举足轻重，随着社会发展，对传统站点覆盖率计算方法的争议越来越多，新的方法不断被提出。公共交通站点覆盖率也是指城市一定空间范围内公共交通站点覆盖面积与对应空间区域内适应设置公共交通站点区域总面积之比，简单来说，是反映公交站点布局合理性、评价公共交通基本服务水平的一项重要指标。

3. 公交路段车辆通行能力

公交车辆在路段上的行驶，由于设施设置的不同，受到社会车辆的干扰不同。比如，与社会车共用外侧车道的公交车，特别是停靠站位于交叉口附近的，社会车辆排队会导致公交车被挡在车队后面，不能进站停靠，造成较大延误；其次，港湾式公交停靠站处，社会车辆影响公交车返回行驶车道，降低通行能力。而公交专用道上，公交车辆与社会车辆分道行驶，不受或较少受社会车辆的影响。因此，公交路段车辆的通行能力有必要依据公交车辆是否与社会车辆混行来分别确定。

1) 公交专用车道车辆通行能力

公交专用道上公交车辆通行能力取决于以下因素：沿线关键停靠站的通行能力、公交专用道类型、公交停靠站位置和公交专用道上右转车流量。

交叉口处，公交专用道设置在路外侧且与右转车辆共用的，右转车辆穿越或借用公交专用道实现右转，将在一定程度上占用公交车通行的绿灯时间，降低公交专用道的通行能力。右转车辆影响下的公交专用道通行能力可用无右转车影响的公交专用车道通行能力乘以修正系数来估算。另外，公交停靠站的位置（在进口道、出口道或路段）也能影响右转车对公交车的干扰。

2) 混合车道公交车辆通行能力

混合交通车道上的公交通行能力取决于以下因素：关键停靠站的车位通行能力、公交停靠站位置、与公交车辆混行的车辆流量（假设公交车在最外侧行驶）。与公交专用道公交车辆通行能力计算方法类似，对照公交专用道的右转调整系数，提出混合交通调整系数。在混合交通条件下，公交车辆可能不只受右转社会车辆的影响，可能还受直行甚至左转车辆的影响。

其计算公式如下：

$$\text{混合交通条件下公交通行能力} = \text{关键站点公交通行能力} \times \text{混合交通调整系数} \quad (3\text{-}14)$$

其中，关键停靠站的混合交通影响系数 f_m 的计算公式如下：

$$f_m = 1 - f_t \left(\frac{v}{c}\right) \quad (3\text{-}15)$$

式中：v——特定交叉口的外侧车道流量（辆/h）；

c——特定交叉口的外侧车道的通行能力，根据理想通行能力修正得到，包括自行车影响修正系数、交叉口影响修正系数，具体的修正系数计算方法参考文献；

f_t——停靠站的理想状态下交通影响系数。

公共设施的通行能力主要取决于设施的专用性，公共交通受到其他机动车交通的干扰越小，通行能力越大。参考《公共交通通行能力和服务质量手册》，公共交通通行能力的计算涉及三个主要区域：

（1）公共停靠车位（泊位）为路边区域，仅供一辆公交车停靠，其通行能力与公交停靠时间、清空时间、停靠时间波动性以及进站失败率有关。

（2）公交停靠站有一个或多个停靠车位，停靠车位数取决于可同时停靠的公交车辆数，其通行能力与公交停靠车位的数量、公交停靠车位的设计以及交通控制有关。

(3)公交行驶的道路,路段通行能力与公交车辆混行情况(公交专用道、混合车道)及公交站点位置类型(交叉口进口道、出口道、路段)有关。

4. 公交站点车辆通行能力

公交站点是车辆停靠和乘客上下车的场所,其通行能力取决于该停靠站的各个停靠车位总的通行能力。因此,应首先确定公交停靠车位的通行能力,再确定公交站点的通行能力。

1)停靠车位车辆通行能力

每小时每个停靠车位的公交车辆通行能力 B_t 为:

$$B_t = \frac{3600(g/C)}{t_c + t_d(g/C) + t_{om}} = \frac{3600(g/C)}{t_c + t_d(g/C) + Z C_v t_d} \quad (3-16)$$

式中:B_t——停靠车位车辆通行能力(辆公交车/h);

3600——每小时的秒数;

g/C——绿信比(有效绿灯时间与信号周期时长的比值,无信号控制的交叉口和公交设施取值为1.0);

t_c——清空时间(s);

t_d——平均停靠时间(s);

t_{om}——运营裕量(s);

Z——满足期望进站失败率的标准正态变量;

C_v——停靠时间变异系数。

2)公交停靠站车辆通行能力

公交停靠站车辆通行能力与该站单个停靠车位的车辆通行能力、停靠车位数和停靠车位的设计有关。另外,附近的交通信号可以控制该站车辆的进出,该站与信号交叉口的相对位置也影响停靠站的通行能力。停靠站的公交停靠车位越多,停靠站的通行能力越大,但停靠车位数量的加倍并不一定带来停靠站总的通行能力的加倍。这是由于后续车位的利用率低于前一车位,且当停靠的公交车辆前后车间距较小时,后车不易超车,因此每个新增车位的效率都会低于前一个车位。停靠站车位带来的通行能力的增加取决于停靠站类型以及公交车的到达特性。表3-1 表示不同停靠站类型停靠车位数的利用率及累计有效车位数。

不同停靠站类型的车位利用率 表3-1

停靠车位(个)	直线式停靠站				港湾式停靠站	
	随机到达		车队到达		各种到达	
	利用率(%)	累计有效车位(个)	利用率(%)	累计有效车位(个)	利用率(%)	累计有效车位(个)
1	100	1.00	100	1.00	100	1.00
2	75	1.75	85	1.85	85	1.85
3	70	2.45	80	2.65	80	2.65
4	20	2.62	25	2.90	65	3.25
5	10	2.75	10	3.00	50	3.75

注:假设直线式停靠站上的公交车无超车情况。

每小时公交停靠站的通行能力 B_z 为：

$$B_z = N_{et} B_t = \frac{3600(g/C) N_{et}}{t_c + t_d(g/C) + Z c_v t_d} \quad (3-17)$$

式中：B_z——停靠站公交车通行能力（辆公交车/h）；

N_{et}——有效车位数，参见表 3-1。

第三节 城市公共交通服务水平指标

城市公共交通的服务水平指标主要反映公交企业在服务水平方面是否满足乘客需求，它是面向公交企业类的评价指标。公共交通系统服务水平指公共交通系统能给居民提供的各种公交服务，包括公交服务功能和公交服务质量两方面。公交服务水平的评价指标主要包括：万车事故率、安全运行间隔里程、路线直达率、车站可达性、运行速度、客运费率、车厢服务合格率、乘客出行平均时耗、乘客平均换乘系数、高峰满载率、全日线路满载率等。

公共交通系统服务水平现状评价的主要目的是分析公共交通网络的服务水平，发现公共交通系统中存在的问题，为规划方案的优化和决策提供技术方面的信息和依据。城市公共交通的服务对象是全体城市居民，其目标就是为乘客提供安全、迅速、准点、舒适和经济的交通服务，它具有鲜明的服务性。城市公共交通的服务性也是其准公共性的体现，城市公共交通通过服务于乘客来体现其社会价值。

城市公共交通服务质量，是指公共交通运输服务在满足乘客出行需要方面所达到的程度。城市公共交通服务质量特性主要包括安全性、及时性、准确性、经济性、方便性及舒适性六个方面，以下作具体介绍。

1. 安全性

安全性是指客运车辆在运输过程中确保乘客的人身及财产安全，不发生人身伤害及财产损坏。无论是城市公共交通运输还是其他任何一种交通运输方式，安全运输永远是第一位的。任何一种交通运输方式，如果没有安全性作保证，是不会有乘客乘坐的。因此，对于城市公共交通运输而言，在对乘客完成空间位移的过程中必须要确保乘客的人身及财产安全。

安全性的评价指标分为交通事故频率和交通事故损失率。

1）交通事故频率

交通事故频率是指统计期内营运车辆行驶 10 万 km（或 100 万 km，其表达式基本相同，只是统计基数不同而已）路程发生的交通事故次数，表达式为：

$$交通事故频率 = \frac{统计期内发生的交通事故总次数（次）}{统计期内营运车辆的运输距离（km）} \times 10^6 \quad (3-18)$$

2）交通事故损失率

交通事故损失率是指营运车辆行驶 100 万 km 行程引起的交通事故直接损失，即：

$$交通事故损失率 = \frac{统计期内发生的交通事故引起的直接损失金额（元）}{统计期内营运车辆的运输距离（km）} \times 10^6 \quad (3-19)$$

3）城市公共汽电车责任事故死亡率

城市公共汽电车每行驶相应里程发生的同等及以上责任的交通事故死亡人数（单位：人/百万车公里）。

$$\text{城市公共汽电车责任事故死亡率} = \frac{\text{城市公共汽电车责任事故死亡数}}{\text{城市公共汽电车运营里程}} \quad (3-20)$$

4）平均行车事故费用

运营车辆每行驶 1000km 运营里程平均支出的行车事故费用（单位：元/千车公里）。表达式为：

$$\text{平均行车事故费用} = \frac{\text{行车事故费用总额}}{\text{运营里程}} \times 10^3 \quad (3-21)$$

2. 及时性

及时性是指客运车辆满足乘客所需要的合理时速要求的能力，可通过出行时耗、公交车辆运营速度指标反映。出行时耗为车内（乘车）时间和车外时间之和。乘车时间主要和公交车辆运营速度有关，而公交车辆的运营速度直接受到运营线路条件和交通环境的影响；车外时间包括到离公交站台时间、候车时间以及换乘时间等几方面，主要和公交线路安排、站点布置有关。一个城市高水平的公共交通服务，就及时性而言，必须将乘客的出行总时耗保持在合理水平，而要将乘客的出行总时耗保持在合理水平就必须将公交车辆的运营速度保持在合理范围，过低的运营速度是不利于满足乘客的出行及时性要求的。在同等出行距离条件下，其他交通方式相比公交只有提供更加快捷的出行，才可能吸引更多的出行者。

及时性评价指标包括运送速度和出行时间等。

1）运送速度

运送速度是指营运车辆的运送距离与运送时间之比，即：

$$\text{统计期内营运车辆运送速度} = \frac{\text{统计期内营运车辆的运输距离}}{\text{统计期内营运车辆的运输时间}} \quad (3-22)$$

高峰时段公交车辆平均运营时速：高峰时段中心城区公交车辆行驶里程与行驶时间之比（单位：km/h）。

2）出行时间

出行时间为乘客出行的步行时间、候车时间、通行时间以及换乘时间之和，即

$$t_a = t_1 + t_w + t_r + t_e \quad (3-23)$$

式中：t_a——乘客一次出行花费的时间（min）；

t_1——乘客在一次出行过程中的步行时间（min）；

t_w——乘客在一次出行过程中的候车时间（min）；

t_r——乘客在一次出行过程中的通行时间（min）；

t_e——乘客在一次出行过程中的换乘时间（min）。

3. 准确性

准确性是指客运车辆满足乘客到达计划站点所期望的合理时间要求及位置要求的能力。对于城市定线定站式公共客运车辆而言，既要求在线路起点准点发车且到达沿线各个站点的运行时间相应准确，也要求到达各个站点的位置相应准确。城市公交车辆的行车准确性与企业调度管理、运营组织、车辆密度、道路条件、交通环境以及客流状况等因素密切相关，在其他因素一定的条件下，准确率越高，乘客对公共交通的满意程度亦会越高。

准确性的评价指标为正点率（或准点率）。正点率是指统计期内营运车辆准点班次数与

总班次数之比,即

$$营运车辆正点率 = \frac{统计期内营运车辆准点班次数}{统计期内营运车辆准点班次数与晚点班次数之和} \times 100\% \quad (3-24)$$

由于城市公交车辆行车过程中的正点率受沿线车流状况、客流状况、突发事件等外在不可控因素影响较大,实际中特别是繁忙路段和高峰时段,公交车辆的正点率普遍不高。

城市公共汽电车的正点率可细化为:统计期内,城市公共汽电车始发站正点发车班次和终点站到站正点班次之和与计划总班次之比(单位:%)。其中:城市公共交通汽电车发车时间以公共汽电车首站离站时间为准,实际发车比计划排班晚2min以内(不允许提前发车)记为发车正点;终点站到站正点定义为"快2慢5",即实际终点站到站时间比计划排班早2min或晚5min以内记为末站到站正点。

4. 经济性

这里经济性的意义主要是对乘客的出行费用而言的,是指乘客乘坐公共交通出行的费用支出要低。对乘客而言,合理、便宜的票价是公共交通吸引乘客的重要因素。

经济性评价指标为客运费率。客运费率是指统计期内乘客平均每百公里乘距的乘车费用和服务地区居民平均月收入之比,即

$$客运费率 = \frac{统计期内乘客平均每百公里乘距的乘车费(元)}{统计期内服务地区居民平均月收入(元)} \quad (3-25)$$

5. 方便性

方便性是指乘客在出行过程中乘坐公共交通工具的方便程度,包括就近乘车和换乘过程的便捷程度。具体表现为乘客因各种目的出行均有车可乘且换乘次数少,车辆、车站的各种服务标记、服务设施齐全等。方便性指标具体包括公交出行比例、换乘系数、换乘距离、换乘站距以及发车频率等公交基本运营特征指标。公交出行比例从总体上反映居民对公交的选择程度;换乘系数、换乘站距则反映了公交线路布局,站点设置的合理程度直接与乘坐方便性相关;发车频率影响着乘客的等车时间,发车间隔时间太长,会影响居民对公交的选择。

方便性评价指标包括换乘率和出行比重等。

1) 乘客换乘率是指统计期内乘客换乘人数与总乘客数之比

$$乘客换乘率 = \frac{统计期内乘客换乘人数}{统计期内总乘客数} \times 100\% \quad (3-26)$$

乘客换乘的内涵既包括乘客在不同线路的公交车辆之间的换乘,也包括乘客在不同公交方式即公交车辆与其他公共交通工具之间的换乘。无论是对于乘客出行还是一个城市而言,乘客换乘率并不是越低越好,而是使乘客换乘率保持在适度水平。一个城市公交系统的乘客换乘率过高,表明其公交线路总体上平均长度过短,将导致乘客出行过程中换乘比较频繁。对于不同线路之间的公交车辆和不同公交方式之间的收费均为相互独立的情况而言,换乘频繁就意味着出行成本增加,也将使时间成本增加。一个城市公交系统的乘客换乘率低,表明其公交线路总体上平均长度较长,直达率较高。城市公交车辆直达率较高、换乘率低的优点是乘客可以享受更加便利的直达出行服务,但缺点是加大了城市公交线路的重复系数和公交车辆的投放量(其特征是公交列车化现象),进而在一定程度上造成道路资源的紧张和公交资源、社会资源的浪费。

2)出行比重是指统计期内乘坐公共交通的乘客数与地区总人数之比,即

$$乘客乘坐公交的出行比重 = \frac{统计期内乘坐公共交通的乘客数}{统计期内地区总人数} \times 100\% \quad (3-27)$$

一个城市的出行比重高低既与该城市的经济发展水平、经济活跃程度、城市产业结构、公交道路网络化程度相关,也与该城市的机动化水平(机动化的意义是指每 1000 人拥有的机动车数量)相关。在前者不变的条件下,城市的机动化水平越高,人们驾车出行的比例会越高,这使得乘坐公共交通的比例会相应地下降。

6. 舒适性

舒适性是指公交公司为乘客乘车提供的舒适程度。主要表现为乘坐舒适性、上下车方便性和行驶平稳性。影响乘客乘坐舒适性的主要因素包括乘客的乘坐率、车内拥挤程度、车内气温和通风状况以及车辆行驶的平稳性等。舒适性主要通过高峰满载率和平峰满载率反映。随着人民物质文化生活水平的提高和交通运输业的发展,人们对乘车过程中的舒适性要求不断提高,这就要求公交车辆车厢内的拥挤不能超过一定限度。此外,车型配置、车厢内部设施、线路非直线系数也对乘坐舒适程度产生影响。

舒适性评价指标为主要线路最高满载率。主要线路最高满载率是指统计期内最高路段客流量和最高路段车容量之比,即

$$主要线路最高满载率 = \frac{统计期内最高路段客流量}{统计期内最高路段车容量} \times 100\% \quad (3-28)$$

城市公共交通是城市公益事业,是城市文明建设的窗口,服务水平的好与差直接关系到社会的政治、经济、社会秩序的正常和稳定,关系到城市的声誉和形象。公共交通的主体是城市居民。对于乘客来说,是否选择公交为出行的交通工具关键在于所提供的服务是否能满足他们的需求,因此公交系统的服务水平是评价的主要方面。

通行能力的分析往往和服务水平分析紧密结合。服务水平是衡量交通流运行条件、驾驶员和乘客所感受的服务质量的一项指标,通常根据交通量、速度、行驶时间、延误、驾驶自由度、交通间断、舒适性和方便性等指标确定,反映了道路在某种交通条件下所提供的运行服务的质量水平。而本书是从公交车辆运行层面对公交的服务水平进行分析,因此选取衡量公共交通需求与公交设施供给关系的饱和度,即通过路段或站点的公交车流量与公交设施容量的比值,作为描述服务质量的指标,确定公交服务水平。公交站点饱和度与公交路段饱和度计算如下:

$$公交站点饱和度 = \frac{公交停靠站公交车流量}{公交通行能力} \quad (3-29)$$

$$公交路段饱和度 = \frac{路段上公交车流量}{公交通行能力} \quad (3-30)$$

将公交停靠站、公交路段的服务水平分为"高""中""低"三级,各级服务水平的一般描述如下:

1)公交停靠站服务水平

服务水平"高":公交站点饱和度不高于 0.6,公交站点的通行能力完全满足公交车辆的停靠需求,公交车辆能顺利驶入、驶出站点。

服务水平"中":公交站点饱和度介于 0.6~1,公交站点的通行能力基本满足公交车辆的停靠需求,公交车辆能较顺利地驶入、驶出站点,但有时需要排队进站,延误较服务水平"高"有所增加。

服务水平"低":公交站点饱和度大于1,公交站点的通行能力不能满足公交车辆的停靠需求,公交车辆不能顺利地驶入、驶出站点,经常发生排队进站的情况,延误较服务水平"中"进一步增加。

2)公交路段服务水平

服务水平"高":公交路段饱和度不高于0.9,公交路段的通行能力满足公交车辆的通行需求,公交车辆能顺利地在该路段上行驶。

服务水平"中":公交路段饱和度为0.9~1,公交路段的通行能力基本满足公交车辆的通行需求,但该路段上公交车与公交车之间、公交车与社会车辆之间相互干扰较大。

服务水平"低":公交路段饱和度大于1,公交路段的通行能力不能满足公交车辆的通行需求,该路段上公交车与公交车之间、公交车与社会车辆之间相互干扰严重。

第四节 城市公共交通效益水平指标

城市公共交通的效益水平的评价主要是反映公交企业的企业运作经济效益状况。任何一个企业要生存和发展必须与经济挂钩,公交企业虽然以社会效益为主,但也必须考虑其经济效益。公交企业的经济效益评价主要从企业的设施和人力资源的运用效果和运营效果来分析。公交运营效果指公交企业为社会完成的运输产量与质量效果以及为企业完成的运输经济效果。经济效益水平的评价指标主要包括:车辆完好率、平均车日行程、里程利用率、运营收入增长率、运营单位成本、运营成本升降率、平均利润、全员劳动生产率、人车比、百公里成本、公交出行比例、年乘公交车次数、运营成本、运营收入、公交系统收益率、满载率、路线效率等。

这里以居民年乘公交车次数、出行时间与制度工时之比、完好车率、百车公里成本、全员劳动生产率等,反映公共交通行业和公共交通企业的经济效益水平。指标的具体含义及计算公式如下:

1. 居民年乘公交车次数(次/人·年)

该指标反映公共交通利用程度,指公共交通企业服务区域内,平均每一居民一年内乘坐公交车次数。其计算式为:

$$居民年乘公交车次数 = \frac{公共交通企业全年客运量}{市区人口(人)} \times 100\% \qquad (3-31)$$

2. 出行时间与制度工时之比(%)

指公共交通企业服务区域内,平均每一职工上下班在途时间占制度规定的工作时间(如一天8h)之比。即

$$出行时间与制度工时之比 = \frac{每一职工上下班在途时间}{制度规定时间} \times 100\% \qquad (3-32)$$

该指标与居民上下班乘坐公交车出行时耗,共同反映了城市公共交通的社会效益状况。

3. 完好车率(%)

指完好车日数与运营车日数的比例,计算公式为:

$$完好车率 = \frac{完好车日数}{运营车日数} \times 100\% \qquad (3-33)$$

4. 百车公里成本(元/100km)

指车辆平均每行驶100km所耗用的运营成本。

5. 全员劳动生产率(元/人)

指公共交通企业每一职工年内平均运营收入。

以上各项评价指标在实际工作中,可根据具体情况,作适当的取舍或修正。

第五节　城市公共交通评价方法

城市公共交通系统是现代城市诸多系统中最为复杂的系统之一,是城市系统中的一个重要的子系统,该系统的优劣直接影响城市居民的出行和城市的市容,对城市公共交通进行评价可以确定系统的运营状况,存在问题及发展潜力。国外对城市公共交通系统评价的主要研究方向是城市公交线网优化、定量评价、调查方案设计和公交服务质量的因素分析等方面,在研究过程中采用了公共交通数学模型构建、调查方案设计等相关理论方法。国内对城市公共交通系统评价的研究主要集中在评价指标计算方法的改进、评价指标的选取、评价方法的研究与应用、公交线网的优化、公交的安全与快捷等方面,在研究过程中主要采用了评价模型、评价指标体系结构等相关理论方法。

一、城市公共交通评价指标的确定

从不同参与者、公共交通等不同方面加以考虑,将公交系统总目标划分为不同的子目标,分别是:公共交通设施、服务、效益及社会责任。

1. 城市公共交通总目标

采用这四个子目标评价一个公共交通系统,能比较全面地考虑公共交通的不同方面。每个子目标可反映公共交通系统的一个侧面,总目标细化如图3-1所示。

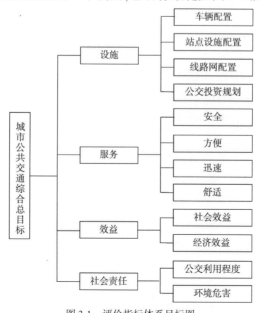

图3-1　评价指标体系目标图

2. 评价指标体系

设施水平可反映公交服务结构和规模等状况，表示公交系统提供服务功能的水平，主要用硬件设施来衡量。它包括车辆配置、站点设施配置、线路网配置以及公交投资规划。站点设施配置主要反映公交站点设置是否满足乘客乘车需求，其中站点覆盖率是衡量此项最重要的指标。线路网设置指线路设置规模，反映线路设置的密集程度和广泛程度，包括线网密度和线网覆盖率、公共交通车辆、站点、线路指标选取应该考虑城市规模和发展水平，故选择平均水平衡量较为合适。公交投资规划是一个较大的概念，年度公共交通基建投资额基本可以说明该指标，但因城市的经济实力不同，故以年度公共交通基建投资额占城市规划总投资比例计算比较合适。

公共交通服务是公共交通的一个重要方面，指标的选择考虑到综合评价，应该选最能反映问题的指标。安全是服务的首要因素，必须保证公共交通乘行的安全性，包括行车责任事故率以及直接经济损失率。方便是居民选择公共交通的一项很重要的因素，包括平均站距、换乘率、准点率。迅速是居民乘车关心的因素，包括运送速度及候车时间。舒适用高峰满载率和车厢服务合格率来评价。

公共交通综合效益从经济和社会两个方面来进行衡量，公交企业的经济效益关系企业的生存与发展，主要包括企业的设施与人力资源的运用效果和运营效果，通过完好车率、单位运营成本、全员劳动生产率来评价。社会效益是一项难以量化的指标，从节约时间和缓解交通拥挤程度两方面考虑十分必要。

社会责任从公共交通被利用的程度和环境保护来评价，公交出行比例充分说明公共交通被人们选择的程度。环境保护是当今社会发展的要求，城市环境很大程度上被车辆破坏，公共交通分布广泛，产生的尾气污染和噪声污染比较大。

综上所述，建立公共交通综合评价指标体系结构，如图 3-2 所示。

相关量化指标的定义及计算方法上一节已经做了详细说明。一些非量化指标，可以用相对程度等级来刻画的指标的含义如下：

1) 交通拥挤缓解度

定义：改善或发展公共交通后对交通拥挤的缓解程度。

这项指标很难定量计算，可以选取一些不同层次的人、乘客或相关专家进行问卷调查，然后对收回来的问卷进行数据处理，可得到相关信息。

该指标设置为五个等级，即很好、较好、一般、较差、很差。

2) 节约时间效益

定义：改善或发展公共交通后对乘客出行时间的节约程度。

同交通拥挤缓解度指标一样，这项指标也很难量化，因此可以同交通拥挤缓解度一起处理。

3) 车辆污染程度

定义：城市公交车对社会环境污染的程度。

公共交通车辆排气污染是城市污染的一个重要因素，对城市环境及居民生活都造成很大的影响。公共交通车辆产生的空气污染主要来自燃料的燃烧，包括一氧化碳、氮氧化物等，城市公交车辆密度越大，公交车辆越破旧，产生的废气越多。由于城市空气污染还来自其他机动车辆,公共交通车辆废气污染不便直接衡量,因此设为定性指标,请环境相关专家评定。

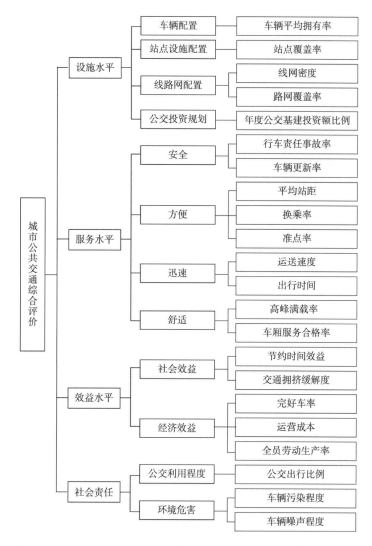

图 3-2　综合评价指标体系图

4)噪声程度

定义:车辆运行产生的噪声大小。

单位:$L_{eq}[dB(A)]$。

这项指标可反映乘车的舒适程度。A 计权声级表示噪声大小,比较接近人的主观感觉,也很方便测量。我国采用 $L_{eq}[dB(A)]$ 作为噪声评级标准,如表 3-2 所示。

L_{eq} 等效连续声级等级划分表　　　　　表 3-2

等级	优	良	一般	较差	差
$L_{eq}[dB(A)]$	≤67	67~73	73~76	76~79	>79
指标值	[0.8,1.0]	[0.6,0.8]	[0.4,0.6]	[0.2,0.4]	[0,0.2]

二、综合评价方法

为了使评价结果更具有科学性和客观性,需要对系统进行全面的描述、预测和评价。结合对国内外常用评价方法的研究,以综合分析为基础,在交通领域常用的综合评价方法包括层次分析法、主成分分析法、模糊综合评价法、数据包络分析法及物元分析法。

1. 层次分析法(Analytic Hierarchy Process, AHP)

层次分析法是由美国运筹学家 T. L. Saaty 在 20 世纪 70 年代末提出的定性和定量结合的一种决策、分析方法。AHP 是一个系统性的评价方法,特点是相对灵活简便,可以有效地结合定性、定量进行系统的分析。层次分析法主要是针对多层次结构的系统,对所选的目标影响因素按照一定阶梯层次排序,对影响因素的重要性进行比较,从而建立判断矩阵,求出特征向量 W,通过归一化处理,确定两层次指标间的重要性权值。层次分析法的优点是可靠度比较高,误差相对较小;缺点是评价对象的因素一般不能超过 9 个。具体可以分为以下四个步骤:

1)建立层次结构模型

首先要对问题进行深入的分析,搞清楚问题的范围,所包含的因素,因素之间的关系以及最终要解决的问题,在分析的基础上,将问题所包含的因素划分为不同的层次,如目标层、准则层、指标层、方案层、措施层等,用框图的形式表明层次的递阶关系及因素的从属关系。

2)构造判断矩阵 u_j, u_{ij}

以 A 表示目标,$u_i, u_j (i, j = 1, 2, \cdots, n)$ 表示因素,u_{ij} 表示 u_i 对应的相对重要性数值,并由组成 A-U 判断矩阵 P:

$$P = \begin{bmatrix} u_{11} & u_{12} & \cdots & u_{1n} \\ u_{21} & u_{22} & \cdots & u_{2n} \\ \vdots & \vdots & & \vdots \\ u_{n1} & u_{n2} & \cdots & u_{nn} \end{bmatrix} \quad (3\text{-}34)$$

3)层次单排序及其一致性检验

层次单排序就是求某一层次的某个因素对于上一层次某个因素的相对重要性次序。若某一层次有关因素相对于上一层次某个因素的判断矩阵为 P 时,由 $PW = \lambda W$ 求出最大特征值 $\lambda_{\max}$ 所对应的特征向量 W,就给出了相对重要性次序。

最大特征值的求解,即求特征值问题 $PW = \lambda_{\max} W$,可以采用 AHP 算法中的方根法。

对计算结果要进行一致性检验。判断矩阵的一致性检验由随机一致比率 CR 来控制,当 $CR < 0.1$ 时,认为层次单排序具有满意的一致性,否则需要调整判断矩阵元素的取值。也就是说计算结果要满足:

$$CR = \frac{CI}{RI} < 0.1 \quad (3\text{-}35)$$

其中:

$$CI = \frac{\lambda_{\max} - n}{n - 1} \quad (3\text{-}36)$$

式中:CI——一致性指标;

RI——平均随机一致性指标。

4) 层次总排序及其一致性检验

这一步就是求某一层次各因素对于最高层(总目标)的相对重要性次序。在层次模型中取出相邻的上下两层,设上层为 K 层,下层为 L 层。上层包含 m 个因素 $k_1, k_2, \cdots, k_m$,下层包括 n 个因素 $l_1, l_2, \cdots, l_n$。已经求出上层 K 对于总目标的排序权值 $k_1, k_2, \cdots, k_m$,而且层 L 的因素对于层 K 中 K_j 的层次单排序权值为 $l_1, l_2, \cdots, l_n$(当 L_i 与 K_j 无联系时,$l_{ij}=0$),那么 L 对于总目标的排序权值由表3-3求出。

排序权值表 表3-3

层次 L	层次 K				L层总排序权值
	K_1	K_2	$\cdots$	K_m	
	k_1	k_2	$\cdots$	k_m	
L_1	l_{11}	l_{12}	$\cdots$	l_{1m}	$\sum_{j}^{m} k_j l_{1j}$
L_2	l_{21}	l_{22}	$\cdots$	l_{2m}	$\sum_{j}^{m} k_j l_{2j}$
$\vdots$	$\vdots$	$\vdots$	$\vdots$	$\vdots$	$\vdots$
L_n	l_{n1}	l_{n2}	$\cdots$	l_{nm}	$\sum_{j}^{m} k_j l_{nj}$

可见,层次总排序的确定,就是利用上层的总排序权值来求下一层的总排序权值,逐层求下去,直至最后一层,便可获得待比较方案(措施)对于总目标的重要性次序。

层次总排序仍要进行一致性检验,检验也是从高到低进行的。如果 L 层次某些因素对于 K_j 单排序的一致性指标为 CI_j,相应的平均随机一致性指标为 RI_j,则 L 层次总排序的随机一致性比率为:

$$CR = \frac{\sum_{j=1}^{m} k_j \cdot CI_j}{\sum_{j=1}^{m} k_j \cdot RI_j} \tag{3-37}$$

当 $CR<0.1$ 时,认为层次总排序具有满意的一致性,否则需要调整判断矩阵元素的取值。

从层次分析法的分析过程可以看出,层次分析法的主要特点是将判断矩阵最大特征值 $\lambda_{\max}$ 对应的特征向量 W 作为排序权值,根据这一排序权值就可以将同一层次各因素按照其对于上层次某因素的相对重要性(或影响程度)作出一个排序。所以,理解判断矩阵的最大特征值及其与之对应的特征向量的意义,是理解层次分析法的关键。

2. 主成分分析法(Principal Components Analysis,PCA)

主成分分析法又称为主组元分析、主分量分析,是通过损失少量的信息(低于信息总量的15%)换取减少变量的方法。主成分分析法的理论和实践具有简洁性,得出结果具有客观性,广泛地应用于社会、科研、经济等领域中,为较常用的评价方法之一。主成分分析法通常是按照因子贡献率的多少排序,但是该法需要较多的统计数据,而且不能反映客观的发展水平。PCA是一种数学变换法,具体方法步骤参考何晓群《多元统计分析》。

3. 模糊综合评价法(Fuzzy Comprehensive Evaluation Method)

由于在现实生活中存在一些模糊的概念,例如评价一个人,我们一般说这个人高或者矮、胖或者瘦。但评价这个人是好还是坏,怎样算好、怎样算坏,每个人对好坏善恶都有着不同的标准,所以并不能提供一个准确定义来判断。模糊综合评价就是针对此类问题。模糊综合评价法来源于模糊数学,此方法引入隶属函数,可以将人的直觉作为具体系数,并量化约束的条件,进行定量的分析。该方法的优点是可以克服以往数学方法中"唯一解"的缺陷,根据各个可能性求得多层次的问题解;缺点是并不能解决指标之间相关信息的重复,不能准确确定隶属函数。

模糊综合评价法的具体步骤可以分为以下六点:

1) 确定评价对象的因素论域

设 n 个评价指标, $X=(X_1,X_2,\cdots,X_n)$。

2) 确定评价等级论域

设 $A=(W_1,W_2,\cdots,W_n)$,每一个等级可对应一个模糊子集,即等级集合。

3) 建立模糊关系矩阵

在构建了等级模糊子集后,要逐个对被评事务从每个因素 $X_i(i=1,2,\cdots,n)$ 上进行量化,即确定从单因素来看被评事物对等级模糊子集的隶属度 (R/X_i),进而得到模糊关系矩阵:

$$R=\begin{bmatrix}\dfrac{R}{X_1}\\[4pt]\dfrac{R}{X_2}\\\vdots\\\dfrac{R}{X_n}\end{bmatrix}=\begin{bmatrix}r_{11}&r_{12}&\cdots&r_{1n}\\r_{21}&r_{22}&\cdots&r_{2n}\\\vdots&\vdots&&\vdots\\r_{n1}&r_{n2}&\cdots&r_{nn}\end{bmatrix} \tag{3-38}$$

式中, r_{ij} 表示第 i 行第 j 列元素, X_i 表示某个被评事物从因素来看对 W_j 等级模糊子集的隶属度。

4) 确定评价因素的权向量

在模糊综合评价中,确定评价因素的权向量: $U=(u_1,u_2,\cdots,u_n)$,一般采用层次分析法确定评价指标间的相对重要性次序,从而确定权系数,并且在合成之前归一化。

5) 合成模糊综合评价结果向量

利用合适的算子将 U 与各被评事物的 R 进行合成,得到各被评事物的模糊综合评价结果向量 B,即:

$$U\cdot R=(u_1,u_2,\cdots,u_n)\begin{bmatrix}r_{11}&r_{12}&\cdots&r_{1n}\\r_{21}&r_{22}&\cdots&r_{2n}\\\vdots&\vdots&&\vdots\\ur_{n1}&r_{n2}&\cdots&r_{nn}\end{bmatrix}=(b_1,b_2,\cdots,b_n)=B \tag{3-39}$$

式中: b_i ——被评事物从整体上看对 W_j 等级模糊子集的隶属程度。

6) 对模糊综合评价结果向量进行分析

实际中最常用的方法是最大隶属度原则,但在某些情况下使用会有些很勉强,损失信息很多,甚至得出不合理的评价结果。提出使用加权平均求隶属等级的方法,对于多个被评事物并可以依据其等级位置进行排序。

4. 数据包络分析法（Data Envelopment Analysis, DEA）

数据包络分析法是由 Coopor、Rhodes 和 Chames 三位在 1978 年提出的，此方法主要通过使决策单元（Decision Making Units, DMU）输入输出不变，借助数据统计和数学规划确定相对有用的生产前沿面，将每个决策单元都投影至 DEA 的生产前沿面，同时通过比较决策单元偏离 DEA 生产前沿面的程度，从而评价有效性。

数据包络分析基本步骤为：

1）建立 DMU_j 的输入、输出向量

设有 n 个 $DMU_j(1 \leqslant j \leqslant n)$，$DMU$ 的输入、输出向量分别为：

$$X_j = (x_{1j}, x_{2j}, \cdots, x_{mj})^T > 0 \quad (j = 1, \cdots, n) \tag{3-40}$$

$$Y_j = (y_{1j}, y_{2j}, \cdots, y_{sj})^T > 0 \quad (j = 1, \cdots, n) \tag{3-41}$$

由于在生产过程中各种输入和输出的地位与作用不同，因此，要对 DMU 进行评价，对它的输入和输出进行"综合"，即把它们看作只有一个总体输入和一个总体输出的生产过程，这样就需要赋予每个输入、输出恰当的权重，例如 x_j 的权重为 v_j，y_k 的权重为 $u_j(1 \leqslant j, k \leqslant n)$。

2）模型定义

问题是，由于我们在一般情况下对输入、输出量之间的信息结构了解甚少或它们之间的相互替代性比较复杂，也由于我们想尽量避免分析者主观意志的影响，因此，并不事先给定输入、输出权向量 $V = (v_1, v_2, \cdots, v_m)^T$，$U = (u_1, u_2, \cdots, u_m)^T$，而是先把它们看作是变向量，然后在分析过程中再根据某种原则来确定它们。下面是一个直观的定义：

$$h_j = \frac{u^T y_j}{v^T x_j} = \frac{\sum_{k=1}^{s} u_k y_{kj}}{\sum_{i=1}^{m} v_i x_{ij}} \quad (j = 1, \cdots, n) \tag{3-42}$$

式中：h_j——第 j 个决策单位 DMU_j 的效率评价指数；

u^T——输出权向量；

v^T——输入权向量；

y_{kj}——第 j 个决策单位对第 k 种类型输出的产出总量，$y_{kj} > 0$；

x_{ij}——第 j 个决策单位对第 i 种类型输入的投入总量，$x_{ij} > 0$。

3）综合定义

(1) 总可以适当地选取权系数 v 和 u，使 $h_j \leqslant 1$。

(2) 粗略地说，h_{j0} 越大，表明 DMU_{j0} 能够用相对较小的输入而得到相对较多的输出。因此如果我们想了解某个 DMU_{j0} 在这 n 个 DMU 中相对来说是不是"最优"，可以考察当改变 v 和 u 时，h_{j0} 的最大值究竟为多少。这样，如要对 DMU_{j0} 进行评价，就可以构造下面的所谓 C^2R 模型：

$$(\overline{P}) = \begin{cases} \max \dfrac{\sum_{k=1}^{s} u_k y_{kj0}}{u_k y_{kj0}} = V_{\overline{P}} \\ s \cdot t \cdot \dfrac{\sum_{k=1}^{s} u_k y_{kj}}{u_k y_{kj}} \leqslant 1 \quad (j = 1, \cdots, n) \\ u_k \geqslant 0 \quad (k = 1, \cdots, s) \\ v_i \geqslant 0 \quad (i = 1, \cdots, m) \end{cases} \tag{3-43}$$

这是一个分式规划问题,若令

$$\begin{cases} t = \dfrac{1}{v^{\mathrm{T}} x_0} \\ \omega = tv \\ \mu = tu \end{cases} \tag{3-44}$$

这里的变换称为 Charnes-Cooper 变换,并且为简便计,记 j_0 为 0,以下同。根据线性规划对偶理论,可得 $(\overline{P})$ 的对偶规划模型为:

$$\begin{cases} \min \theta \\ s \cdot t \cdot \sum\limits_{j=1}^{n} \lambda_j x_j + s^- = \theta x_0 \\ \sum\limits_{j=1}^{n} \lambda_j y_j - s^+ = y_0 \\ \lambda_j \geqslant 0 \quad (j = 1, \cdots, n) \\ s^+ \geqslant 0, s^- \geqslant 0 \end{cases} \tag{3-45}$$

5. 物元分析法(Matter Element Analysis)

物元分析法主要是由"事物、特征、特征值"三个因素来描述事物,物元即为有序的三元组,主要是解决现实生活中复杂、可变、不相容的问题。物元分析法应用领域包含项目评估、产品质量综合评价、信用等级综合评价等。物元分析法的优点是在评价过程中不需要将每个因素的评价指标值域换成标准值域,也不需要对初始指标的数值进行无量纲化处理,可以保证评价指标数据的完整性;物元分析模型中的指标一般都是具有特性并且相互关联的元素,所以可以解决综合作用下不相容的几个单项指标反映的规律性问题。

物元分析基本步骤:

1)建立物元 R

给定事物的名称 N,它关于特征 C 的量为 v,则有三元 $R = (N,c,v)$ 组作为描述事物的基本元,简称物元。事物名称 N 特征 C 和量值 v 称为物元的三要素。如果事物 N 有多个特征,它以 n 个特 $c_1, c_2, \cdots, c_n$ 和相应的量值 $v_1, v_2, \cdots, v_n$ 描述,则表示为:

$$R = \begin{bmatrix} N & C_1 & V_1 \\ & C_2 & V_2 \\ & \cdots & \cdots \\ & C_n & V_n \end{bmatrix} = \begin{bmatrix} R_1 \\ R_2 \\ \cdots \\ R_n \end{bmatrix} \tag{3-46}$$

这时,称 R 为 n 维物元,简记为 $R = (N,c,v)$。

2)经典域与节域物元矩阵

当 N_0 为标准事物,关于特征 c_i 量值范围 $v_{0i} = \langle a_{0i}, b_{0i} \rangle$ 时,经典域的物元矩阵可表示为:

$$R = NCV = \begin{bmatrix} N & C_1 & \langle a_1 b_1 \rangle \\ & C_2 & \langle a_2 b_2 \rangle \\ & k & k \\ & C_n & \langle a_n b_n \rangle \end{bmatrix} \tag{3-47}$$

若由标准事物 N_0 加上可转化为标准的事物所组成的物元 R_p 称为节域物元。而

$v_{Pi} = \langle a_{pi}, b_{pi} \rangle$ 为节域物元关于特征C_i的比相应标准扩大了的量值范围。节域物元矩阵表示为:

$$R_0 = (N_p, C, V_p) = \begin{bmatrix} N_P & C_1 & \langle a_{p1}, b_{p1} \rangle \\ & C_2 & \langle a_{p2}, b_{p2} \rangle \\ & \cdots & \cdots \\ & C_n & \langle a_{pn}, b_{pn} \rangle \end{bmatrix} \qquad (3\text{-}48)$$

由此,这里有$\langle a_{0i}, b_{0i} \rangle \subset \langle a_{pi}, b_{pi} \rangle (1, 2, \cdots, n)$。

3) 建立关联函数

关联函数表示物元的量值取值为实轴上一点时,物元符合要求的范围程度。由于可拓集合的关联函数可用代数式来表达,就使得解决不相容问题能够定量化。令有界区间$X_0 = [a, b]$的模定义为:$|X_0| = |b - a|$,某一点X到区间$X_0 = [a, b]$的距离为:$\rho(X, X_0) = \left| X - \frac{1}{2}(a+b) \right| - \frac{1}{2}(b-a)$,则关联函数$K(x)$的定义为:

$$K(x_1) = \begin{cases} \dfrac{-\rho(X, X_0)}{|X_0|} & (X \in X_0) \\ \dfrac{\rho(X, X_0)}{\rho(X, X_p) - \rho(X, X_0)} & (X \notin X_0) \end{cases} \qquad (3\text{-}49)$$

式中:$\rho(X, X_0)$——点X与有限区间$X_0 = [a, b]$的距离;

$\rho(X, X_p)$——点X与有限区间$X_p = [a, b]$的距离;

X, X_0, X_p——待评物元的量值、经典域物元的量值范围和节域物元的量值范围。

4) 评价标准

关联函数$K(x)$的数值表示评价单元符合某标准范围的隶属程度。当$K(x) \geq 1.0$时,表示被评价对象超过标准对象上限,数值越大,开发潜力越大;当$0 \leq K(x) \leq 1$时,表示被评价对象符合标准对象要求的程度,数值越大,越接近标准上限;当$-1 \leq K(x) \leq 0$时,表示被评价对象不符合标准对象要求,但具备转化为标准对象的条件,且值越大,越易转化;当$K(x) \leq -1$时,表示被评价对象不符合标准对象要求,且又不具备转化为标准对象的条件。

5) 事物的综合关联度和质量等级评定待评事物

N_X关于等级j的综合关联度$K_j(N_X)$为:

$$K_j(N_X) = \sum_{i=1}^{N} a_i K_j(X_i) \qquad (3\text{-}50)$$

式中:$K_j(N_X)$——待评事物关于各等级j的综合关联度;

$K_j(X_i)$——待评事物关于各等级的关系度$(j = 1, 2, \cdots, n)$;

a_i——各评价指标的权系数。

若$K_0 = \max[K_j(N_X)] (j = 1, 2, \cdots, n)$,则评定事物$N_X$属于等级$j_0$。

复习思考题

1. 公共交通系统评价类别有哪些,请阐述各自特点。
2. 公交专用车道车辆通行能力与哪些因素有关?
3. 如何计算公共交通占机动化出行分担率?
4. 综合评价指标体系和评价方法有哪些?
5. 结合自身所学谈谈对城市公共交通系统评价的认识。

第四章 城市公共交通需求预测与规划目标制定

第一节 交通小区划分方法

交通源一般是大量的,在各类规划中,一般不对每个交通源进行单独研究,而是将交通源合并成若干小区,这些小区称为交通小区。交通小区划分是否适当直接影响到交通调查、分析、预测的工作量及精度。

交通小区是指结合交通分析和交通模型的需要将研究区域划分成的若干地理单元。划分交通小区的主要目的是:将交通需求的产生、吸引与一定区域的社会经济指标联系起来;将交通需求在空间上的流动用小区之间的交通分布图表现出来;便于用交通分配理论模拟道路网上的交通流。

交通小区数目的确定要综合考虑城市规模、交通调查及数据分析的精度、规划研究深度、工作量等多方面的要求。一般来讲,城市规模越大,数据调查及分析的精度要求越高,交通小区数目就越多。战略规划和远期规划的交通小区相对粗略,数目可以少一些,而近中期规划和现状改善项目的交通小区规模就必须要小,数目相对就多。而具体到实际项目的操作,虽然交通小区数目多可以带来分析精度和成果可信度的提高,但同时导致工作量的增加,所以也不是交通小区数目越多越好。

在实际的划分中,还必须遵循一些基本原则:

①同质性:尽量保证交通小区内的土地使用、经济、社会等特性一致。
②尽量以铁路、河流、河川等天然屏障作为分区界限。
③尽量不打破行政区的划分,以便能利用行政区现成的统计资料。
④考虑路网的构成,交通小区内质心(形心)可取为路网中的节点。
⑤分区数量适当,交通小区人口规模要适中,小城市的交通小区规模可小一些,大城市的交通小区规模应大一些;靠市中心分区面积小些,靠市郊的面积大些。
⑥考虑到干道是汇集交通的渠道,因此一般不以干道作为分区界线,道路两侧同在一个交通小区也便于资料整理。
⑦对于已作过 OD 调查的城市,最好维持原已划分的交通小区。
⑧交通小区内的出行次数不超过全区域内出行总数的 10% ~ 15%。
⑨在同一个调查区内,根据所处位置的不同,交通小区的规模也应有所不同,交通量分散的郊区可大一些,交通量集中的市中心区应小一些。

从国内城市的实践来看,早期的(20 世纪 80 年代到 90 年代)规划项目交通分区数目较少,一般不超过 100 ~ 150 个。近年来随着计算机技术的发展,交通小区数目有增加的趋势。

通过聚类分析法并结合我国对城市规模的习惯分组,可将样本大致分为4组:
①城市人口规模20万~50万,分区人口规模在4000~15000人/小区之间。
②城市人口规模50万~100万,分区人口规模在6000~16000人/小区之间。
③城市人口规模100万~200万,分区人口规模在8000~20000人/小区之间。
④城市人口规模大于200万,分区人口规模在25000~32000人/小区之间。

假定每组内城市的分区人口规模与城市规模无关,而是一个呈正态分布的随机变量,我们用样本的均值和标准差代替总体的曲值和标准差构造一个85百分位点的取值范围作为该组城市分区人口规模的推荐值,如图4-1所示。

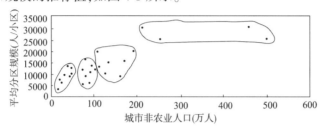

图4-1 部分国内城市交通分区人口规模

通过在每组内城市规模小时在分区人口规模下半区间取值,城市规模大时在分区人口规模上半区间取值的方法,并结合交通分区数与城市规模回归分析的结果,进一步得到不同规模组别的交通分区数的推荐值,如表4-1所示。

国内不同规模城市交通小区的推荐数　　　　　　　表4-1

城市规模	中等城市	大城市	特大城市	超大城市
推荐交通小区人口规模(万人)	0.4~1.3	0.6~1.6	0.8~2.0	2.4~3.2
推荐交通小区数(个)	20~60	50~90	70~130	>130

第二节　居民出行生成预测

出行可分为基于家的出行和非基于家的出行。前者又可分为上班与非上班。如按出行目的细分,则又有上班、上学、弹性(购物、社交)、公务等出行之别。出行生成又分为以机动车为基本单位的出行和以人为基本单位的出行。在大城市中,交通工具复杂,一般都用人的出行次数为单位,小城市交通工具较为简单,英、美等国家以小汽车为单位。车辆出行与人的出行之间可以互相换算。

出行生成包括出行产生与出行吸引。由于两者的影响因素不同,前者以社会经济特性为主,后者以土地利用的形态为主,故有些方法需将出行产生和出行吸引分别进行预测,以确保精确,也利于下一阶段出行分布预测的工作。当社会经济特性和土地利用形态发生改变时,也可用来预测交通需求的变化。而交通生成量通常作为总控制量,用来预测和校核各个交通小区的发生和吸引交通量,故交通生成量的预测通常又称作交通生成总量预测。

交通生成总量的预测方法主要有原单位法、增长率法、交叉分类法和函数法。除此之外,还有利用研究对象地区过去的交通量或经济指标等的趋势法和回归分析等方法。

一、交通生成总量的预测

1. 原单位法

原单位是指单位指标,它的求得通常有两种方法:一种是用居住人口或就业人口每人平均的交通生成量来进行推算的个人原单位法,另一种就是以不同用途的土地面积或单位办公面积平均发生的交通量来预测的面积原单位法。不同方法对应选取的原单位指标也不同,主要有:

(1)根据人口属性以不同出行目的单位出行次数为原单位进行预测。

(2)以土地利用或经济指标为基准的原单位,即以单位用地面积或单位经济指标为基准对原单位进行预测。

发生于吸引交通量、交通生成总量示意图如图4-2所示。

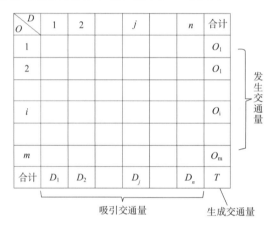

图4-2 发生于吸引交通量、交通生成总量示意图

注:$O_1, O_2, \cdots, O_m$ 表示各个发生点的发生交通量,$D_1, D_2, \cdots, D_n$ 表示各个吸引点的吸引交通量。

在居民出行预测中经常采用单位出行次数为原单位,预测未来的居民出行量,所以也称为单位出行次数预测法。单位出行次数为人均或家庭平均每天的出行次数,它由居民出行调查结果统计得出。因为人口单位出行次数比较稳定,所以人口单位出行次数预测法是进行生成交通量预测时最常用的方法之一。

预测不同出行目的交通生成量可以采用如下方法:

$$\begin{cases} T = \sum T^k \\ T^k = \sum_i a_i^k N_E \end{cases} \tag{4-1}$$

式中:a_i^k——某出行目的和人口属性的平均出行生成量;

N_E——某属性的人口;

T^k——出行目的为k时的交通生成量;

T——研究对象地区总的交通生成量;

k——出行目的。

原单位法预测的出行生成量除由人口属性按出行目的的不同预测外,还可以以土地利用或经济指标为基准预测。从调查中得出单位用地面积或单位经济指标的发生与吸引交通量,根据规划期限内各交通小区的用地面积(人口量或经济指标等)进行交通生成预测。图 4-3 是根据 2005 年北京市居民出行调查得到的不同住房类型的人均出行次数。

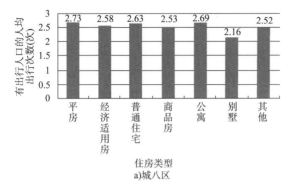 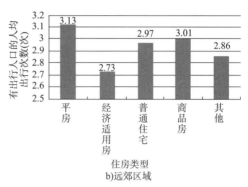

图 4-3 不同住房类型平均出行次数

根据交通调查可得到交通需求预测所需的原单位指标值,但像北京、上海、广州、南京等大城市,大规模的居民调查几年甚至十几年才能进行一次,小城市这方面的数据就更是匮乏,这种情况容易造成预测所需要的数据比较缺乏或陈旧。在数据资料不足的情况下,也可以采用下述简易方法对研究区域进行数据采集或标定。对于一个居住小区,可以在其出入口放置计数器或人工计数器,测出每天进出该区的车辆数或人数,然后除以其户数,就是每天产生的出行原单位。如果知道住户数或土地利用的建筑面积,将其与相应的原单位相乘及将分区所有的项目相加,则可求得该区总的出行生成量。

对于预测生成交通总量而言,如何决定生成原单位的将来值是一个重要的课题。根据以往的研究成果,通常有以下几种做法:

(1)直接使用现状调查中得到的原单位数据。

(2)将现状调查得到的原单位乘以其他指标的增长率来推算,即增长率法。

(3)最常用的也是最主要的为函数法。通常按照不同的出行目的预测不同出行目的的原单位。其中,函数的影响因素(或称自变量)多采用性别、年龄等指标。

【例 4-1】 图 4-4 是分有 3 个交通小区的某对象区域,表 4-2 是各小区现状的出行发生量和吸引量,在常住人口原单位不变的情况下,采用原单位法预测其将来的出行生成量。

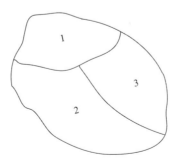

图 4-4 某对象区域小区划分示意图

各区现在的出行发生量和吸引量(单位:万次/日)　　　　　表 4-2

项目	1	2	3	合计	人口(万人)(现在/将来)
1				28.0	11.0/15.0
2				51.0	20.0/36.0
3				26.0	10.0/14.0
合计	28.0	50.0	27.0	105.0	41.0/65.0

解:根据上表中的数据,可得:

现状出行生成量 $T = 28.0 + 51.0 + 26.0 = 28.0 + 50.0 + 27.0 = 105.0$(万次/日);

现状常住人口 $N = 11.0 + 20.0 + 10.0 = 41.0$(万人);

将来常住人口 $M = 15.0 + 36.0 + 14.0 = 65.0$(万人);

常住人口原单位 $T/N = 105.0/41.0 = 2.561$[次/(日·人)]。

因此,将来的生成交通量 $X = M \times (T/N) = 65.0 \times 2.561 = 166.5$(万次/日)。

由于人们在对象区域内的出行不受区域内小区划分的影响,所以交通生成量的原单位与发生/吸引的原单位比较,具有时序列稳定的特点。

如上所述,将原单位视为不随时间变动的量,而直接使用居民出行调查结果。然而,原单位因交通参与者的个人属性(年龄、性别、职业、汽车拥有与否等)不同而有所变动。

2. 交叉分类法

交叉分类是出行生成预测的另一个可选用的模型,它突出以家庭作为基本单元,用将来的出行发生率求得将来的出行量。它与原单位法有很多相似之处,但又存在很大不同。

20世纪70年代后,出行生成分析产生了从应用交通分区统计资料的回归分析转移到个体(非集计)资料的交叉分类的趋势。交叉分类首先在美国的普吉湾(PugetSound)区域交通调查中获得应用。其基本思想是把家庭按类型分类,从而求得不同类型家庭的平均出行率。该研究认为,小汽车拥有量、家庭规模和家庭收入是决定交通发生量的三个主要影响因素。因此,根据这些变量把家庭横向分类,并且由家庭访问调查资料计算每一类的平均出行生成率,预测时以将来同类型家庭的预测值乘以相应的出行率。

1)交叉分类法必须服从的假定

(1)一定时期内出行率是稳定的。

(2)家庭规模的变化很小。

(3)收入与车辆拥有量总是增长的。

(4)每种类型的家庭数量,可用相应于该家庭收入、车辆拥有量和家庭结构等资料所导出的数学分布方法来估计。

2)构造交叉分类模型的步骤

(1)有关家庭的横向分类:澳大利亚根据其中西部的交通调查,规定家庭大小、家庭收入各分为6类,家庭拥有小汽车数分为3类。我国家庭中自行车使用比较广泛,可以考虑作为分类的项目,上海曾以住宅类型、家庭人口及自行车拥有量作为分类项目研究出行发生模型。

(2)把每个家庭定位到横向类别:对家庭访问调查资料进行分类,把每个家庭归入其所属类别。

(3) 对所分的每一类家庭,计算其平均出行率。用调查的每类出行发生量除以每类的家庭总数,则可分别得出每类家庭的平均出行率。

(4) 计算各分区的出行发生。把分区每一类的家庭数乘以该类的出行发生率,并将分区中所有类别的家庭汇总起来,得到出行总量。

$$\hat{P}_i = \sum_{C=1}^{n} \overline{Q}_C N_{Ci} \qquad (4-2)$$

式中:$\hat{P}_i$——i 区出行产生数的计算值;

$\overline{Q}_C$——C 类家庭的平均出行率,C = 1、2、3 分别代表低收入家庭、中等收入家庭和高收入家庭;

N_{Ci}——i 区内的 C 类家庭数。

【例 4-2】 澳大利亚城市类别产生率。根据家庭规模、收入及家庭拥有小汽车数可将研究对象内的家庭分成不同的类别,表 4-3 给出的就是根据调查得到的不同类别家庭的平均出行率。

不同类别家庭的平均出行率[人次/(户·日)] 表 4-3

小汽车拥有数	收入家庭规模					
	低收入		中等收入		高收入	
	1~3 人	4 人及以上	1~3 人	4 人及以上	1~3 人	4 人及以上
无	3.4	4.9	3.7	5.0	3.8	5.1
1 辆	5.2	6.9	7.3	8.3	8.0	10.2
2 辆及以上	5.8	7.2	8.1	11.8	10.0	12.9

已知:低收入、无小汽车、每户 3 人的家庭有 100 户;低收入、无小汽车、每户 4 人的家庭有 200 户;中等收入、有 1 辆小汽车、每户 4 人的家庭有 300 户;高收入、有 2 辆小汽车、每户 5 人的家庭有 50 户。

则总出行为:

$100 \times 3.4 + 200 \times 4.9 + 300 \times 8.3 + 50 \times 12.9 = 4455$(人次/日)

在 20 世纪 60 年代伦敦进行的交通规划中,采用的就是交叉分类法,按照地理条件和家庭属性,分为 108 个类型。根据调查求得各类型的平均出行率。用这些平均出行率和各类型家庭数的将来预测值,分别按 3 种不同交通方式(驾车者、坐车者、利用公共交通系统者)和 6 个不同出行目的(上班、公务、上学、购物、社交活动、非基于家的出行)进行了预测。

根据交叉分类法来预测居民出行生成的方法,在 FHWA(美国联邦公路管理局)的出行预测模型中已被采用。该模型由连续的四个子模型组成,其应用程序可从美国交通部城市交通规划的计算机程序中查到。

对交叉分类法而言,说明变量在统计学意义上的检验方法的欠缺是一个主要问题。当然如何正确地预测 108 个类型的户数的将来值也是一个不可忽视的问题。

综上所述,交叉分类法以估计给定出行目的每户家庭的出行产生量为基础,建立以家庭属性为变量的函数。并且突出家庭规模、收入、拥有小汽车数分类调查统计得出相应的出行产生率,由现状产生率得到现状出行量,由未来产生率得到未来出行量。

3. 个人分类方法

个人分类方法是对基于家庭的分类模型的一种替代方法。令 t_j 表示出行率,即在某一段时间内 j 类人中平均每人的出行次数;T_i 表示 i 小区各类居民的总出行数;N_i 为 i 小区的居民总数;a_{ij} 为 j 类居民的百分率。可得到 i 地区的出行发生量为:

$$T_i = N_i \sum_j a_{ij} t_j \tag{4-3}$$

它与前述的基于家庭的类别分析法相比具有如下优点:

(1)个人出行产生模型同经典的交通需求模型的其他部分完全兼容,它们都是基于出行者而不是基于家庭。

(2)也可采用交叉分类方法。

(3)建立个人分类模型所需要的样本数比基于家庭模型少几倍。

(4)很容易考虑人口统计的变化。如在基于家庭的模型中无法兼顾某些关键的人口变量(如年龄)。

(5)个人分类较家庭分类预测起来更容易。因为后者需要预测家庭构成、大小等,个人分类模型的主要限制是很难兼顾家庭成员间的相互影响、家庭的花费和预算。

二、发生与吸引交通量的预测

与交通生成总量的预测方法相同,发生与吸引交通量的预测方法也分原单位法、增长率法、交叉分类法及函数法。

1. 原单位法

利用原单位法预测发生与吸引交通量时,首先需要分别计算发生原单位和吸引原单位,然后根据发生原单位和吸引原单位与人口、面积等属性的乘积预测得到发生与吸引交通量的值,可分别用下式表示:

$$O_i = bx_i \tag{4-4a}$$

$$D_j = cx_j \tag{4-4b}$$

式中:i、j——交通小区;

x——常住人口、从业人口、土地利用类别、面积等属性变量;

b——出行目的的单位出行发生次数[次/(日·人)];

c——某出行目的的单位出行吸引次数[次/(日·人)];

O_i——小区 i 的发生交通量;

D_j——小区 j 的吸引交通量。

一般来说,在交通需求预测时,要求各小区的发生交通量之和与吸引交通量之和相等,并且各小区的发生交通量或吸引交通量之和均等于交通生成总量。如果它们之间不满足上述关系,则可以采用调整系数法进行调整。

在出行生成阶段,要求满足所有小区出行发生总量要等于出行吸引总量。当上述条件不满足时,一般认为所有小区出行发生总量($O = \sum_{i=1}^{n} O_i$)可靠些。从而,可将吸引总量乘以一个调整系数 f,这样可以确保出行吸引总量等于出行发生总量。

$$f = \frac{\sum_{i=1}^{n} O_i}{\sum_{j=1}^{n} D_j} \quad (4-5)$$

在用原单位法按不同出行目的分类预测时,以下方法比较实用。即上班出行交通量使用常住人口;上学出行交通量使用常住人口;弹性出行交通量使用常住人口和就业人口;公务出行交通量使用就业人口;回程出行交通量利用上班和上学交通量的返回乘以一个系数,该系数从居民出行调查数据统计得出,一般为接近于 1.0 的值。

【例 4-3】 某交通小区有 172 家独户住宅,287 家集体住宅,550 家公寓房屋,其产生率分别为:2.38 车次/户、2.38 车次/户、2.31 车次/户;另有 40000 m^2 商业中心,该中心就业密度为 2.2 雇员/1000 m^2,其吸引率为 1.82 车次/雇员。用原单位法计算该小区的出行发生量与吸引量。

解:

出行发生量:

$O_1 = 2.38 \times (172 + 287) + 2.31 \times 550 = 2363 (车次/日)$

出行吸引量:

$D_1 = 2.2 \times (40000/1000) \times 1.82 = 160 (车次/日)$

对于有多个小区时:如果 $\sum_i O_i \neq \sum_j D_j$,根据式(4-5),可令调整系数 f 为:$f = \dfrac{\sum_i O_i}{\sum_j D_j}$,可得:$O'_i = O_i \times f, D'_i = D_i \times f$,并依此进行调整。

2. 增长率法

增长率法考虑了原单位随时间变动的情况,它是用其他指标的增长率乘以原单位求出将来交通生成量的方法。

$$O_i^N = F_i \cdot O_i \quad (4-6)$$

式中:F_i——发生与吸引交通量的增长率,例如,$F_i = \alpha_i \cdot \beta_i$。

其中:

$$\alpha_i = \frac{目标年度小区\ i\ 的预测人口}{基准年度小区\ i\ 的人口}$$

$$\beta_i = \frac{目标年度小区\ i\ 的人均车辆拥有率}{基准年度小区\ i\ 的人均车辆拥有率}$$

增长率法的特点是可以解决原单位法和函数法难于解决的问题,它通过设定交通小区的增长率,可以反映因土地利用的变化引起的人们出行的变化以及对象区域外的交通小区的发生与吸引交通量。对于前者,前面已经讲述;对于后者,由于原单位法和函数法都是基于实际调查数据的方法,而对象区域外的交通小区没有实际测量数据和预测目标年度的自变量数据,所以选用增长率法。增长率法可以预测对象区域外小区的将来交通量。比如,可以设定:

$$F_j = R_j \cdot R \quad (4-7)$$

式中:F_j——对象区域外交通小区 j 的发生、吸引交通量的增长率;

R_j——对象区域外交通小区 j 的常住人口的增长率;

R——对象区域内全体的常住人口的增长率。

【例 4-4】 设某区域现在共有 500 户家庭,其中 250 户每户拥有 1 辆小汽车,另外 250 户没有小汽车,有汽车家庭出行生成原单位为 6.0 次/天,无汽车家庭为 2.5 次/天。假设未来所有家庭都有 1 辆小汽车,家庭收入和人口数不变,用增长率法求出规划年的出行发生量 T_i。

解:

根据出行生成原单位,易得该区域现在出行量:

$T = 250 \times 2.5 + 250 \times 6 = 2125$(次/天)

假设未来所有家庭都有 1 辆小汽车,家庭收入和人口数不变,则增长系数 F_i 为:

$$F_i = \frac{C_i^d}{C_i^c} = \frac{1.0}{0.5} = 2.0$$

式中:C_i^d——该区域未来的汽车保有率;

C_i^c——该地区现在的汽车保有率。

因此,得该区域未来出行量为:

$T_i = 2 \times 2125 = 4250$(次/天)

可见增长系数法比较简单,是早期城市交通规划采用的方法之一。根据经验得出该方法计算的结果偏大,西方一些规划专家们推荐用此方法预测研究区域外部的出行。

3. 交叉分类法

在前文有关交通生成总量预测内容中,阐述了交叉分类法。它不仅可以预测交通生成总量,同时也是发生与吸引交通量预测中的一种常用且有效的方法,在此不作赘述。

4. 函数法

函数法是利用函数式预测将来不同出行目的的原单位的方法,是发生与吸引交通量预测中最常用的方法之一。函数法中人们多采用多元回归分析法,所以有时被直接称为多元回归分析法,其模型如下:

$$\begin{cases} O_i^p = b_0^p + b_1^p x_{1i}^p + b_2^p x_{2i}^p + \cdots \\ D_j^p = c_0^p + c_1^p x_{1j}^p + c_2^p x_{2j}^p + \cdots \end{cases} \quad (4-8)$$

式中:b、c——回归系数;

p——出行目的;

x——自变量,常取的变量有交通小区内平均收入、平均汽车保有率、家庭数、人口、就业人数、土地利用面积等。

使用多元回归分析法,一般先用实际调查数据和最小二乘法回归出系数 b 和 c,然后将各交通小区预测目标年的自变量值代入上式,求出各交通小区的发生与吸引交通量。

这里,假设已经得到关系式为:

$$T_i = -0.59 X_{i1} + 0.74 X_{i2} + 0.88 X_{i3} - 0.39 X_{i4} + 112$$

式中:T_i——交通小区 i 的上下班的出行次数;

X_{i1}——交通小区 i 的家庭数;

X_{i2}——交通小区 i 的就业人口数;

X_{i3}——交通小区 i 的汽车保有量;

X_{i4}——交通小区 i 与市中心的距离。

由此则可根据 X_{i1}、X_{i2}、X_{i3}、X_{i4} 目标年度的预测值求得目标年度的 T_i。

交通生成预测还有一些其他的方法，如弹性系数法、时间序列分析法等，由于篇幅所限，本书不作重点讲述。随着交通研究的不断深入，新的分析模型和分析方法将不断产生。如基于出行链的交通需求研究为交通发生与吸引预测提供了新的思路，该方法已成为交通领域比较受关注的研究热点。

第三节　交通方式发展趋势分析及方式比例预测

一、交通方式发展趋势分析

交通方式发展趋势分析就是对城市各交通小区之间及交通小区内部的各种交通方式所分担的居民出行量作出大致预测，是交通需求预测的重要环节。随着我国经济持续高速发展，城市化进程的加快，城市交通正在进入高速发展时，未来城市交通结构也将发生很大变化，再加上我国城市交通方式固有的多样性和复杂性。为了制定各运输方式的发展政策并实现城市交通的可持续发展，因此很有必要分析各交通方式的发展趋势。

在这里我们通过定性分析未来城市布局和规模变化趋势、交通建设发展趋势以及各类交通方式的特点、相互之间竞争转移的可能性，对未来城市客运交通方式发展趋势作出大致预测。

1. 步行方式

步行出行方式是人们最基本的交通出行方式，无论在过去、现在还是将来都是城市交通的重要组成部分，具有其他交通方式不可替代的作用。因此必须充分尊重行人的权利并发挥步行出行在城市交通中的作用。

由于步行出行多为生活和通勤通学类出行，且出行距离普遍较近，基本上集中在 1.5km 范围内，在换乘中的步行距离也都限定在短距离范围内，且步行出行方式的比例会随出行距离的增加而减少的规律非常明显，因此步行受未来城市交通环境变化的影响不大，未来步行出行比例虽然呈下降的趋势，但其变化过程将是缓慢的，可在现状基础上略作调整得出。

2. 自行车方式

虽然我国的机动化水平正日益提高，但在一定时期内自行车交通仍是人们中、短距离出行的首选方式，其在某些方面存在的优势也不可替代。自行车使用者主要有三类人员：学生（尤其是中学生）、外来打工者和本地职工。学生自行车出行的特点是：距离较短、时间集中且方向性强；外来打工者自行车出行的特点是：距离较长、时间分散且方向性不强；本地职工自行车出行的特点是：距离不等，时间集中且方向性较强。

影响自行车使用状况的因素主要有城市用地规模、布局、地形、气候特点以及公共交通发展水平等。因此，随着城市规模的扩大和城市公共交通状况的改善，自行车出行比例也会有所下降。自行车出行比例可在考虑其他交通方式出行比例的基础上，并结合现状出行比例确定，但应体现其逐渐下降的变化趋势。

3. 小汽车、摩托车方式

影响小汽车出行比例的主要因素是人均小汽车拥有量。与小汽车特点相类似，影响摩托车出行比例的主要因素是摩托车拥有量。无论从理论上分析，还是应借鉴国外城市交通发展的经验和教训，大城市摩托车发展应该受到限制，相对应的摩托车出行比例也会下降，其下降幅度与控制程度有关。不少城市早已实施限制使用摩托车政策，市区或某一环线范围内禁止摩托车运行等。摩托车拥有量在逐步减少，其交通量也不大。

对这类方式的预测可采用先预测车辆拥有量，再用如下模型预测其出行总比例。

$$k = \frac{VNH}{PG} \tag{4-9}$$

式中：k——非出租类小汽车或摩托车的出行比例；
　　　V——规划期每种车辆的拥有量；
　　　N——规划期每种车辆的平均出行次数；
　　　H——规划期每种车辆的平均载客量；
　　　P——规划期城市总人口量；
　　　G——规划期人均出行次数。

4. 公交车方式

城市总体公共交通出行比例高低主要取决于公共交通的发展政策。鉴于目前我国大城市已把大力发展公共交通作为交通发展战略重点，可以预见，未来我国城市公共交通出行比例将会大幅度提高，自行车、步行出行将向公共交通转移。因此，按照公共交通发展策略、发展目标及相关措施，并根据现有基础，可对公交车出行比例进行规划预测。

5. 轨道交通方式

城市轨道交通是一种快速、准时、安全、舒适、大运量的客运交通工具，是城市交通的重要组成部分，也是现代化社会对城市交通的客观需求。由于轨道交通拥有大容量、快速、安全、舒适等交通优势，并承担着城市中长距离的出行，因此居民出行选择轨道交通方式的比例将会继续呈增加趋势。

二、各交通方式所占比例的预测方法

对交通结构的预测，前人已有研究，如分类分析法将交通方式分为自由类、条件类、竞争类等，以分析各类交通方式的不同影响因素和分担规律，得出各类交通方式的分担比例，在此基础上，分析各种交通方式在各类交通方式中的比例，得出各种交通方式在整个客运交通体系中的分担比例。但是这种方法所需的调查数据很多，如预测条件类分担方式比例，需要了解各种车辆的拥有量、平均出行次数、平均载客量、城市人口数、人均出行次数。但在实际的工作中，这些调查数据往往很难得到。本节主要介绍客运交通方式比例预测中的层次分析法、灰色理论、模糊评价与预测、马尔可夫链算法及概率模型。

1. 层次分析法

1) 城市交通方式的分类

城市社会经济与城市交通系统之间存在着密切的关系，客运交通系统的规划建设必须与城市性质、经济、人口、道路、车辆、用地以及功能交通小区相适应，成为一个结构合理的多方式构成的有机体，使系统内各种交通方式充分发挥其优势和特点，彼此之间相互补充、分工协作，以发挥系统的整体效益。

基于以上认识,在确定城市客运交通方式结构时,首先根据上述不同类型交通方式的出行分担比例随出行距离而变化的规律进行分类划分,即划分出步行、自行车与机动车的出行分担率,具体可按式(4-10)计算:

$$P_k = \sum_l T_l P_{kl} \tag{4-10}$$

式中:P_k——规划期第 k 类方式的出行分担率,设 $k=1$ 为步行(纯体力方式),$k=2$ 为自行车(半机动化方式),$k=3$ 为机动车(机动化方式);

T_l——规划期出行总量中,出行距离为 l 出行量所占比例,$\sum_l T_l = 1$;

P_{kl}——规划期在出行距离为 l 时第 k 类方式的出行分担率。

P_{kl} 的值以城市现状出行调查资料统计得到的不同距离下各类方式的分担率为基础,考虑城市规模扩大、生活水平提高、交通设施建设水平、营运管理水平提高等因素以及各类交通方式的特点、最佳服务距离及相互之间的竞争转移的可能性,对现状分担率进行修正后确定。

2)机动车出行方式的进一步划分

在上述分类划分的基础上,对机动化出行方式作进一步划分,重点分析确定受政策控制,并且只能适度发展的几种机动车方式,如摩托车、出租车、单位车和私人小汽车的发展规模。

划分出其可能的出行分担量,其他出行量则主要由公交车(含中巴车,以下同)承担。图 4-5 是城市客运方式层次结构图。

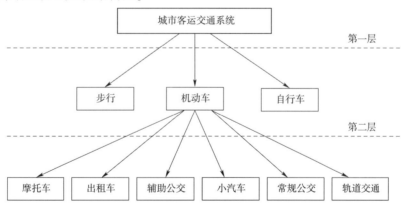

图 4-5 城市客运交通方式层次结构图

2. 灰色理论与灰色预测模型

美国控制论专家维纳和英国科学家艾什比曾用闭盒与黑盒来称呼内部信息未知的对象。从此以后,人们就常用颜色深浅来表示系统信息完备程度,把内部特性已知的信息系统称为白色系统;把未知的或非确知的信息系统称为黑色系统;既含有已知的、又含有未知的或非确知的信息系统就是灰色系统。我国邓聚龙教授提出了利用灰色系统中的白色信息来求解控制问题,以灰色参数、灰色方程和灰色矩阵来描述灰色系统的行为。

灰色系统建模是利用离散的时间序列数据建立近似(灰的)连续的微分方程模型,在这一过程中,累加生成运算(AGO)是基本手段,其生成函数是灰色建模、预测的基础。

$x^{(0)}(t)$ 来自所收集的描述过去、现在状况的数据,是构造系统数学模型的依据。在信息不充分情况下,用概率统计方法来求其统计规律,或用模糊统计方法来求其隶属规律是困难的。但对于离散过程,在一定程度上相对强化确定性(规律性)和弱化不确定性是可能的,其途径就是通过累加生成运算得到生成时间序列 $x^{(1)}(k)$,生成时序与原始时序相比,明显的波动和随机性被弱化了,确定性增强了。此时在生成层次上求解得到生成函数,据此建立被研究对象的模型,通过生成序列的数据 GM 模型得到预测值。即将 $x^{(1)}(k)$ 拟合成一阶线性微分方程:

$$\hat{x}^{(1)}(k+1) = \left[x^{(0)}(1) - \frac{u}{a} \right] e^{-ak} + \frac{u}{a} \tag{4-11}$$

之后,作逆生成(还原)处理,即对上式求导,得还原模型为:

$$\hat{x}^{(0)}(k+1) = (-a) \left[x^{(0)}(1) - \frac{u}{a} \right] e^{-ak} \tag{4-12}$$

预测精度等级见表 4-4,其中 P 是小误差概率,C 是后验差比值,都为进行精度检验的指标。

预 测 精 度 等 级   表 4-4

等级	P	C	等级	P	C
好	>0.95	<0.35	勉强	>0.70	<0.50
合格	>0.80	<0.45	不合格	≤0.70	≥0.65

3. 模糊评价与预测

在交通运输能力充足的情况下,旅客出行有多种交通工具可供选择,而其在选择过程中,会考虑多方面的因素,如安全、速度、经济、舒适等,这些因素都会对旅客选择交通工具产生影响。模糊综合评判法,是通过对各种因素进行综合考虑后得出结论的。通过对客运市场的调查,并对可能产生影响的各种因素及其权重采用模糊综合评判法进行评价,可预测某种交通工具可能占有的市场份额。

4. 马尔可夫链算法

马尔可夫链预测方法是根据历史调查数据结合定性分析,建立交通方式结构预测模型,以此来分析不同的客运交通发展战略所产生的不同的客运交通方式结构。其原理是:在确知某一已知状态下各变量的值,并得知已知状态各变量向未知状态各变量转换概率的情况下,预测未知状态下各变量的值。预测模型如式(4-13)所示:

$$Y_k = P_{(I,k)} \times T_{(I)} \tag{4-13}$$

式中:Y——预测的状态;

P——已知状态;

T——不同状态下各变量之间的转移概率;

I、k——状态中的变量数。

但是,在某些城市,由于公共交通发展水平较低,并存的客运交通工具种类较多,由上面的公式可知,当有三种交通方式并存时,要推算出交通方式转移概率矩阵,需 4 年的历史调查资料,当有 K 种交通方式并存时,公式中的未知数个数为 K^2+K,而每获得一年的历史资料只能得到 K 个方程,因此需要 $K+1$ 年的历史资料,在很多情况下,无法保证每一年的历史调查资料都没有缺失。那么,在历史资料不充分的情况下,如何预测客运交通结构比例呢?改善的马尔可夫链算法可以解决这一问题。

5. 改善的马尔可夫链算法

由于计算中所需的转移概率数据不易获得,且预测结果只需作为宏观估计以指导公共交通发展政策的制定,即预测结果只能也只需是定性的,因此,本节对马尔可夫链法进行了改善:在只有历年或数年客运交通方式分担比例资料的情况下,分析在历史客运政策的指导下,未来客运交通分担比例,并与期望值比较,根据比较结果来分析历史交通政策可行与否以及未来交通策略的改善方向。其原理如下:

$$Y_{(k)} = P_{(I,k)} + [P_{(J,k)} - P^0_{(I,k)}] \times T_{(I,k)} \tag{4-14}$$

式中:$Y_{(k)}$——预测客运交通结构下第 k 种交通方式的比重;

$P_{(I,k)}$——历史的第 I 年的客运交通结构;

$P_{(J,k)}$——历史的第 J 年的客运交通结构;

$T_{(I,k)}$——$P_{(I,k)}$、$P_{(J,k)}$ 之间的状态转移概率矩阵。

由于上述方程组中有未知数 $K^2 + K$ 个,方程却只有 $n \times K + K$(n 为可获得的调查数据年份)个,同时,由于 $P_{(I,k)}$、$P_{(J,k)}$ 已知,并且状态转移矩阵中各元素的值小于 1,即有 K^2 个定性约束条件,可定性地分析出预测年交通客运结构相对于历史情况的变化趋势。

6. 概率模型

目前,我国交通方式预测多采用传统的集计方法,它存在着缺少明确的行为假说、模型的一致性差、预测所需调查样本大、处理样本时间长及模型的可转移性差等缺陷,其最根本的缺陷是模型系统本质上无法反映个体出行行为。与之相比,非集计模型的优势是有明确的行为假说、模型的一致性好、模型标定所需调查样本少、模型有较好的时间和地区可转移性。而概率模型是非集计模型中一种比较实用的模型。交通方式选择的本质是一个离散的选择行为,即从各种交通方式中选择"效用(Utility)"最大的一种。离散选择模型的函数形式有很多种,其中有效且被广泛应用的一种是多项 Logit 模型(Multinomial Logit,MNL)。

MNL 模型是一个方式划分模型,它根据每种出行方式的相关满意度,将出行者划分到不同的出行方式。尽管这个技术的精确度在很大程度上依赖于给定的数据和 Logit 模型,但在方式划分研究中仍然被广泛应用。

这种方式划分模型通常会用于那些不能用线性回归模型刻画的因素,比如新 Transit-A 线路的引入和与其他公共交通方式竞争程度的变化(如票价的变化)。在方式划分过程中,除私家车外,通常还包含 4 种公共交通方式,即轨道交通、公共汽车、轮渡及出租车。

MNL 模型的输入因素应该对所有的公共交通方式和服务都是一致和有效的。这里考虑影响方式划分的两个主要影响因素——票价和出行时间。因为模型中变量数有限制,所以有必要修正 Transit-A 的需求。MNL 模型的数学表达式如下:

$$P_m = \frac{e^{u(m)}}{\sum_{i=1}^{n} e^{u(i)}} \quad (1 \leq m \leq n) \tag{4-15}$$

式中:P_m——某个出行者选择方式(或服务)m 的概率,或者所有出行者中选择方式(或服务)m 的比例;

$u(i)$——第 i 种方式的效用,其中包含对特定出行中 n 种有效运输方式的参数和系数。

例如,关于公共汽车的效用函数采用如下的形式:

$$u(i) = T(t_i - t_{\text{bus}}) + C(c_i - c_{\text{bus}}) + B_1 + B_2 \tag{4-16}$$

式中：t_i——由方式 i 引起的出行时间；
　　　c_i——方式 i 的票价（费用）；
　　　T、C——标定的系数；
　　　B_1、B_2——方式和可达性的调整系数，它们与该方式是否可以步行到达还是需要经过其他公共交通方式才能到达有关，并且与到达的难易程度有关。

下面是利用 MNL 进行预测的基本假设：①已知的小区区域划分；②从给定矩阵中得到高峰时段和非高峰时段轨道交通、公共汽车、轮渡、出租车的票价和出行时间，以及私人小汽车的费用和出行时间；③从给定的区域交通规划研究（旨在得到影响公交需求的人口和经济增长情况）中获得所考虑小区的公交总需求；④给出所考虑小区的高峰和非高峰小时数；⑤依据公共交通用户比例选择特定小区。

下面是应用 MNL 模型的另一个例子。假定在一个由轨道交通、公共汽车和轮渡组成的公共交通网络中引入一条新的轨道交通线路。为估计出这条新线路的需求量，首先应该确定线路两端的区域，比如 Z_1 和 Z_2。指定年内，对应这一给定 OD 对的交通规划研究数据如下：

①总的日公交需求量：164000 人次（从 Z_1 到 Z_2），161000 人次（从 Z_2 到 Z_1）。

②三种公共交通方式的出行时间（包括车上行驶、等待、步行和换乘时间）和票价见表 4-5。

三种公共交通方式的出行时间和票价　　　　表 4-5

方式	出行时间（min）		票价（美元）
	Z_1 到 Z_2	Z_2 至 Z_1	
轨道交通	27.1	27.1	7.22
公共汽车	51.9	51.5	7.91
轮渡	49.2	48.2	5.37

在效用函数式（4-16）中引入出行时间和票价时使用的系数见表 4-6。

效用函数式系数　　　　表 4-6

方式	T	C	B_1	B_2
轨道交通	-0.00373	-0.00153	0.202	0.267
轮渡	-0.00373	-0.00153	0.491	-1.1

因此，每种交通方式的效用值就可以由式（4-16）来计算：$u(\text{rail}) = 0.567409$，$u(\text{bus}) = 0$，$u(\text{ferry}) = -0.595789$。

利用式（4-15）的 MNL 模型，即可得到如下的方式划分结果：

轨道交通分担比例 $= \dfrac{e^{0.567409}}{e^{-0.595789} + e^{0} + e^{0.567409}} = 53.2\%$

公共汽车分担比例 $= \dfrac{e^{0}}{e^{-0.595789} + e^{0} + e^{0.567409}} = 30.2\%$

轮渡分担比例 $= \dfrac{e^{-0.595789}}{e^{-0.595789} + e^{0} + e^{0.567409}} = 16.6\%$

将这些结果应用于 Z_1 和 Z_2 之间的新线路,即可估计出其需求量水平为:每天(164000 + 161000)×53.2% = 1729000 次出行。

第四节　城市公共交通客流量分布预测

交通分布预测是交通规划四阶段预测模型的第三步,是把交通的发生与吸引量预测获得的各小区的出行量转换成小区之间的空间 OD 量,即 OD 矩阵。交通分布示意图如图 4-6 所示。

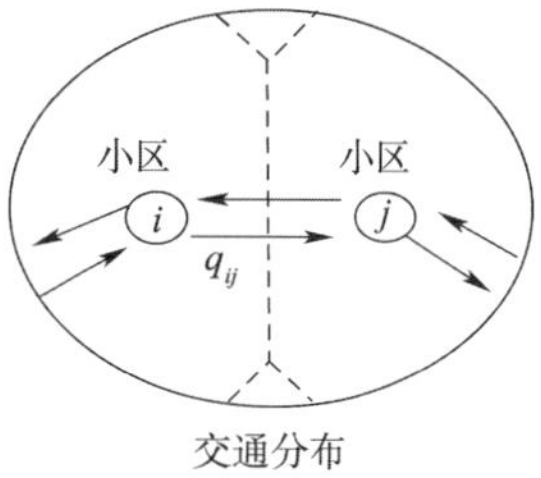

本节将回顾并阐述公交需求预测方法的基本原理。该方法用于预测给定公交服务条件下一组公交线路在未来某个年限内的使用情况,这组公交线路被称为 Transit-A。预测时也考虑了在同一组线路内部的公交服务之间存在竞争情况下相关乘客需求的调查结果。由于考察影响公交服务需求的所有因素是一项艰难的工作,因此,本节将利用一些简单而实用的模型展现乘客决策过程的主要特征。

图 4-6　交通分布示意图

一、分布预测的基本方法

假设某组公交线路 Transit-A 的使用不仅取决于某些特定的影响因素,还取决于与之竞争的公交服务水平的变化。因此,当其他服务的服务水平发生变化时,应当首先采用替代的模型,如方式划分模型来进行粗略的估计。

简单地说,所使用的预测方法包含如下 4 个部分:①确定影响 Transit-A 潜在需求的主要影响因素和它们的权重;②对已有 Transit-A 线路发生的任何变化,采用根据历史需求图进行增长因子标定的方法来进行需求预测;③某些新的 Transit-A 线路和(或者)竞争线路的票价和(或者)行程时间发生变化时,对它们所在的 OD 对进行方式划分;④对预测的某个年限内每一可选网络的 Transit-A 需求矩阵进行确定。

上面的预测主要与 Transit-A 的相关影响因素变化有关,这些影响因素的变化引起乘客需求的变化。一旦竞争的公交路段或新公交线路发生变化,就有必要利用方式划分来确定新的 OD 需求。影响因素值的改变与 Transit-A 需求之间的关系可以通过对已有的或潜在的 Transit-A 用户的不同行为调查进行估计。需求预测通常基于路网,并且可以在已有 Transit-A 路网框架上构建其他的网络。每个路网包含有明确的线路集合、票价、运营方案和不同程度的竞争(与其他公交服务)。除了研究路网情形外,还可以研究线路情形以分析单条线路,而且一般假设这些线路相互独立。

为了把 Transit-A 的需求预测集成到当地开展的区域交通规划中,除了已有 Transit-A 线路的 OD 需求可以通过调查得到外,其他公交服务的 OD 矩阵都必须直接从当地区域规划研究中得出。而已有线路的未来需求可以在以上信息的基础上,再考虑服务水平的改变来预测。对于新的线路和(或者)其他公交服务的变化,要先对 OD 对间的所有相关服务的基本影响因素进行辨识,然后再用多项式 Logit(MNL)模型进行方式划分。MNL 模型的系数可采用当地区域交通规划研究中的取值。下节将对多项式 Logit(MNL)模型进行说明。

表 4-7 给出了公交客流需求预测方法可能用到的输入/输出列表。图 4-7 给出了该预测

方法的基本框架,列举了使用两个模型进行预测的流程。值得注意的是,图 4-7 的左侧部分不仅与已有的 Transit-A 线路变化有关,还与图中右侧部分建立 OD 需求的备选线路的变化有关。

预测模型的输入与输出　　　　　　　　　表 4-7

输　入	输　出
1. OD 调查	1. 基准年的 Transit-A 已有客流和来自竞争者的潜在客流的增长
2. 居民调查	2. 线性回归模型的影响因素权重
3. 基于当地区域交通规划估计公交客流需求	3. 由基准年 Transit-A 的客流按低、中、高水平推算目标年 Transit-A 的客流
4. 区域新线路服务假设	4. 估计新增 Transit-A 线路的客流
5. 基于当地区域交通规划得到 OD 矩阵、票价矩阵、出行时间矩阵以及方式划分模型的校正参数	5. 采用 MNL 方式划分模型预测目标年的 OD 需求,并作为新 Transit-A 线路的未来变化的依据

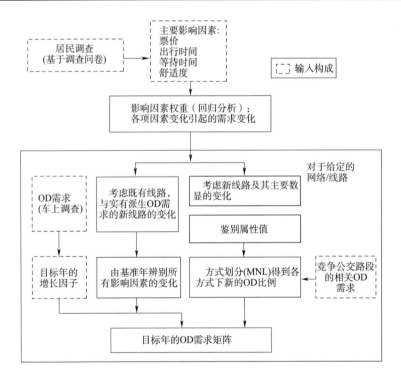

图 4-7　公交预测的模型框架

图 4-7 的另一个重要输入是目标年的增长因子。这一因子需要持续更新以期得到更精确的预测。增长因子由过去几年使用的平均比例计算得到。它包含所有可能发生的变化,包括出行行为的变化。增长因子(可以为负)的估计(例如采用回归模型)反映了使用的变化情况。

二、居民调查(输入)说明

本节说明如何利用居民调查信息进行需求预测。通常,影响公交客流量的主要影响因素有:票价、出行时间、等待时间、步行时间和舒适性。可以设计两份调查问卷以获取前面提到的影响因素。其中一份调查 Transit-A(可以在车上),另一份调查竞争者。调查问卷的第一部分可以收集出行者的 OD 信息,这有利于得到 Transit-A 基准年的需求矩阵。问卷的另一部分可用于了解不同的服务水平下出行者的选择行为。最后,还可以添加关于出行目的和个人详细信息等基本问题以使调查更为丰富。为了更好地理解人们的行为,同时也为了更准确地预测未来的乘客需求,还可以为票价因素设计偏好性的调查问卷。这样可以直接得到票价水平与需求变化之间的关系。对舒适性因素也可以采用类似的方法,其基本原理一致,只做相应变换即可。

为了直接利用票价水平与需求变化之间的关系来简化预测机理,影响因素值可以转换成等价的货币值。为了得到所有 Transit-A 线路的全局性模型,可以不考虑每条线路的 OD 特点,但要量身订制调查问卷,特别注意票价和其他影响因素的区别。问卷中可以包含一些与舒适度相关的选项,被调查者可以从这些重要的问题中选择一些进行回答而不是全部回答。把这些信息和从其他问题中得到的票价相关信息组合起来,从而间接得出每个舒适度的货币值,并进一步应用于预测模型。

例如,可以设计如下的偏好性问题:

(1)如果票价增加到如下水平,您是否还愿意乘坐 Transit-A 车辆?
①5.30 元;②5.50 元;③6 元;④6.50 元;⑤7 元。

(2)如果 Transit-A 的出行时间增加了 5min,您认为票价应该降低多少?(给一个具体的数)

(3)如果 Transit-A 的等待时间增加了 3min,您认为票价应该降低多少?(给一个具体的数)

(4)请标出您认为对提高服务质量来说最重要的三项舒适性指标?(从给定的列表中选择)

(5)对于您在(4)中选择的提高舒适性的选项,如果 Transit-A 增加这些服务您愿意多支付的票价为:①6 元;②7.50 元;③10 元。

可以采用线性回归模型来建立影响因素值的变化与对应需求变化之间的关系。由于不同的线路具有不同的影响因素值,可以利用各影响因素值和需求变化的百分比来构建一种统一的方法。为简单起见,可以假设各影响因素与其他影响因素是不相关的,以便构建模型时可以分别测试。对于不同的票价变化水平,相应的 Transit-A 的使用百分比变化可以通过调查结果得到。这一信息可以用线性回归进行组合,由回归线的斜率确定票价因素的相关权重。其他影响因素转化成货币值以后,同样可以采用类似的方法,并利用已经得到的票价-需求关系确定其权重。图 4-8 给出了把 Transit-A 已有乘客和来自竞争者的潜在乘客组合起来的过程。

假设回归曲线经过原点(0,0),则如果影响因素值不发生变化,需求也不会发生变化。然而,调查问卷对象的回答显然是有偏见的,反映了乘客强烈希望改善乘坐环境和不希望额外提高票价的心理,或者反对票价提高和其他影响因素变差。结果导致最优的回归曲线不经过原点,也就是说,即使公交影响因素不发生变化,需求也会降低。处理这种偏差的基本方法是在实际数据校正的基础上忽略线性回归得到的常数项,从而让回归曲线经过原点。

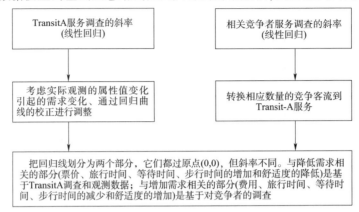

图 4-8 既有和潜在 Transit-A 服务的用户调查结果的组合过程

三、影响因素标定

分布模型中,各相关因素的影响程度有所不同,一般可通过参数来反映其影响程度,这些未知参数需要通过调查数据来标定其值。

【例 4-5】 假定有 20 位乘客被访问,而且他们选择的问题具有随机性。考虑票价如果提高到:5.30 元、5.50 元、6 元、6.50 元、7 元,你是否会继续选 Transit-A 出行?

这五个值是分别从 5 元起增加了 5%、10%、20%、30%、40% 而得到的。在要选择的选项前面标注符号"1";如果不愿支付增长的票价,则没有选项可选。现有的票价范围在 2.20~5.30 元。可接受的费用增长值等于现有费用乘以被访问乘客选择的增长率。例如,某一乘客可接受的费用增长值是 $5.00 \times 10\% = 0.50$(元),也就是说,当票价为 5.50 元时,该乘客仍会选择 Transit-A。需求对于票价的变化由票价增长后仍然希望选择 Transit-A 的乘客数量来计算。例如,当票价增长 30% 时,20 人中仍有 5 人选择 Transit-A,这就意味着需求降低了 75%。对所有线路和情形,画出需求变化率(%)和票价变化率(%)之间的关系图将会得到一些适合回归分析的数据集。

其次,对出行时间的增长问题给出全面的分析。类似的分析也适用于等待时间、步行时间/距离以及舒适度。表 4-8 给出了下面这个问题的原始调查数据:如果 Transit-A 的出行时间增加了 w(min),你认为票价应该降低多少?(被访问者应给出一个具体的数。)

关于出行时间变化调查结果的说明　　　　　　表 4-8

时间每增加的价值(美元)	x (min)	出行时间的价值(美元/min)	当前出行时间(min)	出行时间的变化率(%)					
				40	30	20	10	5	1
1	3	0.33	7	0	0	0	1	0	0
0.5	3	0.17	7	1	0	0	0	0	0
1	3	0.33	8	0	0	0	1	0	0

续上表

时间每增加的价值(美元)	x(min)	出行时间的价值(美元/min)	当前出行时间(min)	出行时间的变化率(%)					
				40	30	20	10	5	1
0.5	3	0.17	8	0	0	0	0	1	0
1	5	0.20	13	0	0	0	1	0	0
2	5	0.40	13	0	0	0	1	0	0
2.5	3	0.83	7	0	0	1	0	0	0
1.5	3	0.50	7	0	0	0	0	0	0
3	3	1.00	5	0	0	0	0	0	0
3	3	1.00	5	0	1	0	0	0	1
2	3	0.67	7	0	0	0	0	1	0
3	3	1.00	7	0	0	0	1	0	0
2.5	5	0.50	11	0	0	0	0	0	1
1.5	5	0.30	11	0	0	1	0	0	0
2	5	0.40	12	0	0	0	0	1	0
2.5	5	0.50	12	0	0	0	0	1	0
1	5	0.20	15	1	0	0	0	0	0
2	5	0.40	15	0	0	0	0	0	0
2.5	5	0.50	10	0	0	1	0	0	0
3	5	0.60	10	0	0	0	0	0	1
需求随出行时间变化的变化率(%)				-90	-85	-65	-45	-25	-10

出行时间的价值由表4-8前两列的比值计算得到。不论乘客是否仍然选择Transit-A，我们调查了一组出行时间变化时乘客是否会选择Transit-A的数据。例如，被访问的第一个乘客(表4-8中的第一行数据)，出行时间增长了40%等价于票价增长 $7 \times 40\% \times 0.33 = 0.924$(元)(当前出行时间×出行时间变化×出行时间的价值)。因为第一个乘客可接受的票价增长值是0.44元(经调查得到)，$0.924 > 0.44$，所以当出行时间增长40%或更多时，该乘客就不会选择Transit-A了，这里标记为"0"。然而，如果出行时间仅增长10%，相当于票价增加 $7 \times 10\% \times 0.33 = 0.231$(元)，小于最大的可接受增长值(0.44元)，因此在表4-8中标记为"1"。这样，由出行时间变化引起的需求变化可以由这些数据计算得出，并在图4-9中画出了对应的点和回归曲线。$R^2(0.816)$ 是回归分析中的数据方差。

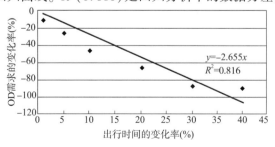

图4-9 出行时间变化对需求变化的回归曲线

第五节　城市公共交通规划的控制性指标

一、城市综合交通体系规划的相关控制目标

城市综合交通体系规划应符合下列规定：

(1) 规划的城市道路与交通设施用地面积应占城市规划建设用地面积的 15%～25%，人均道路与交通设施面积不应小于 $12m^2$。城市综合交通体系规划与建设应集约、节约用地，并应优先保障步行、城市公共交通和自行车交通运行空间，合理配置城市道路与交通设施用地资源。

(2) 城市综合交通体系规划应符合下列规定：

① 城市内部客运交通中由步行与集约型公共交通、自行车交通承担的出行比例不应低于 75%。

② 应为规划范围内所有出行者提供多样化的出行选择，并应保障其交通可达性，满足无障碍通行要求。

③ 城市内部出行中，95% 的通勤出行的单程时耗，规划人口规模 100 万及以上的城市应控制在 60min 以内(规划人口规模超过 1000 万的超大城市可适当提高)，100 万以下城市应控制在 40min 以内。

④ 应通过交通需求管理与交通设施建设保障城市道路运行的服务水平。城市干线道路交通高峰时段机动车平均行程车速不应低于表 4-9 的规定。

城市快速路、主干路交通高峰时段机动车平均行程车速低限(km/h)　　表 4-9

道路等级	城市中心区	其他地区
快速路	30	40
主干路	20	30

(3) 城市综合交通体系应与城市空间布局、土地使用相互协调，城市综合交通的各子系统之间，以及城市内部交通与城市对外交通之间应在发展目标、发展时序、建设标准、服务水平、运营组织等方面进行协调。

(4) 城市综合交通体系的规划应符合城市所在地和城市不同发展分区的发展特征和发展阶段，并应符合下列规定：

① 城市新区的规划应充分满足城市发展的需求，并充分考虑城市发展的不确定性。设施建设基本完成的城市建成区的规划应以优化交通政策，改善步行、非机动车和公共交通，以及优化交通组织为重点。

② 应能适应规划期内城市不同发展阶段空间组织的要求。

③ 应符合城市不同发展分区的交通特征。

④ 应为符合城市发展战略的新型交通方式提供发展条件。

(5) 规划人口规模 100 万及以上城市的地下空间的开发和改造，应优先、统筹考虑公共交通和停车设施。

(6) 城市综合交通体系应符合城市的经济社会发展水平，在经济和财务上可持续，并应

对重大交通基础设施的远景发展进行布局规划和用地控制。

（7）城市综合交通体系规划必须符合城市防灾减灾的要求。

二、城市公共交通体系规划的控制性指标

（1）城市应提供与其经济社会发展相适应的多样化、高品质、有竞争力的城市公共交通服务。

（2）中心城区集约型公共交通服务应符合下列规定：

①集约型公共交通站点 500m 服务半径覆盖的常住人口和就业岗位，在规划人口规模 100 万以上的城市不应低于 90%。

②采用集约型公共交通方式的通勤出行，单程出行时间宜符合表 4-10 的规定。

采用集约型城市公共交通的通勤出行单程出行时间控制要求　　表 4-10

规划人口规模（万人）	采用集约型公交 95% 的通勤出行时间最大值（min）
≥500	60
300~500	50
100~300	45
50~100	40
20~50	35
<20	30

（3）城市公共交通不同方式、不同线路之间的换乘距离不宜大于 200m，换乘时间宜控制在 10min 以内。

（4）城市公共交通走廊按照高峰小时单向客流量或客流强度可分为高、大、中及普通客流走廊四个层级。

①各层级城市公共交通走廊客流特征应符合表 4-11 的规定。

城市公共交通走廊层级划分　　表 4-11

层　　级	客流规模	宜选择的运载方式
高客流走廊	高峰小时单向客流量≥6 万人次/h 或客运强度≥3 万人次/(km·d)	城市轨道交通系统
大客流走廊	高峰小时单向客流量 3 万~6 万人次/h 或客运强度 2 万人次/(km·d)~3 万人次/(km·d)	
中客流走廊	高峰小时单向客流量 1 万~3 万人次/h 或客运强度 1 万~2 万人次/(km·d)	城市轨道交通或快速公共汽车（BRT）或有轨电车系统
普通客流走廊	高峰小时单向客流量 0.3 万/h~1 万人次/h	公共汽电车系统或有轨车系统

②城市公共交通走廊应设置专用公共交通路权。

(5)各种方式的城市公共交通应一体化发展。修建轨道交通的城市,应根据轨道交通网络的建设与开通,及时对公共汽电车系统进行相应调整。

(6)城际铁路、城际公交、城乡客运班线、镇村公交应与城市客运枢纽相衔接。

三、城市公共汽电车规划的控制性指标

(1)城市公共汽电车线路宜分为干线、普线和支线三个层级,城市可根据公交客流特征选择线路层级构成。不同层级的城市公共汽电车线路的功能与服务要求宜符合表4-12的规定。

不同层级城市公共汽电车线路功能与服务要求　　　　表4-12

线路层级	干线	普线	支线
线路功能	沿客流走廊,串联主要客流集散点	大城市分区内部线路,或中小城市内部的主要线路	深入社区内部,是干线或普线的补充
运送速度(km/h)	≥20	≥15	—
单向客运能力(千人次/h)	5~15	2~5	<2
高峰期发车间隔(min)	<5	<10	与干线协调

(2)城市公共汽电车的车站服务区域,以300m半径计算,不应小于规划城市建设用地面积的50%;以500m半径计算,不应小于90%。

(3)城市公共汽电车的车辆规模与发展要求,应综合考虑运载效率、乘坐舒适性和环保要求。

(4)城市公共汽电车场站分类与设施配置要求宜符合表4-13的规定。

城市公共汽电车场站分类与设施配置要求　　　　表4-13

类 型	设施配置要求
首末站	(1)应配备乘客候车、上落客等设施; (2)首站应设置城市公共汽电车运营组织调度设施; (3)根据用地条件宜配套设置司乘人员服务设施; (4)根据用地条件宜设置车辆停放设施
停车场	(1)应设置运营车辆停放、简单维修设施; (2)宜设置修车材料、燃料储存空间; (3)应设置燃料添加(加油、加气、充电等)、车辆清洗等服务设施; (4)宜配套设置司乘人员的服务设施
保养场	(1)应具有运营车辆维修、配件加工等设施; (2)应设置修车材料、燃料储存空间; (3)宜设置燃料添加(加油、加气、充电等)、车辆清洗等服务设施; (4)根据用地条件宜与车辆停放设施结合布置

(5)城市公共汽电车场站应根据服务需求、车种、车辆数、服务半径和用地条件在城市内均衡布局。

（6）城市公共汽电车场站总用地规模应根据城市公共汽电车车辆发展的规模和要求确定，场站用地总面积按照每标台150~200m²控制。

（7）各类公共汽电车场站应节约用地，鼓励立体建设。可根据需求与用地条件，整合停车场与维修场。各类场站用地指标应符合以下规定：

①停车场、维修场用地指标宜按照每标台120~150m²控制。

②当城市公共汽电场站建有加油、加气设施时，其用地应按现行国家标准《汽车加油加气加氢站技术标准》（GB 50156—2021）的规定另行核算面积后加入场站总用地面积中。

③电车整流站用地规模应根据其所服务的车辆类型和车辆数确定，单座整流站用地面积不应大于500m²。

④充换电站应结合各类公共汽电车场站设置。

⑤首末站宜结合居住区、城市各级中心、交通枢纽等主要客流集散点设置，当500m服务半径的人口和就业岗位数之和达到表4-14的规定时，宜配建首末站。单个首末站的用地面积不宜低于2000m²。在用地紧张地区，首末站可适当简化功能、缩减面积，但不应低于1000m²。无轨电车首末站用地面积应乘以1.2的系数。

配建首末站的人口与就业岗位要求　　　表4-14

类　别	城　市　规　模		
	规划人口规模100万以下	规划人口规模100万及以上	
		有轨道交通	无轨道交通
500m半径范围内的人口与就业岗位数之和(人)	8000	15000	12000

第六节　城市公共交通发展战略与规划目标的制定

在公共交通发展战略中，首先需要重点研究三个方面的内容：交通发展面临的挑战、交通发展的整体目标和策略、综合交通网络结构方案。

在公共交通发展战略中，明确提出交通发展模式的选择策略，如"以不同区域的土地利用与交通模式建立为核心，明确交通结构的定位，明确的交通发展策略"；其次，明确城市道路设施建设策略，如"加快道路设施的建设和改造，为落实城市新开发区域和中疏创造条件"；明确城市公共交通发展策略，如"优先发展公共交通，引导合理交通方式结构"等。

规划目标的制定必须落实到更加具体的内容上，例如：建立起以公交为主体，出租车、公共租赁自行车等其他交通方式为补充的一体化高品质公共客运服务系统，发挥一体化公共交通在城市客运交通体系中的主导作用。使公交出行占城市出行总量的比重到2025年提升到12%以上，使公共交通在城市机动交通方式中的比重达到40%以上。

一、城市公共交通发展战略的制定原则

1. 保障性原则

公共交通作为基本公共服务，是实现居民出行的基本保障目标的基石。城市基本公共

交通服务是由政府主导建设和保障,旨在为满足人民群众日常出行需求提供普惠、安全、可靠、持续的基本出行服务。公共交通的发展的保障性原则主要体现在公共交通基础设施保障、公交站点覆盖率保障、运营服务质量保障、公共交通路权优先保障、行业发展政策保障、公共交通安全运营保障等方面。

公共交通要保障公共交通设施和装备水平,保障公共交通的便利性和舒适性。科学有序发展城市轨道交通,积极发展大容量地面公共交通,加快调度中心、停车场、维修场、首末站以及停靠站的建设,提高公共汽(电)车的进场率;推进换乘枢纽及步行道、自行车道、公共停车场等配套服务设施建设,将其纳入城市旧城改造和新城建设规划同步实施。鼓励新能源公共交通车辆应用,加快老旧车辆更新淘汰,保障公共交通运营设备的更新和维护,提高整体运输能力,以上都是公共交通保障性原则的基本要求。

2. 符合性原则

首先,为了符合城市发展定位,各级各类城市的公共交通服务水平要达到规定的标准和相关要求,包括公交出行分担率、公交满意度、覆盖率、车辆数等相关指标。在公交规划时,要达到规划期的城市整体目标,使得这些指标适应城市的发展,达到国家及地方相应的指标要求。其次,以构建层次清晰、功能明确、城乡一体化的公交网络作为线网布局基本出发点;线路布设要与城市空间发展布局相协调,与道路等级相匹配,与客流流向相一致;不同层次线路分工明确,依托公交枢纽进行无缝衔接;在确保线路优化基本出发点的前提下,尽可能保持既有线路网络的稳定性。

3. 因地制宜原则

一个地区的公交发展定位,甚至是交通结构和发展原则,和本地的特点都离不开的,尤其是中小城市的公交发展目标,没必要生硬套用国家的相关推荐标准,公交规划在制定发展目标和原则时,要因地制宜。

因地制宜优化公共交通线路和站点设置,逐步提高覆盖率、准点率和运行速度,改善公共交通通达性和便捷性。集约利用城市道路资源,增加公共交通优先通行管理设施投入,加强公共交通的监控和管理,在拥堵区域和路段取消占道停车,促进城市公共交通的健康发展。

4. 多种方式协调发展原则

城市的交通方式多种多样,包括私人小汽车、自行车、摩托车等私人交通工具,也包括出租车、公共汽电车、轨道交通、网约车、职工班车、公共自行车以及各类运营性质的辅助公交等,在确定城市公共交通发展战略时,要根据城市发展的实际情况和各种出行方式的需求来统筹考虑公共交通结构、发展模式及统筹协调发展机制。

5. 适度超前引领发展原则

突出公共交通在城市总体规划中的地位和作用,按照科学合理、适度超前的原则编制城市公共交通规划,加强与其他交通方式的衔接,提高一体化水平,统筹基础设施建设与运营组织管理,引导城市空间布局的优化调整。在立足当下城市交通环境和水平的基础上,还需要一些长远的眼光。立足现在,着眼未来,必须以适度超前的眼光和思想来引领当下的城市交通走向正确的发展道路。

6. 科技含量适应需求原则

科技含量适应需求原则要求公共交通按照智能化、综合化、人性化的要求,推进信息技术在城市公共交通运营管理、服务监管和行业管理等方面的应用,重点建设公众出行信息服务系统、车辆运营调度管理系统、安全监控系统和应急处置系统。加强城市公共交通与其他交通方式、城市道路交通管理系统的信息共享和资源整合,提高服务效率。

7. 政府主导和市场驱动融合原则

要把政府管理和走市场化途径相结合,对于基本的常规公交而言要以政府为主导,对于其他辅助公交(定制公交、专线公交、需求响应公交等)而言要以市场化途径为主,做到政府放权,监管为主。伴随着我国经济改革,许多城市不同程度地进行着城市公共交通市场化改革,打破垄断、引进竞争、科学管理、提高效率,积极探索适合我国国情的城市公共交通市场化的发展模式。厘清政府对基本公共交通服务的职责边界,明确城市人民政府对基本公共交通发展的主导作用,落实公共交通服务提供者运营主体责任,以市场化方式,推动多元化公共交通服务发展。

二、城市公共交通规划目标的制定

公交发展的阶段性目标是对规划目标的高度概括,体现了公交规划的主要思想和规划思路,是规划后期落实的指引和保证。一般制定具体而简短的目标,基本上是给出一个城市的区内公交,跨区公交、步行、等待时间、换乘的距离和时间的概括描述。

1. 城市公共交通规划目标的制定案例

例如《广东省城市公共交通发展规划》:到 2020 年,全省基本建成普惠均等、优质多元、区域一体、智慧高效、绿色安全、健康持续的现代公共交通系统,城市公共交通出行公众满意度达到 85% 以上等。见表 4-15。

广东省不同人口规模城市公共交通发展目标(2020 年) 表 4-15

	指　　标	≥1000（万人）	300~1000（万人）	50~300（万人）	≤50（万人）	属　性
总体水平	城市公共交通乘客满意度(%)	≥85	≥85	≥85	≥85	预期性
	公共交通占机动化出行分担率(%)	≥60	≥60	—	—	预期性
普惠均等	公共交通站点 500m 半径覆盖率(%)	100	100	100	≥80	约束性
	万人公交车辆拥有量(标台/万人)	17	17	16	—	预期性
	建制村客运通达率(%)	100	100	100	100	约束性
优质多元	多元化公共交通服务体系	建立	建立	—	—	预期性
	高峰时段公交车辆平均运营时速(km/h)	≥18	≥18	≥18	—	预期性
	城市公共汽电车正点率(%)	≥75	≥75	≥80	≥85	预期性
区域一体	区域公共交通协调管理机制	建立	建立	建立	—	约束性
	中心城区到达区域综合客运枢纽公共交通出行时间(min)	≤45	≤45	≤60	≤60	预期性
	城市综合客运枢纽不同运输方式换乘时间(min)	≤5	≤5	≤5	—	预期性

续上表

指标		≥1000（万人）	300~1000（万人）	50~300（万人）	≤50（万人）	属性
智慧高效	社会公众综合出行信息服务平台	建立	建立	建立	建立	预期性
	公共交通车船智能化调度和监控率(%)	100	100	100	100	预期性
	公共交通一卡通覆盖率(%)	100	100	100	100	约束性
绿色安全	城市交通绿色出行分担率(%)	≥75	≥75	≥80	≥85	预期性
	新增及更换公交车中新能源公交车比重(%) 珠三角地区	100	100	100	100	预期性
	新增及更换公交车中新能源公交车比重(%) 非珠三角地区	—	≥80	≥80	≥80	预期性
	城市公共汽电车责任事故死亡率（人/百万车公里）	≤0.04	≤0.04	≤0.04（≤0.05）	≤0.05	约束性
	城市轨道交通责任事故死亡率（人/百万车公里）	≤0.01	≤0.01	≤0.01	—	约束性
健康持续	公共交通补贴补偿资金到位率(%)	100	100	100	100	约束性
	每标准车平均综合服务面积(m²/标台)	≥100	≥100	≥120	≥120	预期性
	多层次差别化公共交通价格体系	建立	建立	建立	—	预期性

公交发展的阶段性目标反映了总体发展目标。通过提高运输能力、提升服务水平、增强公共交通竞争力和吸引力，构建以公共交通为主的城市机动化出行系统，同时改善步行、自行车出行条件。要发展多种形式的大容量公共交通工具，建设综合交通枢纽，优化换乘中心功能和布局，提高站点覆盖率，提升公共交通出行分担比例，确立公共交通在城市交通中的主体地位。

2. 城市公共交通发展愿景描述案例

以《广州市黄埔区公共交通专项规划(2016—2020年)》为例，该规划提出的愿景描述如下：未来公交发展将朝着"方便、快捷、舒适、绿色低碳、智能化、集约化"的方向发展。

方便——选择方式多、各种交通方式接驳顺畅、换乘方便；

快捷——保证公交出行特别是区内外交换出行的运送速度和发车的准时性；

舒适——候车和车内环境舒适；

绿色低碳——与城市发展定位相吻合，大力引进清洁能源公交车；

智能化——引进公交智能调度设施，推广公交信息查询终端，设置公交电子站牌；

集约化——站场功能集成化、公交综合体规划与建设。

2020年广州市黄埔区公交服务的时间目标为1、2、3、4：

1—步行到最近公交站不超过10min。

2—组团内公交出行时间不超过20min，各组团枢纽站到主要地铁站不超过20min。

3—相邻组团间公交出行时间不超过30min。

4—中心区到各组团的公交出行时间不超过40min。

复习思考题

1. 常用的交通生成预测方法有哪些？各有什么特点？
2. 交通发生与吸引的主要影响因素有哪些？
3. 交叉分类法的分类依据和基本思想是什么？
4. 已知 A 地到 B 地有公交和地铁两种运输方式，运输量为 1000 人，其固定效用函数分别为：$V(公交)=-0.08t-0.004c$，$V(地铁)=-0.08t-0.004c+0.40$，其中 t 表示运行时间（min），c 表示票价（元），若地铁的运行时间是 10min，票价是 5 元，公交的运行时间是 30min，票价是 1 元，则公交和地铁的客运分担量分别是多少？如果计划将地铁的分担率确定为 87.7%，在其他条件不变的情况下，地铁票价如何调整？
5. 以下是来源于 EMME/2 用户手册的包含 4 条线路的公交网络示意图，该网络包含以下发车间隔和平均车上行驶时间。

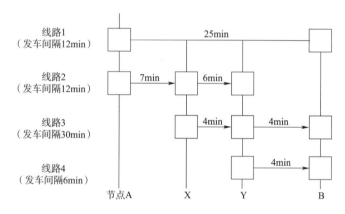

假设步行时间和换乘时间为 0。
(1) 请描述从 A 到 B 可能的出行策略，包括乘客在不同的组合线路中选择的可能性。
(2) 计算每种策略的期望车上行驶时间。
(3) 哪个策略的期望车上行驶时间最短？
6. 假定一个铁路公司的需求函数是线性：$p=20-0.04q$，其中，p 是线路票价，q 是每小时售出的车票数。计算每一对 (p,q) 所对应的总收益，并找出最大值所对应的 (p,q)。另外，确定 p-q 对应的弹性区域和非弹性区域。
7. 已知如下需求函数：$N=p^{-0.3}t^{-0.3}a^{0.2}c^{-0.3}$，其中，$N$ 是公交出行量，p 是票价（元），t 是出行时间（h），a 是私人小汽车出行费用，c 是平均收入水平（元）。
(1) 假设在平均每次出行的票价是 1.2 元时，公交系统中乘客数为 20000 人/h，那么当平均每次出行的票价变为 0.8 元时，N 会如何变化，公交公司获利多少？
(2) 假定私人小汽车的出行费用（包括停车费用）为 4.00 元，如果停车费用增加了 0.6 元，N 将如何变化？
8. 已知效用函数 $u=b-0.04C-0.02t$，其中，C 表示出行费用（元），t 表示出行时间（min），MNL 模型与本章中描述一致。
(1) 给定下表中的数据，各种交通方式的分担情况如何（百分比）？

(2)如果油价上涨使得私人小汽车出行费用 C 增加了 1.20 元,这将对交通方式分担产生什么影响?

出行方式	b	C	t
公交车	−0.3	85	30
轻轨	−0.35	100	50
私人小汽车	−0.25	110	35

第五章 城市公共交通线网规划

第一节 城市公共交通线网总体设计

随着经济的发展,城市化进程加快,居民对出行的要求越来越高。公交要提供更高的服务水平,离不开公交线网的合理规划。公交线网规划是一项长期复杂的系统工程,线网的合理性直接影响到乘客需求满足、公交企业的效益以及总社会福利。目前公交线网规划已经有一套比较完善的理论和方法。

一、城市公共交通线网规划的原则

(1)满足乘客需要。公共交通线网规划首先要满足城市居民上下班出行的通勤乘车需要,其次需要满足生活出行、旅游等乘车需要;经济合理地安排公共交通线路,提高公共交通覆盖面积,使客流量尽可能均匀并与运载能力相适应;在城市处于客流集散点之间开辟直接线路,线路走向与主要客流方向相一致;合理布局市区线、近郊线和远郊线的紧密衔接,在主要客流集散点设置换乘枢纽,方便乘客换乘,并尽可能减少居民换乘次数。

(2)适应城市发展。随着中国城市化进程加快,城市的发展和再开发,市区面积逐步扩大,人口逐年增加,公交线路,尤其是轨道交通线路的布局要适应城市的建设和发展。城市公交线网要与城市用地布局相协调。

(3)公交线网布局要考虑城市基础道路情况,合理利用现有线路,并协调新老线路之间的关系。

(4)体现以人为本、服务为本的思想。

二、城市公共交通线网规划程序

城市公交线网规划的总思路是首先根据城市公共交通客流预测、土地利用和道路条件等因素,辨识城市公共交通主要客流走廊,并对客流走廊进行层次结构划分,明确服务等级和要求,形成城市公共交通线网总体框架;其次,根据客流方式划分和客流分布,确定不同层次线网的公共交通方式,主要包括轨道交通、快速公交、城市公共汽电车、其他公共交通方式如轮渡等;然后根据线网属性、服务指标以及与其他交通方式的衔接要求,对城市公共交通线网进行分层规划与结构优化,主要包括轨道交通线网规划、快速公交线网规划、公交专用道线网规划、城市公共汽电车网络规划等,形成城市公共交通线网规划方案后,对城市公共交通线网规划方案进行评价,主要包括线路长度、线网密度、线网比率、覆盖率、非直线系数、重复系数、线路客流量、满载率、出行时间等线网属性和城市公共交通服务指标的合理性和可行性等;根据评价结果对规划方案进行优化,直至满足规划目标。在具体的规划操作上,可以在考虑城市居民出行的基本需要上进行。

城市居民出行按照出行不同可以分为长距离、中距离、短距离的出行,城市公交线路上的客运量也有大运量、中运量、小运量之分。城市公共交通系统要发挥规模化、集约化优势,就需要针对不同的公交出行需求提供多样化、品质化的服务。合理细分线网功能层次,对不同功能层次线网实行不同的运送标准,进而满足不同人群的个性化的需求,是进行分层公交线网规划的中心思想。

分层公交线网规划的基本程序首先是确定规划目标,在此基础上按如下步骤进行:

(1)调查分析公交客流。进行公交客流调查,分析公交客流的整体分布、规模情况。

(2)辨识公交客流走廊。通过对公交客流、线网结构、土地利用情况等综合分析,识别主要公交客流走廊。

(3)设置关键组织节点。根据公交出行需求、线网结构优化需求以及道路交通条件等设置公交换乘枢纽与首末站。

(4)形成初步网络结构。结合公交客流走廊分析、首末站及换乘枢纽设置等情况,初步形成三层次线网总体架构。

(5)编制初步规划方案。结合公交客流情况、公交线路线形规划方法,编制初步线网规划方案。

(6)确定最终规划方案。根据进一步调研分析,结合乘客公交出行习惯、道路交通条件等情况对线网进行局部优化调整,确定最终的线网规划方案。

公交线网规划方案的产生通常是一个操作性较强的交互式优化过程。分层思想是公交线网规划的基本思想,在实践中,可以根据城市情况进行具体分为三级或者更多级。

三、城市公共交通线网层次

城市大小不同,城市的不同发展阶段,需要不同的客运网络结构。对于只有单一中心的小城市而言,公交线路规模比较小,公交的网络层次结构相对简单,采用单枢纽或少数枢纽的网络结构,只要能够与城市发展空间布局相适应,与公交客流出行特征相吻合,即可认定为较为合理的线网结构。

对于具有"多中心"发展模式的大中型城市,其公交线路数量众多,公交线网结构非常复杂,采用多枢纽形态的分层网络结构相对是比较适合的网络布局结构。多枢纽分层次的网络布局原理是将复杂公交网络分解为若干简单网络,并依托公交换乘枢纽进行联系,能够充分发挥复杂公交网络系统的综合效益。

为建立与大中型城市发展特征相适应的公交网络,提供与乘客出行需求相适应的公交服务,结合我国大中城市的公交线网特征,可以把城市公交线网基本划分为三个层次,即快线公交、干线公交、支线公交与微循环公交的三层次线网结构。

公交线网内具体的线路表现有以下方面:

1. 客流走廊

城市公交客流走廊为在某一地域内连接主要公交客流发源地,有共同流向的公交运输骨干线路。公交客流走廊沿线具有良好的交通可达性,客流量大,通常会有几种运输方式可供选择,是运输的骨干线路。

2. 轨道交通

城市轨道交通具有快速、准点、大容量、舒适等特点，因此，城市轨道交通应成为城市公交系统的骨干，布设在客流密集的客运走廊上，满足居民中长距离出行需求。城市轨道交通线路是城市交通的骨干线路，采用车辆编组列车化，以达到大运量、高速度的目的，平均运营速度一般为 30~40km/h。

3. 公交快线

公交快线（含快速公交）为城市组团间和跨区出行提供快速运输服务的公共汽电车线路，具有线路长、站距大、速度快、直达性强等特点，具有全面体现公交优先、容量较大、更为灵活、在特定条件下可以作为城市客运交通的骨干方式等优点。在城市轨道交通修建之前，快速公交可以作为城市客运的骨干；在城市轨道交通建成之后，快速公交可以作为辅助，为居民提供更广、更方便的交通方式。快速公交主要承担居民中长距离的出行，作为城市轨道交通的补充，主要承担大型集散点之间、各功能区之间的联系。公交快线主要服务于城市地区间的交通，承担大型集散点之间、各功能区之间的联系，其线路沿大中型集散点、大中型居民区设置，具有速度快、发车频率高、服务水平好的特点。

4. 常规公交干线

常规公交干线具有灵活、便捷、覆盖面广的优点，是与公交快线相匹配的公交方式，适合距离范围比较广泛。它的功能介于公交快线和公交支线之间，具有客流量大等特点，主要服务于中、长距离的跨区域出行的公共汽电车线路。线路沿大中型集散点、大中型居民区设置。

常规公交干线采用中等站距以提供方便的服务，其站距一般以 400~600m 为宜，市中心站距可加密到 300m 左右；高峰时发车间隔为 3~4min，平峰时可延长到 8~10min；线路深入各居住区及功能区，服务水平较公交快线次之。

同时，通过与公交快线的衔接换乘规划，站点设置与公交快线有较好的换乘，可起到接驳快线客流的作用。

5. 常规公交支线与微循环线路

常规公交支线主要服务于区域内的中、短距离出行的线路，具有线路短、站距短、客流量小等特点。支线与微循环线路主要承担城市区域短距离运输服务，小编组、走街串巷、广泛覆盖，接驳并为上层线网"喂给"客流，连接客流集散点与枢纽之间交通及客流集散点与城市轨道交通站点之间交通，与干线或轨道交通共同提供服务。设置这种线路的主要目的是减少使用者步行的距离，实现真正意义上的零换乘；配合较密的发车间隔，有效提高公交吸引力。为公交线网提供末端空间可达性保障。

公交支线深入各居住区及各功能区，不仅可以为居民的短距离出行服务，解决居民的区内出行，还可以承担集散客流。此外，公交支线可以配合城市轨道交通、快速公交、常规干线及客流集散点布设，扩大快线的辐射范围，方便居民出行换乘。

公交支线的布设以增加网络的直接覆盖率、提供与客流集散中心良好的衔接为目标。公交支线布设应深入道路网络的支路层次；公交支线对于居民小区应提供必需的支线服务，承担和周围集散中心的联系；公交支线的站距要小，一般在 300~500m。

微循环线路（微线），主要为城市区域、社会提供"最后一公里"运输服务的公共汽电车线路。

6. 多样化线路

主要服务于特殊运营时刻段或满足出行目的和出行者需求的差异化线路，一般采用较为特殊的运营模式。如旅游线路、通勤线路、学生线路、夜间线路、定制公交等。

对于常规公交线路来讲,公共汽电车线路的分层分级与其运行的道路等级有一定的关联性,不同层级的公共汽电车线路需要不同等级的道路条件。按照《公共汽电车线网设置和调整规则》(GB/T 37114—2018),按线路在公共汽电车线网中的地位、交通功能以及对沿线的服务功能等,划分为以下五个层级:第一级为快线;第二级为干线;第三级为支线;第四级为微线(微循环线路);第五级为多样化线路。线网层级的划分有利于各个城市根据城市的规模、空间和用地布局、交通需求和公共交通供给特征,结合城市自身特点,对线网进行分层分析,明确不同层次线网的功能定位,提高整个线网的运营效率。各线路的技术经济指标如表 5-1 所示。

不同层级公共汽电车线网的技术经济指标推荐值　　　　表 5-1

指标类型	具体指标	快线	干线	支线	微循环线路	多样化线路
线路形态	功能定位	主要服务于长距离的组团间出行和跨区出行,连接城市各主要组团、城市功能节点和主要交通节点,实现城市各主要组团、大型客流集散点和大型枢纽之间的快速联系	主要服务于区内出行或中、长距离的跨区出行,辅助承担中距离的组团间出行,实现跨区和区内主要客流集散点、大型枢纽之间的贯通	主要服务于各分区和组团的边缘地区或公交线路稀疏区域的中、短距离出行,填补公交空白,增加线网覆盖率,并承担与快线和干线的接驳作用	主要服务于较小范围内区域性出行,可以作为轨道站点接驳线路、片区公共汽电车的运营方式,线路较短,运营方式灵活	主要服务于一些特殊时段和出行目的的公交出行需求,在运营模式上采用一些较为特殊的方式
	线路长度(km)	15~30(或超过 30)	12~25	8~15	3~8	—
	平均站距(km)	0.8~2	0.5~0.8	0.3~0.5	—	—
	非直线系数	≤1.4	≤1.6	≤2.0	—	—
	停靠站点	停靠大型的枢纽站、换乘站和客流集散点	停靠沿途所有站点或主要客流集散点	停靠沿途所有站点	—	—
	通道设施(或公交优先设施)	允许进入城市快速路,城市主干道及以上道路对全线的覆盖率在 80% 以上,公交专用道对全线的覆盖率宜在 50% 以上	主要在城市主干道、次干道运行,城市次干道及以上道路对全线的覆盖率在 80% 以上,公交专用道对全线的覆盖率宜在 35% 以上	主要在城市次干道、支路	主要在支路、小区或街巷道路	—

续上表

指标类型	具体指标	快线	干线	支线	微循环线路	多样化线路
运营模式	线路日均客运量	根据客流需求确定	1万~2万人次	0.3万~1万人次	0.3万人次以下	根据客流需求确定
运营模式	平均运营时速(km/h)	≥20	15~20	—	—	—
运营模式	发车间隔（min）	3~10	5~15	—	—	—
运营模式	运营车辆配置	特大型、大型车	大型车	中型车	小型车	
线网关系	与城市轨道交通的关系	与轨道线路重复率原则上不宜高于线路长度的30%（保障轨道应急线路除外），与轨道交通站点衔接	与轨道线路重复率原则上不宜高于线路长度的40%（保障轨道应急线路除外），与城市轨道交通站点衔接	与轨道线路重复率原则上不宜高于线路长度的20%（保障轨道应急线路除外），与城市轨道交通站点衔接	根据客流和车型确定	—
线网关系	与快速公共汽车交通系统(BRT)的关系	与BRT线路重复率原则上不得高于线路长度的30%，与BRT站点衔接	与BRT线路重复率原则上不宜高于线路长度的40%，与BRT站点衔接	与BRT线路重复率原则上不宜高于线路长度的20%，与BRT站点衔接	根据客流和车型确定	
线网关系	与公共汽电车的关系	与其他线路的途经道路重复率原则上不宜高于75%	与其他线路的途经道路重复率原则上不宜高于75%	与其他线路的途经道路重复率原则上不宜高于75%	根据客流和车型确定	

城市公交线网布局应将轨道交通、快速公交、常规公交等不同公交方式线网进行整体规划，以公交枢纽进行网络融合，并与区域轨道交通、城乡客运班线、镇村公交及周边区域公交等衔接，统筹协调城乡公共交通发展。同时，为提高公交的竞争力和吸引力，应将其他客运交通方式进行面向公交系统的有机整合。

第二节　城市轨道交通线网规划

一、轨道交通线网规划的原则与内容

1. 城市轨道交通线网规划的原则

城市轨道交通规划应综合考虑城市的社会经济发展水平、人口和用地规模的现状及发

展、城市形态以及地形、地质条件等。客流量的调查和需求分析预测是重要的因素,通常,客流量越大,轨道交通的社会效益和经济效益越好。线网规划要满足以下几条一般原则:

(1)轨道交通线网规划应与城市总体规划配合协同发展。

大中运量快速轨道交通对引导城市土地利用优化调整有重要的、积极的作用。因此,进行轨道交通线网规划时应贯彻城市总体规划的基本战略及用地发展方向,深入了解城市的结构形态演化过程和趋势,以及城市地理、地形、地质因素的作用。不同的城市空间结构形态需要有相应的、不同的轨道交通线网结构形式与之相适应。

(2)轨道交通线网规模应与城市的经济承受能力相适应。

线网规模是进行轨道交通线网规划时面临的首要问题。影响城市轨道交通线网合理规模的因素是多方面的。其中,一个城市的经济实力是一项关键因素。经济发达的大城市常采用高密度、相对低负荷强度的轨道线网,而经济实力较弱的大城市采用的多是低密度、高负荷强度的轨道线网。

从直观角度来分析,城市轨道线网长度应是城市人口和用地面积的函数。通过对世界上 14 个轨道交通系统(主要是地铁)较为完善的大城市有关指标进行二元线性回归分析,可以建立城市轨道交通线路网总长度与城市人口和城市面积的函数关系,如式 5-1 所示,其相关系数 $R = 0.8347$。

$$L = 2.8018 S^{0.5012} P^{0.1191} \tag{5-1}$$

式中:L——城市轨道交通线路网总长度(km);

S——城市用地面积(km^2);

P——城市人口(万人)。

(3)轨道交通线路走向应与城市客运交通走廊相一致。

将客流量尽可能地转入轨道交通系统,降低地面道路交通流量,既是城市客运交通系统建设的总体目标,也是轨道交通自身的需要。轨道交通客流量越大,其运输效率越高,也保证了营运收入,如果达不到最低的临界客运量标准,则必然严重亏损。实践证明,轨道交通线路走向与居民的主要出行方向和出行路径一致,线网布局合理、规模大、线路长、交叉换乘点多,吸引客流量就大,轨道交通在客运交通系统中的分担率也高。

(4)轨道交通线网规划应充分考虑运行上的配合。

首先是轨道交通换乘站的设置,应保证两条以上线路吸引客流量所需的用地与场站设施容量规模;其次,应考虑轨道交通与其他交通方式的配合。任何大城市的城市客运交通都不可能是单一的交通方式,而是多元化、多层次的交通结构,既有大中运量的快速轨道交通,又有常规的公共汽车、电车,还有其他私人交通工具。在我国,城市轨道交通建设既和常规公交网络有关,又和自行车交通网络有关,从长远来看,还与小汽车交通发展息息相关。因此,必须从客运交通系统,综合考虑各种交通方式协调发展的过程。此外,应考虑城市轨道交通与城市对外交通设施的贯通衔接。例如:瑞士建立高速城市交通系统,将地铁与欧洲高速铁路相连,在旅行时间、运输量、费用和安全方面均取得最大的效益。

2. 轨道交通线网规划的内容

轨道交通线网规划研究内容主要包括三个方面:城市背景研究、线网构架研究及实施规划研究。在规划观念上突出宏观性和专业性的有机结合,从规划工作安排上使研究过程和研究结果并重。这个规划研究内容随着轨道交通的发展会有所改变。

(1) 城市背景研究。

主要是对城市自然和人文背景加以研究,从中总结指导轨道交通线网规划的技术政策和规划原则。主要研究依据是城市总体规划、综合交通规划等,具体研究内容包括:

①城市现状与发展规划——城市性质、城市地理环境、地形地质概况、城市区域与人口、城市布局、国民经济和社会发展规划。

②城市交通现状与规划——城市道路交通现状分析、道路网结构和布局、城市客运交通的发展和现状、城市交通发展总体战略、城市轨道交通现状。

(2) 线网构架研究。

线网构架研究是线网规划的核心,通过多规模控制—方案构思—评价—优化的研究过程,规划设计出较优的方案。这部分研究主要内容包括:合理规模的研究、线网方案的构思、线网方案客流预测、线网方案的综合评价。

(3) 实施规划研究。

实施规划是轨道交通是否具备可操作性的关键,集中体现轨道交通的专业性,主要研究内容是工程条件、建设顺序、附属设施的规划。具体内容包括:车辆段及其他基地的选址与规模研究、线路敷设方式及主要换乘节点方案研究、修建顺序规划研究、轨道交通线网的运营规划研究、联络线分布研究、轨道交通线网与城市的协调发展及环境要求、轨道交通和地面交通的衔接等。

二、轨道交通线网合理规模的确定

研究轨道交通线网规模的目的是从宏观上探讨城市轨道交通建设的合理规模,作为制订线网规划方案的参考。因为它并未同具体的轨道交通线路的布线等联系起来,所以只是从宏观上给出判断轨道交通合理规模的上下限,是支持定性分析的参考数据,但不能作为轨道交通各条线路布线的依据。

由于交通需求和交通供给是动态的平衡过程,因此合理规模也是相对的。城市轨道交通线网合理规模的计算要采取定量计算和定性分析相结合的方法。

1. 按交通需求推算线网规模

轨道交通线网规模可以从出行总量与轨道交通线路负荷强度之间的关系推导而来,具体公式如下:

$$L = \frac{Q\alpha\beta}{\gamma} \tag{5-2}$$

式中:L——线网长度(km);

Q——城市出行总量(万人次);

α——公交出行比例;

β——轨道交通出行占公交出行的比例;

γ——轨道交通线路负荷强度[万人次/(km·d)]。

2. 按人口总数推算线网规模

城市的人口总数反映了城市的人口规模,以人口总数为基础的人口线网密度指标实质

上反映了人口规模对轨道线网规模的影响程度,其公式为:

$$L = M\delta \quad (5-3)$$

式中:L——线网长度(km);

M——城市市区总人口数(百万人);

δ——人口线网密度指标(km/百万人)。

我国城市地少人多,人口密度指标取值不能过高,各城市可根据具体情况酌情考虑。

3. 按线网服务覆盖面推算线网规模

线网规模分析中估计的成分很多,因此从多方面、多角度进行估算是很有必要的。这里再介绍一种按线网服务覆盖面计算线网规模的方法。

轨道交通线网作为一种公交网络应该具备一定的线网密度,对于呈片状集中发展的城市,人口就业密度比较平均,这时候就要求城市建成区都应处于轨道交通的吸引范围之内。根据这一特点,可以利用城市建成区面积和线网密度的关系推导线网规模,即:

$$L = S\rho \quad (5-4)$$

式中:L——线网长度(km);

S——城市建成区面积(km²);

ρ——线网密度(km/km²)。

4. 按城市面积和估算轨道交通年客运量推算线网规模

城市面积界定了区域内交通的分布范围,即轨道交通覆盖范围的上限。设城市形状、城市人口密度及其分布情况、人口结构、社会经济发展水平均保持不变,则城市面积的增加显而易见将引起轨道交通覆盖范围的增加,从而使轨道规划线网规模扩大。而考虑极端情况,若城市面积小于一定限值,处于居民步行可达范围之内,则无论城市人口密度及其分布等其他因素如何改变,设置轨道交通线网都将是不必要的。城市的人口总数反映了城市的人口规模,但若由这一指标来确定线网规模显然是存在缺陷的,因为最终决定轨道规模的应该是城市规划年度的轨道交通客运量,它不仅与城市人口总数有关,还决定于整个社会经济发展水平、居民出行习惯以及轨道交通线网方案等因素。

基于上述考虑,采用如下计算公式:

$$L = \lambda S^\alpha p \tau \quad (5-5)$$

式中:L——轨道交通线网长度(km);

S——城市建成区面积(km²);

p——城市规划年度轨道交通年客运量估算值(百万人次);

λ、α、τ——无量纲参数。

由于轨道交通客运量在很大程度上依赖于轨道交通线网方案,而轨道交通线网规模又是确定轨道交通线网方案的先决因素,因此式(5-5)不但可采用规划年度轨道交通客运量的估算值以确定线网规模,还可以在整个方案计算完成后采用客流预测得到的轨道交通客运量验证所选线网规模的正确性。

根据世界上地铁发展较为完善的几座城市的有关数据,λ、α、τ 的取值一般分别为 2.401、0.298、0.322。

三、城市轨道交通线网规划方法

轨道交通线网规划方法主要有两类：一是定性分析为主，定量分析为辅；二是定量分析为主，定性分析为辅。常用的点、线、面要素层次分析法，功能层次分析法和逐线规划扩充法属于定性分析为主、定量分析为辅的方法；主客流方向线网规划法、效率最大规划法和客流最短路分配法属于定量分析为主、定性分析为辅的方法。

1. 点、线、面要素层次分析法

该方法以城市结构形态和客流需求的特征分析为基础，对基本的客流集散点、主要的客流分布、重要的对外辐射方向及线网结构形态进行分层研究。

点代表局部、个性的问题，即客流集散点，是轨道交通设站服务、吸引客流的发生点。在进行轨道交通线网规划时，将主要的客流集散点连接起来，有助于轨道交通吸引客流，便于居民出行。

线代表方向性的问题，即轨道交通客运走廊的布局。客运走廊是分析和选择线路的基本因素。而城市道路网络的布局又会影响线路走向和线网构架形式，所以线的研究重点就是寻找客流主方向及交通走廊，并将城市大客流集散点串联起来。轨道交通线路走向与主方向一致，可增加乘客的直达性，既方便乘客，又提高轨道交通经济效益。

面代表整体性、全局性的问题，即线网的结构和对外出口的分布形态。其决定因素包括城市地位、规模、形态、对外衔接、自然条件、土地利用格局以及线网作用和用地、交通需求、线网规模等特征。

2. 功能层次分析法

该方法根据城市结构层次和市区的划分，将整个城市的轨道交通网按功能分为三个层次，即骨干层、扩展层和充实层。骨干层与城市基本结构形态吻合，是基本线网骨架；扩展层是在骨干层的基础上向外围扩展；充实层是为了增加线网密度，提高服务水平。

3. 逐线规划扩充法

该方法是以原有的轨道交通路网为基础，进行线网规模扩充以适应城市发展。为此，必须在已建线路的基础上调整规划已有的其他未建线路，扩充新的线路，将每条线路依次纳入线网后，形成最终的线网方案。

4. 主客流方向线网规划法

该方法基于城市土地利用和产业结构调整对交通需求分布特征的影响，根据现状和规划道路网的交通分配结果确定主客流方向，然后沿该方向提出若干线网规划方案。

5. 效率最大规划法

该方法以路线效率最高为目标和原则，根据已知条件搜索出路线效率大的一条或几条，作为最优轨道交通路线集来研究线网基本构架。

6. 客流最短路分配法

该方法是在完成交通需求预测后，剔除步行和短距离的自行车出行客流，然后按照最短路分配法在现有或规划道路网上进行分配，得到客流集中的走廊，再根据轨道修建条件、城市总体规划、土地使用规划等轨道交通布局影响因素与总体规划互动影响分析，对走廊进行适当调整后作为轨道交通线网的初始方案。

四、城市轨道交通和其他交通的衔接规划

轨道交通特别是地铁的建设不仅投资大,而且工程复杂,施工期长,要形成一个完善的轨道交通网络系统需要很长时间,因此,与地面道路交通系统特别是公交系统的协调对扩大其客流吸引范围有很大作用。

进入轨道交通线网的客流可分为直接吸引客流和间接吸引客流。直接吸引客流是指通过步行方式直接接近轨道交通线路的客流;间接吸引客流是指通过其他非步行交通方式与轨道交通系统换乘的客流,在我国以常规公交换乘轨道交通系统为主。轨道交通系统接运公交线网是保证轨道交通系统客流效益的一个重要方面。

接运公交也称接驳公交,是指以轨道交通接运乘客为主要功能的公共汽车等公共交通方式,是常规地面公交系统的一部分,与轨道交通线网共同组成轨道交通接运公交系统。

交通方式之间的衔接换乘,直接影响城市交通的整体运行效率。客运枢纽是不同交通方式的衔接点,同时也是城市大型客流集散点。客运枢纽的规划要"以人为本",推进城市交通健康、有序发展,促进客运重心向大容量轨道交通转移,优化调整公交线网,提高枢纽的调节和衔接能力,实现不同交通方式之间的便利换乘。

1. 轨道接运线网的指导思想

城市轨道交通线路与公交线网的关系应定位为主干与支流的关系。城市轨道交通以解决城市主要客流走廊、主干路的中远距离客流为主,平均运距一般为 6~10km,这样可以发挥其大运量、快速、准时、舒适的系统特征。公共汽车、电车运能低,但机动灵活,是解决中、短途交通的主力,应更多地考虑其网络覆盖范围,为区内出行提供方便条件。轨道接运线网的指导思想具体表现为以下几点:

(1)在轨道交通沿线取消长的重合段的地面常规公共交通线路,将其改设在轨道交通线服务半径以外的地区。

(2)将轨道交通线路两端的地面常规公共交通线路的终点尽可能地汇集在轨道交通终点,组成换乘站。

(3)改变地面常规公共交通线路,尽量做到与轨道交通车站交汇,以方便换乘。

(4)在局部客流大的轨道交通线的某一段上,保留一部分公共汽车线,起分流作用,但重叠长度不宜超过 4km。

(5)增设以轨道交通车站为起点的地面常规公交线路,以接运轨道交通乘客。

2. 接运线网优化模式

接运公交线网规划的关键环节是接运站点的选取和接运路线的优化。接运站点以它可能为轨道交通系统接运的最大客运周转量来选取,接运路线以接运效率最大为目标搜索优化。

这里介绍的接运公交线网规划方法基于以下假设:

①轨道交通线路确定并已知。

②客运需求量 Q_D 已知。

③轨道交通直接吸引客流量和路线客流限制条件已知。

接运公交线网规划通常采用逐条选线法和路线推荐法。

1) 逐条选线法

每次在各选接运站点集$\{N\}$中选出一个最优接运站点,在该站点上搜索出一条最优(接运效率最大)的接运公交路线;然后调整轨道交通线路和接运线路上的客流量以及交通需求分布量,进行下一条接运路线的选取;直至没有可行的接运站点或没有可行的接运公交路线。每次所选中的路线构成接运公交线网。

2) 路线推荐法

在各个可行接运站点上分别搜索一条或几条最优接运路线作为推荐接运路线,由决策者根据实际情况酌情进行选取,组成接运公交线网。

3. 接运线网优化模型

接运公交路线优化以路线的接运效率最大为目标。接运效率是指接运路线所接运的乘客人数与其在轨道交通路线上所乘行距离之积(即客运周转量)与接运公交线路长度的比值。

在优化的过程中要考虑的约束条件主要是:

(1)轨道交通路线、站点和接运线路、站点的客流能力限制。

(2)接运路线的长度限制。一般来说,接运公交线路长约6km,不宜超过8km,路线过长可能使路线的功能复杂化。

此外,还应考虑两个重要方面:

(1)接运路线自身的效益(路线效率)和它对轨道交通路线的作用(接运效率)都应足够大。

(2)一般接运路线应避免与轨道交通路线竞争客流。路线优化搜索应在与轨道交通路线有竞争的区域之外进行。

第三节 快速公交线网规划

一、BRT 简介

按照我国《快速公共交通系统设计规范》(CJJ 136—2010),快速公共汽车交通(Bus Rapid Transit,BRT)是以大容量、高性能公共汽电车沿专用车道按班次运行,由智能调度系统和优先通行信号系统控制的中运量快速客运方式,简称快速公交。快速公交系统应由专用道路、车站、车辆、调度与控制系统、运营组织及运营设备、停车场等组成。

1. 专用道路

快速公交线路采用与其他交通方式相分离的单一线路或者多条组合线路。在路权上有优先分配,使得快速公交具有快速高效的特点。BRT 系统采用专有路权,使用公交专用线或专用车道,BRT 系统与其他车辆从空间相分离。专用车道可布置在道路中央或道路两侧,中央专用车道按上下行有无物体隔离又可分为分离式和整体式,应优先选用中央整体式专用车道。

2. 车站

车站建筑应简洁明快,体现现代交通建筑的特点,与城市景观相协调。BRT 车站是影响快速公交运行效率的关键因素。车站的主要功能是满足乘客快速乘降,完成客流集散和换乘的场所。BRT 车站的主要特点是采用车外售检票系统。售票系统置于公交候车站台内,车辆进站前完成收费,从而可以提高上下车速度,节省公交停站时间。BRT 车站内有完善的乘客信息服务系统。例如为乘客提供车辆运行的即时信息。车站采取水平乘降的方式。采用高站台或者低底盘车辆,水平上下车使得乘降速度加快。车站内有完善的服务设施。

3. 车辆

车辆是快速公交的核心。为了提高快速公交的运营效率,BRT 车辆采用载客量大功率高的车辆。另外,为了满足水平快速乘降要求,BRT 车辆通常车门多,底盘低,能够使乘客特别是行动不便的乘客快速平稳地上下车,节约时间。运营车辆应按系统级别进行选配。应以特大型公共汽车或无轨电车为主,辅助配备大型公共汽车或无轨电车,并应符合下列规定:

一级快速公交系统应主要配备 18m 特大型铰接式公共汽车或无轨电车,辅助配备 10.0~13.7m 大型和特大型公共汽车或无轨电车。

二级快速公交系统应主要配备 14~18m 特大型铰接式公共汽车或无轨电车,辅助配备 10.0~13.7m 大型和特大型公共汽车或无轨电车。

三级快速公交系统应主要配备 10.0~13.7m 大型和特大型公共汽车或无轨电车。

快速公交系统的级别划分应符合表 5-2 的规定。

快速公交系统级别划分　　　　　　　　　　　表 5-2

特征参数	级　别		
	一级	二级	三级
运送速度(km/h)	≥25		≥20
单向客运能力(万人次/h)	≥1.5	≥1.0	≥0.5

4. 调度与控制系统

BRT 系统的调度与控制系统包含运营调度、信号控制、乘客信息服务、车辆定位等。调度与控制的标准、规模和运行管理模式应满足快速公交系统的功能要求。运营调度应包括调度中心、实时监控设备、场站信息接收与发送设备、车载设备、传输设备等。

5. 运营组织及运营设备

BRT 系统可分为独立线路和组合线路两种运营组织模式。具体组织形式根据断面客流需求和客流出行特征等因素综合确定。运营组织模式确定后,应对相关公交线路进行必要的整合。BRT 系统可采用每站停、越站、区间、编组等运行方式,各种运行方式应与车道设计、车站设计、车辆配置相协调。运营设备包含供电、通信、站台屏蔽门、消防、照明、售检票、通风等系统设备。

6. 停车场

停车场为运营车辆提供停放空间,应按车辆保养级别和实际要求配建相应的车辆保养和加油加气等设施。停车场应与线路同期建设,可根据运营管理的需要与常规公交停车场合建。

二、快速公交线网规划的影响因素

快速公交的运量介于轨道交通与传统常规公交之间,以其投资低、灵活性好、速度快、准时性好的优点,在公共交通网络中发挥重要作用。对于具有轨道交通的大城市,快速公交可作为轨道交通的衔接或延伸;对于客流量尚未达到轨道交通建设要求的大中城市,建立完整的、覆盖城市大部分的快速公交网络,并配合常规公交线路作为接驳和线网加密,成为公共交通的主体。

1. 客流需求

当客流量不足以支撑轨道交通的运量时,但普通公交又不能满足客流的需求时,快速公交的开设就有了最基本的基础。

2. 公交行驶速度

通常来说,当公交车辆的行驶速度明显低于正常营运速度,造成公交车辆营运效率大幅度下降的时候,有必要设置公交专用道。

3. 道路因素

快速公交需要路权专用。在设置快速公交专用道后,剩余的机动车道为了满足超车和车辆交织的需要,至少还需要两车道。也就是说,对于双向机动车道达到六条以上的道路路段,才更有利于快速公交线路布设。

4. 交叉口进口车道数

为了降低快速公交车辆在交叉口的延误,应结合快速公交的流量和转向在交叉口进口车道尽可能设置专用或优先排队道。考虑到尽量不对社会车辆进口造成挤压,只有进口车道数不低于4条时才可以考虑设置快速公交专用进口道。在设置了专用进口道的情况下,可根据需要将快速公交车站设于进口方向一侧。

5. 与其他交通方式的关系

快速公交是城市公共交通系统中的一个有机组成部分,规划时要考虑其在城市中的定位,既考虑未来快速公交经营效益,又要考虑各种交通方式的有机组合,发挥城市公交系统的总体作用。

三、快速公交线网规划的流程

目前快速公交线路按照不同线路是否经过同一主干通道,分为单线和复线。单线是与轨道交通类似的单一线路,每一线路独立运行。复线是不同线路在同一主干道行驶,在某一点处,各线路上的公交车离开此干道,继续行驶。在规划中,考虑快速公交的限制条件与影响因素,通常采取单线布置方式,个别路段采取复线。

1. 布设单线式线路

布设单线式线路时可能会有多种方案,但总的原则是尽量使每条线路都保持顺直,以利于快速公交车行驶和在交叉口实现信号优先。

具体操作时可以先拟订不同的方案,然后将客流 OD 在快速公交网络中分配,以出行时间最少的方案为最佳选择。另外,需注意检验每条线路上的运行车速是否能够达到要求,如不满意可调整线路走向。

2. 选取可以设置路径的通道

快速公交通道的容量约束条件对复线式线路的布设有着重大的影响。快速公交通道的容量约束包含两方面的含义：第一是指通道的物理条件，布设复线式线路要求至少站点处有超车道，双向四车道最佳，如果道路条件不允许，还是适宜按单线式布设线路；第二是指在服务水平一定的前提下，单位时间内通道断面上所能通过的车辆数是有限制的。

快速公交的运行速度不仅与通道流量有关，站点停靠时间、站间距和交叉口控制形式等也是影响因素，需要综合考虑。

先考察各个通道处的路段条件，将具备超车条件的通道筛选出来。然后根据这些通道上布设单线所承担的客流来测算可能的发车频率，由单位时间内通道断面允许通过的最大车辆数来判断是否还能增加线路。将两次筛选后得到的通道称为路径通道，路径通道应尽可能形成网络。

3. 选取换乘节点

任意两条线路相交就会产生一个物理意义上的节点，在节点处不同线路上的客流可以换乘，称之为换乘节点。换乘节点在网络中非常重要，设置路径前应对换乘节点处的客流特征进行分析。

客流介数是反映网络中节点的重要程度。节点的介数为网络中所有的最短路径中经过该节点的数量比例；介数反映了相应的节点或者边在整个网络中的作用和影响力。换乘节点的一个重要功能是供客流中转，因此必然会有大量的客流经过。这里将快速公交网络中换乘节点 i 的客流介数定义为：

$$J_i = \frac{V_i}{V} \tag{5-6}$$

式中：J_i——换乘节点 i 的客流介数；

V_i——经过换乘节点 i 的客流量；

V——出行客流总量。

通过客流 OD 在网络中的最短路分配可以计算得到各个换乘节点的客流介数，客流介数值越大，说明节点越重要。一般而言，城市中心地区换乘节点的客流介数较大，大型换乘枢纽也主要分布于该地区。

定义客流换乘比例系数为在节点处换乘人数占经过该节点总人数的比例，以此判断换乘节点的效率。

$$\delta = \frac{V_{换乘}}{V_{总}} \tag{5-7}$$

式中：δ——节点客流换乘比例系数；

$V_{换乘}$——节点换乘人数；

$V_{总}$——节点的客流总量。

δ 的数值越大，说明在节点处换乘的人数越多，也就越有必要设置捷径以提高系统的效率。

总的来说，在单线式线路布设完毕后，可以进行客流测试，得到各个换乘节点的客流介数和客流换乘比例系数这两个指标。根据指标的大小，筛选出需要路径连接的换乘节点。

应注意所有路径通道上都必须有被选出的换乘节点。

4. 设置路径

路径除了连接换乘节点外,还可以连接线路的首末站,由于这两种节点是可以事先确定的,所以称为固定节点。另外,路径还可能连接首末站与换乘节点之间的客流量较大的中途站。路径连接中途站的个数需要综合考虑,若连接过多,会影响路径上的运行车速;若连接过少,则可能会遗漏客流集散量大的站点。因为连接的中途站位置事先不能确定,将除首末站与换乘节点之外的路径连接的站点称为非固定节点。

将每两个固定节点之间的路径通道称为一个单元。在每个单元里,路径有若干个非固定节点可以连接,当众多单元整合在一起时,整个网络里路径连接形成的数量就可能是成千上万。如此众多的组合形式不可能全部列出,必须利用近似寻优的方法求解,一般可以采用遗传算法,遗传算法只对系统的输出进行性能的评判,与系统的内部复杂性无关,是一种黑箱操作方法,因而遗传算法特别适用于建造功能复杂以致难以分析的高度复杂性系统,公交网络正是此类复杂系统。

对于一般的城市来说,可能绝大部分快速公交通道都是双向两车道,此时在通道上设置两条线路即可结束。对于个别开辟双向四车道的通道来说,还有可能再设置线路。

5. 线网的生成

线网的生成分市区级线网、市域级线网及局域级线网三步依次进行。

线网首先是生成连通市中心与城市副中心的市区级线网,一般为一条环线、数条径线的形式。数条径线将穿越市中心并在此相交,由市中心向城市的各个方向放射,在保持线路尽量直线的情况下,尽可能地连接更多的城市大型换乘点,环线连通城市的副中心与其他的大型换乘点。这样形成的骨干线网将满足现状多数城市交通需求走廊的要求,对于一些骨干线网需要以轨道交通为主的大型城市,快速公交必须跟轨道交通有效配合组织线网,在空间上起到补充的作用,在时间上起到替代的作用。

在生成市区级线网之后,开始生成连通卫星城与骨干线网的市域线网。枢纽之间客流量很大,但沿途客流量较小,快速公交将发挥大站快车的作用。市域线网尽可能利用郊区主要公路,尽可能地经过集镇,以方便乡间乘客的换乘和带动沿途经济的发展,形成沿快速公交线的经济增长带,有力地促进城市向多中心轴线式布局发展。

市域级和市区级线网形成后,还剩下局部区域的换乘点的连接问题,在规模大、换乘点多的卫星城内可按中心城区的骨干线网形式布设该区域的加密线网;在市区范围内用加密线网连接剩余的节点,覆盖交通走廊。

第四节 常规公交线网规划

常规公交线网规划主要是城市公共汽电车线网规划。根据相关预测结果和技术标准要求,结合城市轨道交通和城市快速公共汽车交通线网规划情况,在城市公共交通线网总体框架基础上,开展城市公共汽电车线网规划,明确城市公共汽电车线网规模、结构层次和功能,并提出近期线网优化调整方案和中远期发展方向与优化策略。根据公众出行需求,合理规划社区公交、通勤班车、旅游专线、学生专线、定制公交等特色公共交通服务线路和网络,满足公众多样化的出行需要。

一、常规公交线网规划的影响因素、规划原则与目标

1. 线网规划的影响因素

影响城市公共交通规划的因素是多方面的,一般情况下,在进行城市公交线网规划时应主要考虑以下几个方面的因素。

1) 城市客运交通需求

城市客运交通需求,包括数量、分布和出行路径的选择,是影响公交线网规划的首要因素。在一定的服务水平要求下,客运需求量大的区域,要求布置的公交线网客运能力较大。理想的公交线网布局应满足大多数交通需求的要求,具有服务范围广、非直线系数小、出行时间短、直达率高(换乘率低)、可达性好(步行距离短)等特点。

2) 道路条件

对于常规公交线网来说,道路网是公共交通网络的基础,但并非所有的道路都适合公交车辆行驶,要考虑道路几何线形、路面条件和容量限制因素。道路条件较差,如转弯半径过小、坡度陡长、路宽不足时,就不适合常规公交车辆行驶。可以将所有适合于常规公交车辆行驶的道路定义为公交线网规划的"基础道路网"。当"基础道路网"中有较大空白区时,应对道路网络规划提出反馈意见,以保证"基础道路网"能满足公共交通网络布设的要求。

3) 场站条件

起(终)点站可作为公交线网规划的约束条件,也可在路线规划后,根据路线配置的车辆确定起(终)点站及其规模;一般的常规公交站可以在路线确定后,根据最优站距和车站长度的限制等情况确定。

4) 车辆条件

影响线网规划的车辆条件包括车辆物理特性(长度、宽度、高度、质量等),操作性能(车速、加速能力、转弯半径等),载客指标(座位数、站位数、额定载客量等)和车辆数。考虑其中物理特性和操作性能与道路条件的协调,可以确定公交线网规划的"基础道路网"。车辆总数、车辆的载客能力、每条路线的配车数和客运量有如下关系:

$$N_l \cdot C_l \propto P_l \quad (\forall l \in L) \tag{5-8}$$

$$\sum_{i \in L}^{n} N_l = N \tag{5-9}$$

式中:N_l——路线 l 的配车数(标台数);

C_l——标准车的载客能力(人);

P_l——路线 l 的客运量(人);

L——路线集;

N——城市公交车辆总数(标台数)。

由车辆总数、车辆的载客能力和路线的配车数可决定路线总数。车辆总数可作为线网规划的限制条件,也可先规划线网,根据路线配置车辆,得到所需的总车辆数,再考虑数量的限制。

5) 效率因素

效率因素指公共交通线网单位(如每公里、每班次等)投入获得的服务效益,反映路线效益的指标有:每月行驶次数、每车次载客人数、每车公里载客人数、每车公里收入、每车次收入、营运成本效益比等。它不仅反映路线的运营状况,还反映路线经过地区的客运需求量和路线的服务吸引能力,因而在规划中,应特别考虑路线/线网效益因素。

6) 政策因素

城市公共交通系统与交通管理政策(如车辆管制与优先、服务水平管理、票价管理等)、社会公平保障政策(如照顾边远地带居民出行)、土地发展政策(如通过开辟公共交通路线诱导出行、促进沿途地带的发展)有关。

2. 线网规划的原则

城市常规公交线网结构应根据城市空间结构、用地布局、路网结构以及客流量分布确定,按照不同层级线路的功能要求和适应性确定合理的线路功能和走向。一般应遵循以下原则:

(1) 城市公交线网必须综合规划,组成一个整体,体现和贯彻以人为本、服务为本的思想,体现合理性和可操作性相结合的原则。

(2) 市区线路、郊区线路和对外交通线路应紧密衔接,并协调各线路网的集疏能力。

(3) 要考虑公交发展历史和线路的延续性,兼顾、利用已有线路,综合协调新老线路之间的关系。

(4) 公交线网还应对城市用地的发展具有较好的适应性,其布局应与城市用地布局相协调,与城市用地规划范围内主要客流的流向一致,促进城市发展。

(5) 各主要客流集散点之间应有直接的公共交通线路相连;主要客流的集散点应设置不同交通方式的换乘枢纽,方便乘客停车与换乘,以缩短乘客出行时间,扩大乘客活动可达范围。

3. 线网规划的目标

常规公交系统在城市公共交通中发挥基础性作用,运营线路相对固定,线网布设的优劣是衡量公共交通发展程度、运营能力以及服务质量的重要指标。规划公交线网时应以居民公交出行OD为依据,以方便居民出行为目的,兼顾公交企业效益。要使线路走向与主要客流流向相吻合,使得各主要客流集散点之间尽可能有直接的公交线路相连接,最大限度地满足乘客的出行要求。线网布设既要满足乘客的需要和城市的发展,又要考虑客观条件的现实,必须经过现场调查、深入研究、不断比较、反复权衡,确定较好的方案。线路布设从乘客的角度,要节省时间和花费,线形减少迂回曲折,使乘客便捷到达目的地;从企业经营角度,线网要优化,减少过多重复,合理配置资源,规范客运市场,开展适度、有序的公平竞争。

公交线网规划是多目标规划,公交线网优化目标一般包括以下几个方面:

(1) 为更多的乘客提供服务。

(2) 使全体乘客的总出行时间更少,要求尽可能地缩短出行距离,减少换乘次数等。

(3) 线网的效率最大。

(4) 保证适当的公交线网密度,即良好的可达性。

(5) 保证线网的服务面积率,减少公交盲区。

二、常规公交线网规划的主要内容

1. 交通需求分布预测

获得交通需求分布量（OD 矩阵）一般有两种方法：一是按传统方法，根据居民出行调查和城市土地利用状况按"四阶段法"进行预测；二是由于居民出行调查工作量较大，公交系统内部规划和近期规划常常采用基于线路客流量调查的客流估算方法。

2. 线网布设

线网布设一般在单条路线规划的基础上，考虑线网的整体规划，常采用以下方法：

（1）"逐条布线，规划成网"法。按路线直达客流量最大布线，可将城市公交线网规划分为起讫站点拟定和线网生成两个部分，对所有起讫站点间可能的路线按直达客流量最大"逐条布设"。

（2）经验法。采用事先设定的公交线网方案，如方格线网、辐射型线网等。

（3）拟合客流法。在系统最优客流分配的基础上，用"取大法"/"舍小法"截取网络得到初始网络。

3. 线网客流预测与评价

城市公交线网客流预测是指将前面预测的城市公共交通需求分布量（OD 矩阵）分配到拟采用的公共交通网络上，确定公共交通网络中每一条公共交通线路的断面客流量及站点上下客流量。

城市公交线网评价是指根据城市的形态及预测的线网客流量，对设计的公共交通网络布局方案进行网络形态及交通质量等多方面的评价。

三、常规公交线网规划的一般步骤

现状城区公交线网规划通常是在现有公共交通线路基础上，根据客流变化情况、道路建设及新客流吸引中心的需要，对原有线路的走向、站点设置、运营指标等进行调整或开辟新的公共交通线路。除非城市用地结构、城市干道网发生大的变动，如对外客运交通枢纽的迁建、新交通干道的开辟，或开通新的大运量快速轨道交通线路，一般不做大的调整。

对于新建城市或规划期内将有大的发展的城市，公交线网需要密切配合城市用地布局结构进行全面规划。通常按下列步骤进行：

（1）根据城市性质、规模、总体规划的用地布局结构，确定公交线网的结构类型。

（2）分析城市主要活动中心的空间分布及相互之间的关系，如居住区、小区中心、工业、办公等就业中心，商业服务中心、文娱体育中心、对外客运交通中心、公园等游憩中心，以及公共交通系统中可能的客运枢纽等，这些都是城市居民出行的主要发生点和吸引点。

（3）在城市居民出行调查和交通规划的客运交通分配的基础上，分析城市主要客流吸引中心的客流吸引期望线及吸引量。

（4）综合各城市活动中心客流相互流动的空间分布要求，初步确定在主要客流流向上满足客流量要求，并把各主要居民出行发生点和吸引点联系起来的公共交通线路网方案。

（5）根据城市总客流量的要求及公共交通运营的要求，进行公交线网的优化设计，确定满足各项规划指标的公交线网规划方案。

(6)随着城市的发展和逐步建成,逐条开辟公交线路,并不断根据客流的变化和需求进行调整。

公交线网规划方案的产生通常是一个操作性较强的交互式优化过程。其基本程序如图 5-1 所示。

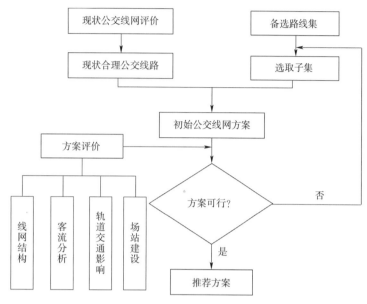

图 5-1　公交线网规划设计与优化程序框图

图 5-1 首先将原公交线网中合理的线路保留下来作为规划线网的一部分,这考虑到了居民公交出行及公交线网规划的连续性,原公交线网绝大部分合理而又具有较好的公交运营效益的线路是公交规划线网中的相对稳定的部分,这与城市绝大部分区域(特别是老城区)人口分布、用地情况相对稳定这一特点相适应。

然后,从备选线路集中选取不同的公交线路子集与上述相对稳定的线路集一起构成一个公交线网规划初始方案。备选线路集的产生主要有两个途径:一是结合预测的城市公交 OD 分布情况,通过逐步扫描法,得到 OD 量较大的 OD 点对之间的客流选择路径作为备选线路集的一部分;二是考虑实际公交客运特点,充分汲取公交运营企业的意见,将企业提出的公交线网新增、调整的某些线路纳入备选线路集。

对公交线网初始方案一般应从以下三个方面进行宏观总体的分析、评价与确认:

(1)城市各片区的公交线网覆盖是否与其公交需求相适应。

(2)城市公交线路各主要走向的组线分配是否与各方向上的客流量相匹配。

(3)城市公共交通覆盖率是否达到规划目标。

最后,对公交线网初始方案进行评价分析和优化调整,特别是对各条备选线路进行综合效益分析。公交线路综合效益分析主要包括线路的社会效益、线路的营运效益、线路的预测客运总量以及线路的客运功能。经过分析评价,剔除不合理线路,从备选线路集中选取新的公交线路,再次形成一个公交线网方案,得到下一次迭代的公交线网规划初始方案。调优过程如此迭代下去,直至组成备选线路集的各条线路的效益或评价值符合目标要求为止。必要时也可对方案做适当的局部性调整,最后输出公交线网规划推荐方案。

四、常规公交线网规划方法与优化

从公交线网规划的目标来看，城市公交线网规划是一个多目标规划的问题，并且目标之间互相联系，具有一定的相关性。国内外在公交线网规划理论上，提出来很多种线网规划方法。实践性比较强的有王炜提出的"逐条布设，优化成网"的方法。戴帅、陈艳艳等人提出了以站点为基础，从乘客、运营企业、政府三方面进行综合考虑的公交线网优化方法，建立了基于乘客出行时间最少、运营企业成本效益最高、社会福利效益最大的多目标优化模型。

公交线网的规划涉及乘客利益、公交企业利益以及政府利益，所以从这三个方面考虑规划的目标与约束条件是合理的。另外，对某一条公交线路而言，规划的目标可以有四个维度：第一，乘客的等待时间最小；第二，车辆空座时间最小；第三，当选取此条线路时，与可选取的最短路径的时间偏差最小；第四，车队规模最小。前三个目标可以通过乘客小时来衡量，最后一条可采用车辆数来衡量。显然，第一条体现了乘客角度；第二条和第四条反映了企业目标；第三条既代表了乘客，也代表了社会或政府的角度。当衡量目标为比较公交线路集或比较不同公交出行模式时，就需要对这四个目标引入货币化的权重，即单位费用换算系数。

1. 符号

考虑一个连通网络，它由一个带有有限个节点 $|N|$，通过 $|A|$ 条弧连接起来的有向图 $\{N, A\}$ 组成。

路径——起始于一个给定的公交站点，依次经过网络弧，结束于某个节点的累加路径；

换乘路径——采用不止一条路径的累加路径；

$R = \{r\}$——公交线路集；

$TR = \{tr\}$——所有换乘路径集；

$S = \{sp\}$——所有最短路径集（最小平均出行时间）；

N_r——路径 r 上的节点集；

N_{tr}——换乘路径 tr 上的节点集；

N_{sp}——最短路径 sp 上的节点集；

d_{ij}^r——路径 r 上节点 i,j 之间的乘客需求；

d_{ij}^{tr}——换乘路径 tr 上 i,j 节点之间的乘客需求；

d_{ij}^{sp}——最短路径上 i 节点之间的乘客需求；

F_r——路径 r 的发车频率；

$F_{\min}$——规定的最小发车频率（发车间隔的倒数）；

t_{ij}^r——路径 r 上 i,j 节点之间的平均出行时间；

t_{ij}^{tr}——换乘路径 tr 上 i,j 节点之间的平均出行时间（可能包含换乘惩罚）；

t_{ij}^{sp}——最短路径上 i,j 节点之间的平均出行时间；

t_r——路径 r 上起点到终点总的出行时间；

L_r——路径 r 上的最大载客数；

ω_r——路径 r 上的乘客等待时间；

d_0——每一车辆的期望载客量（载客标准）；

$$a_{tr}^r = \begin{cases} 1 & \text{由换乘线路 tr 向线路 } r \text{ 转移,} \\ 0 & \text{其他;} \end{cases}$$

α——OD 对所在的公交路径(包括换乘路径)与最短路径的最大允许偏差;

K_{tr}——换乘路径 tr 的最大换乘度(换乘公交车的次数)。

2. 两个基本的目标函数

针对不同的公交线路集合,公交线网设计问题基于两个基本的目标函数,即 Z_1 最小和 Z_2 最小:

$$Z_1 = \begin{cases} a_1 \sum_{i,j \in N} \text{WT}(i,j) + a_2 \sum_r \text{EH}_r + a_4 \sum_{i,j \in N} \text{DPH}(i,j) \\ a_1 \sum_{i,j \in N} \text{WT}(i,j) + a_2 \sum_r \text{EH}_r + \sum_{i,j \in N} [a_3 \text{PH}(i,j) - a_4 \text{DPH}(i,j)] \end{cases} \quad (5\text{-}10)$$

$$Z_2 = \text{FS} \quad (5\text{-}11)$$

式中:PH(i,j)——节点 i,j 之间的乘客小时[定义为单辆公交车上的乘客乘行时间(以 h 计),用来衡量两个节点之间乘客乘行的时间],$i,j \in N$;

DPH(i,j)——PH(i,j) 与最短路径上节点 i,j 之间总乘客小时之间的差,$i,j \in N$;

WT(i,j)——节点 i,j 之间的等待时间(定义为乘客用在两节点间所有公交站点上的时间总和)$i,j \in N_Q$;

EH_r——路径 r 上的空座小时[定义为单辆公交车上座位或空间没有被利用的时间(以 h 计),用来衡量车辆利用率];

FS——车队规模(为满足选定路径集上所有的出行所需要的公交车辆数);

α_k——货币化权重或其他权重,$k = 1,2,3,4$。

式(5-10)包含的目标函数 Z_1 可以有两种解释,分别为等待时间最小或效用最大,当权重为 1 时,其结果为乘客小时。式(5-11)则只与最小的车队规模目标相关。

3. 目标函数分解

式(5-10)和式(5-11)实质上由 5 个目标函数组成。第一个目标是使乘客总等待时间最小。该目标考虑了公交用户(乘客)的利益。可用式(5-12)表示:

$$\text{Min} a_1 \sum_{i,j \in N} \text{WT}(i,j) \quad (5\text{-}12)$$

式中:a_1——每小时等待时间的货币价值。

第二个目标是使总的空座数最小。该目标考虑了公交企业利益,希望座位得到最大利用。可用以下公式表示:

$$\text{Min} a_2 \sum_r \text{EH}_r \quad (5\text{-}13)$$

式中:a_2——每小时平均货币收益除以平均每小时上车人数,该目标是使未利用座位数总的货币价值最小。

第三个和第四个目标是同一目标的两种形式:①使乘公交车和采用小汽车出行(假定为最短路径)之间的总时间损失(货币价值)最小;②如果所有的乘客采用最短路径,总的损失(货币价值)最小。①和②的形式可分别用以下公式表示:

$$\text{Min} a_4 \sum_{i,j \in N} \text{DPH}(i,j) \quad (5\text{-}14)$$

$$\text{Min} \sum_{i,j \in N} [a_3 \text{PH}(i,j) - a_4 \text{DPH}(i,j)] \quad (5\text{-}15)$$

式中:a_3——最短路径(以小汽车或某种出行模式)和公交线路之间每小时平均成本或费用差;

a_4——每小时乘客车上时间的货币价值。

式(5-15)表示所有乘客采用最短路径时的总货币损失(如果是负数则为节约),其中,a_3PH 定义为所有乘客采用最短路径时的总货币损失(仅指成本或费用);a_4DPH 定义为所有乘客采用最短路径时所节约时间的总货币价值,并满足式(5-14)。这两个目标代表了社会或政府以及乘客的利益。

第五个目标是使既定路径集和发车频率(时刻表)所要求的车辆数最小。该目标严格考虑了公交企业的利益,希望用最少的车数满足所有的公交出行。可用式(5-16)表示:

$$\text{Min FS} \tag{5-16}$$

目标式(5-12)~式(5-15)都要依据乘客小时成本来表示,为简单起见,可合并整理为式(5-10)所示的 $\text{Min}Z_1$。目标式(5-16)在一定程度上是独立的,可用式(5-11)的 $\text{Min}Z_2$ 表示。

4. 案例

1)六要素法

公交线路设计方法由6个要素组成,如图5-2所示。要素一从所有站点中产生了各条可行路径和换乘路径(覆盖整个网络),包括最短路径的计算。首先,网络包含了覆盖时间窗的平均出行时间,该时间窗通常为高峰时段。然后,平均出行时间被用作计算各个OD对之间最短路径的输入,并确定每条备选路径满足路径长度系数的约束。也就是说,该要素的一个步骤是根据给定的路径长度限制来筛选路径。此外,对每个OD对之间路径上的平均出行时间也要有所限制。若一条备选路径上的平均出行时间超过最短路径出行时间一定百分比时,给定的乘客需求(通常为高峰时间的需求)就不能分配到该路径上。可行的换乘(OD对之间没有直达的路径)基于在OD对之间构建特殊直达路径而形成,且这些OD对的特点是彼此之间有很大的OD需求,其中"可行"是指需要满足与最短路径相比的出行时间约束。由于这些特殊的直达路径起讫于非站点节点,因此,需要通过空驶来把这些路径与站点连接起来。可行的换乘可通过映射算法获得(在一系列约束下按照路径概率进行划分)。最后,没有直达路径的低OD需求可以考虑不提供公交服务。下面的案例将进一步对比各要素进行解释。

图5-2中的要素二产生了一个最小的路径和换乘集合,这样保持了节点之间的连通性以及它们与最短路径的总偏差最小,此问题是集合覆盖问题(SCP)。SCP在可行路径矩阵中可确定最小的路径集,矩阵中每一列代表一条可行路径或一个可行的换乘。

要素三是把所有OD需求分配到选择的路径上。其中包含与路径选择决策有关的步骤。也就是说,算法包含了乘客要么选择首先到达的公交车辆、要么等待更快车辆的概率函数。乘客的策略是使等待、换乘和车上时间的加权和最小。

要素四是从乘客、公交企业和社会(政府)角度出发的优化要素。式(5-10)~式(5-16)中有详细描述。

要素五是构建路径集的备选方案,在(Z_1,Z_2)最优解附近寻求其他的次优解集。这一搜索过程是随着路径集变化而增大的,给定与Z_1最小值相关的路径集,把对Z_1贡献最差的那条路径删除,然后采用SCP方法求解,接着执行要素三和要素四。上述过程可以循环迭代进行,但这并不能保证先前的备选方案不被重复产生。为了解决这一问题,在每一次迭代时,通过搜索可能被删除的最差备选路径集来构建一个新的矩阵,即构造一个新的 SCP 矩阵,矩阵中列为备选路径,每行是先前的路径集,即在 (Z_1, Z_2) 最优解附近已被检查过的路径,则该新的 SCP 矩阵的解为一个被拒绝的路径集,这样就不会重复产生先前的备选方案。在该过程中,一些搜索到的特定路径被定义为"禁止列",而这些禁止列将被人为赋予很高的费用值使其不能回归到解集之中。此外,过程也包含了 (Z_1, Z_2) 解的数量和迭代次数等约束条件。

要素六,即图 5-2 的最后一步,涉及 Z_1 和 Z_2 两个目标函数的多目标规划。已知从第五个要素中获得的备选路径集,该步骤的目标是研究不同备选方案,以获得 (Z_1, Z_2) 的最有效解。该要素中的选择方法称为折中集合法。折中集合法产生的结果是使 (Z_1, Z_2) 获得相应的理论最小值,该结果可以用表格或二维图来表示。这些结果也表示最优的区域或所谓的帕累托(Prareto)边界曲线。由此,决策者可决定是否接受建议的方案。例如,决策者可看到通过减少 Z_2 而能使 Z_1 增加多大,反之亦然。

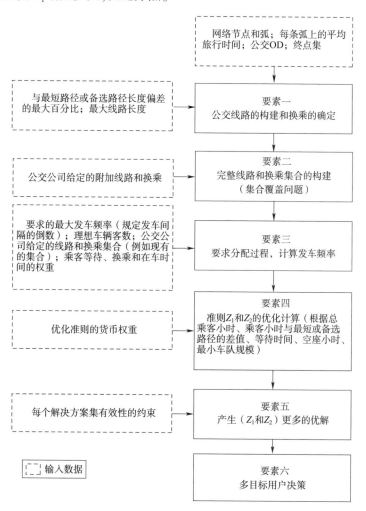

图 5-2 设计公交线路的方法

2)案例

图 5-3 是一个简单的 8 节点公交线路网络,包含两个站点 1、4(这些站点可作为线路起点)。乘客需求如表 5-3 所示。此外,对所有的 $k=1,2,3,4$,给定 $a_k=1$。

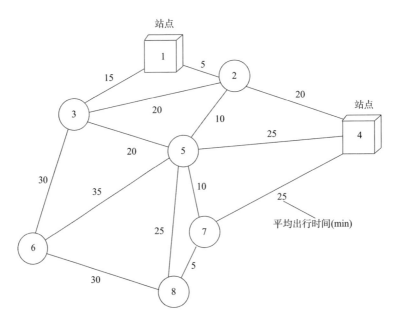

图 5-3　8 节点网络及参数

注:输入——最大增加系数(与最短路径或替代路径相比),$a=0.4$;最大允许换乘数,$k_{tr}=2$;额定车辆载客量,$d_0=50$。

节点间乘客需求(假设为对称分布)　　　　　　表 5-3

节　点	2	3	4	5	6	7	8
1	80	70	160	50	200	120	60
2		120	90	100	70	250	70
3			180	150	120	30	250
4				80	210	170	230
5		对称分布			250	40	130
6						130	120
7							70

目标是在网络中寻找最优化公交线路且同时满足给定的约束条件。

图 5-3 中要素 1 产生的结果如表 5-4 所示,同时,与最短路径的最大偏差取为 $a=0.4$,也就是说,路径长度或其中一部分的出行时间和与它相关的最短出行时间相比不能超过 40%。由站点 1 计算出来的 9 条可行路径如图 5-4 所示。要素 1 采用的算法主要能在整个网络中产生可行的换乘。针对本例,采用映射算法产生的换乘结果如表 5-5 所示,其中圆括号中的数字为表 5-4 所包含的换乘路径号。对于换乘路径,圆括号外的数字代表节点,而圆括号内表示路径号。

示例问题中由第1个要素得出的所有可行路径　　　　　表5-4

路径号	描述	路径号	描述
1	1—2	15	4—2—5
2	1—2—4	16	4—2—5—6
3	1—2—5	17	4—5
4	1—2—5—6	18	4—5—3
5	1—2—5—7	19	4—5—6
6	1—2—5—7—8	20	4—5—7
7	1—2—5—7—8—6	21	4—5—7—8
8	1—3	22	4—5—7—8—6
9	1—3—6	23	4—7
10	4—2	24	4—7—5
11	4—2—1—3	25	4—7—5—3
12	4—2—1—3—6	26	4—7—5—3
13	4—2—3	27	4—7—8
14	4—2—3—6	28	4—7—8—6

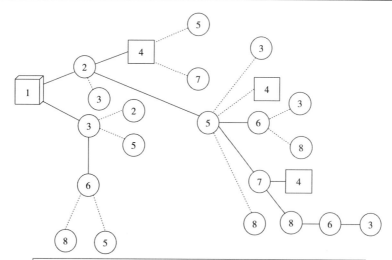

┄┄┄┄ 由于最大增加系数（超过了最短路径或替代路径）而不能连接的路段

图 5-4　站点 1 所有(9 条)可行路径的产生步骤示例(见表 5-4)

示例问题中 35min 最短路径下连接节点 3 和 8 的所有换乘路径(括号内为路径号)　表5-5

换乘路径号	描述	换乘路径号	描述
29(5,18,27)	3(18)—5(5)—7(27)—8	32(6,25)	3(25)—5(25,6)—7(6)—8
30(5,18,28)	3(18)—5(5)—7(28)—8	33(7,18)	3(18)—5(7)—7(7)—18
31(6,18)	3(18)—5(6)—7(6)—8	34(7,25)	3(25)—5(25,7)—7(7)—8

续上表

换乘路径号	描述	换乘路径号	描述
35(18,20,27)	3(18)—5(20)—7(27)—8	41(18,26,27)	3(18)—5(26)—7(27)—8
36(18,20,28)	3(18)—5(20)—7(28)—8	42(18,26,28)	3(18)—5(26)—7(28)—8
37(18,21)	3(18)—5(21)—7(21)—8	43(21,25)	3(25)—5(25,21)—7(21)—8
38(18,22)	3(18)—5(22)—7(22)—8	44(22,25)	3(25)—5(25,22)—7(22)—8
39(18,24,27)	3(18)—5(24)—7(27)—8	45(25,27)	3(25)—5(25)—7(27)—8
40(18,24,28)	3(18)—5(24)—7(28)—8	46(25,28)	3(25)—5(25)—7(28)—8

注：当出现不止一次换乘的情况时，所考虑的换乘节点用圆括号内的两条路径表示。

要素 2 产生了路径及相关换乘的最小集合，定义为 SCP 矩阵。矩阵中的每一行表示一条可行路径或换乘路径。当 OD 需求分别由可行和最优(即最短路径)的路径或换乘路径满足时，矩阵用 1 和 2 表示，否则为 0。集合覆盖问题 SCP 中的"覆盖"是指每一行中至少有一列为 1。在此例中，产生了约 100 个路径集。其中一个路径集的例子为 $\{4,6,9,11,25,28,32,46\}$。其中的数字是表 5-4 和表 5-5 提及的路径号；这 6 条路径和 2 条换乘路径涵盖了所有的 OD 对，并且满足约束条件。该路径集的 SCP 分析结果如表 5-6 所示。

一个路径和换乘集的 SCP 矩阵　　　　　　　　　　　　表 5-6

OD 对	路径						换乘路径	
	4	6	9	11	25	28	32	46
1,2	2	2	—	2	—	—	—	—
1,3	—	—	2	2	—	—	—	—
1,4	—	—	—	2	—	—	—	—
1,5	2	2	—	2	—	—	—	—
1,6	—	—	2	—	—	—	—	—
1,7	—	2	—	—	—	—	—	—
1,8	—	2	—	—	—	—	—	—
2,3	—	—	—	2	—	—	—	—
2,4	—	—	—	2	—	—	—	—
2,5	2	2	—	—	—	—	—	—
2,6	2	—	—	—	—	—	—	—
2,7	—	2	—	—	—	—	—	—
2,8	—	2	—	—	—	—	—	—
3,4	—	—	—	2	1	—	—	—
3,5	—	—	—	—	2	—	—	—
3,6	—	—	2	—	—	—	—	—
3,7	—	—	—	—	2	—	—	—
3,8	—	—	—	—	—	—	2*	2*
4,5	—	—	—	—	1	—	—	—
4,6	—	—	—	—	—	2	—	—
4,7	—	—	—	—	2	2	—	—
4,8	—	—	—	—	—	2	—	—

续上表

OD对	路径						换乘路径	
	4	6	9	11	25	28	32	46
5,6	—	2	—	—	2	—	—	—
5,7	—	2	—	—	2	—	—	—
5,8	—	2	—	—	—	—	—	—
6,7	—	—	—	—	—	2	—	—
6,8	—	—	—	—	—	2	—	—
7,8	—	—	2	—	—	2	—	—

注：①* 最优路径：只包含一次换乘。

②—表示 OD 对没有被路径覆盖；1 表示覆盖但没有最优化；2 表示最优化覆盖。

要素 3 把全部 OD 需求分配到所选的路径集中。车辆发车频率依据每条路径的断面客流量来确定；每条路径的客流量由客流需求及分配方法确定。要素 4 在计算所选路径的 PH_r，DPH_r，WH_r 和 EH_r 值的基础上来，计算 Z_1，并确定满足乘客需求 Z_2 所要求的最小车队规模。例如，表 5-6 路径集中的路径 4（路径集中第 1 条路径）的参数计算过程如图 5-5 所示。对每一 OD 对，给定分配的乘客需求（要素 3 的结果），可计算断面载客量。然后，计算最大载客量、发车频率（从中可获得等待时间）以及空座小时。PH_r 和 DPH_r 的值取决于每一 OD 对的平均出行时间和所分配的客流需求。

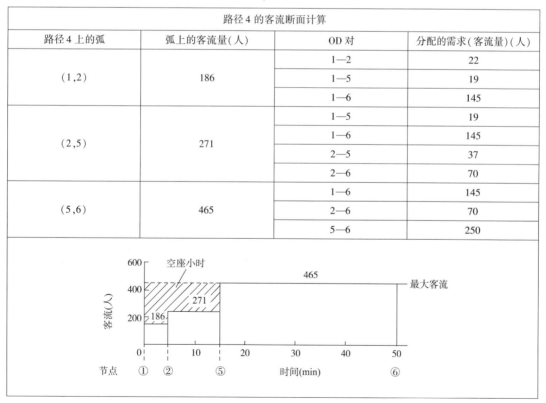

图 5-5

集合中的路径	空座小时	等待时间(乘客·h)	DPH	最大客流(人)	发车频率(辆/h)
4	55.6	29.2	12.1	465	9.3
6	105.5	30.3	0	781	15.6
9	25.3	27.7	0	175	3.5
11	50.2	32.3	0	482	9.6
25	128.8	34.1	13.3	430	8.6
28	210.2	32.8	0	729	14.6
合计	575.6	186.4	25.4	—	—

图 5-5　参数计算过程

图 5-5 为路径 4 的断面客流量计算以及路径(路径 4,6,9,11,25,28)和换乘路径(路径 32,46)构成的集合 1 的分析。

要素 5 是构建备选的路径集,以在 (Z_1, Z_2) 最优解附近寻求次优的解集。此例中,这一要素产生了 9 个集合,这些集合如表 5-7 所示,包括 Z_1 和 Z_2 的计算结果。

要素 6 是对包括两个目标函数 Z_1 和 Z_2 的多目标规划过程。考虑到从要素 5 中可获得备选路径集,此步骤的目的则是研究哪个集合能提供更有效的解决方案。示例问题的权衡过程如图 5-6 所示。最后,用户可根据掌握的信息选择想要的方案。本例中,可分别在集合 1$[Z_1=787, Z_2=106]$、集合 4$[Z_1=866, Z_2=102]$ 和集合 6$[Z_1=997, Z_2=101]$ 中选择。

示例问题中所有可选的集合与目标函数值　表 5-7

集　合	描　述	Z_1	Z_2
1	{4,6,9,11,25,28,32,46}	787	106
2	{7,9,11,19,25,27,34,45}	900	109
3	{7,9,11,25,28,34,46}	1105	117
4	{6,9,11,16,25,28,32,46}	866	102
5	{6,12,19,25,28,32,46}	937	103
6	{7,12,25,27,34,45}	997	101
7	{7,12,25,28,34,46}	1213	113
8	{4,6,12,25,28,32,46}	869	103
9	{6,12,16,25,28,32,46}	961	105

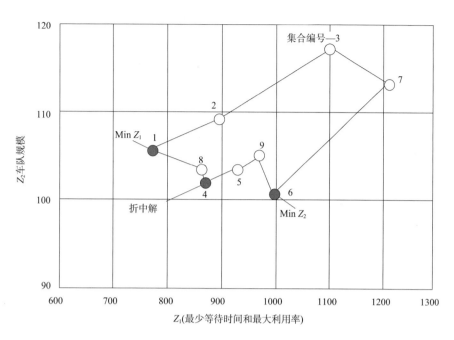

图 5-6 示例问题中 Z_1 和最小车队规模 Z_2 之间的权衡

五、公交支线与微循环线路

城市交通微循环系统利用支路网来缓解主干道路的通行压力。我国大中城市逐步开展交通微循环系统的建设,通过将主干路的小汽车交通引入次、支路上,一定程度上缓解了干路的交通拥堵,却带来了大量的噪声污染,影响居民日常生活。公交微循环系统降低了小汽车带来的影响,受到居住区居民的欢迎。公交微循环系统成为公交系统中必不可少的一个环节。公交微循环系统凭借线路短、运行车辆少、布设成本低的优点,可以提高居民出行的换乘效率,公共交通出行的吸引力增大,引导居民公共交通出行,缓解城市交通压力,改善城市居民交通出行结构。

1. 公交支线与微循环系统公交布设原则

微循环公交指使用小型公交车辆用走街串巷的形式穿梭于各次、支道路或社区街道,按固定的线路或根据需求开行,主要连接社区、商业中心、学校、场站枢纽等人流密集区,为乘客提供短程运输或接驳出行的公交服务。

交通微循环系统是由城市次干道、支路之间形成的区域道路网结构,是一个以打通断头路、加密次支路网、挖潜次支路通行能力、提高次支路的道路利用率为主要手段的包含一系列工程改造措施和交通管理措施的系统工程,旨在加强次支路对城市路网的分流疏散能力,减小道路网的运行压力,提高城市道路网的运行效率。

公交微循环的线路设置需要考虑与轨道交通和常规公交的衔接,更多采用"走街串巷"的形式来填补常规公交的空白,其线路设置与常规公交和轨道交通不同,微循环公交定位短程运输,是公共交通服务体系中的"毛细血管",主要作用是补充运营盲区,连接社区和交通枢纽及商场等大型需求吸发地,依据目标服务群体的出行特性规划设计线路走向十分重要,其主要遵循的原则有：

(1) 服务区域重点为居民社区，微线布设要基于社区居民的出行 OD，将重点吸引源与发生源相衔接，如学校、医院、商场、地铁站、换乘枢纽等。

(2) 新建微线要避免与已有路线的过度重复，重点是填补运营盲区解决末端出行问题，方便出行。

(3) 灵活布置线路。线路不宜过长，控制在 5~8km 内，要充分利用次、支道路深入社区，非直线系数比常规公交线略高，以扩大服务范围。在城市边缘地带，由于常规公交覆盖较低，公交微循环线路密度可以高一些。应该充分考虑出行者的出行特征，方便乘客上下车，并尽量降低乘客的步行时间，减少居民的步行时耗。

(4) 站点位置要尽可能地靠近出入口，但又要保持一段距离，避免因乘客等车而堵塞交通出口，站点便捷、站牌信息明确。站距短，首末站尽可能利用现有设施，中途站应设在确保乘客安全乘车的基础上在居住区出入口或者居住区公共服务和活动中心等交通集散中心。站牌信息明确，标明起讫点、中途站名、线名路别、线路方向、车站站名、换乘站点、票价、营业时间以及高峰和平峰时段班次时间间隔时刻等要素，方便居民识别和乘坐。有条件的可以设置电子站牌，方便居民乘车选择。

(5) 调度方式灵活多样，可以将固定等车和电话网络预约形式结合起来，充分保证公交车辆的利用效率，尽可能地诠释"门到门"式的公交服务。平峰时段可以采用固定站点停靠与招手停车、就近下车相结合等调度方式。根据沿线居民出行需求，灵活设站和发车间隔，满足居民多样化的出行需求。

(6) 注重与其他客运方式的衔接。公交微循环系统只是居民出行的第一步，还需要与其他公共交通工具换乘，换乘效率高才能保证居民出行的便捷性。

(7) 选择合适车型。公交微循环系统应根据客流量的大小和道路通行条件，灵活选用合适的车型，保证在现有路网条件下车辆的正常行驶和转弯，减少对道路的影响。

2. 微循环线路规划设计流程

公交微循环系统服务区域比常规公交服务区域小，在进行规划时首先要确定公交微循环系统的合理设置范围，然后对合理范围内进行调查确定合适的路网，并确定合理的公交候选站点，分析线网规划目标，确定合理的规划模型，根据一定的约束条件确定最终公交微循环线路。

实施高效、合理、经济的城市公共交通规划方案，可以优化城市用地布局，提高城市交通效率，减少交通事故，降低环境污染，为居民提供迅速方便、安全高效、经济舒适、准点和低公害的交通条件，从而为促进城市社会经济的发展和提高市民物质文化生活水平提供良好的交通环境。

如何评价公共交通的运行状况、存在的问题及可能发挥的潜力，如何评价公共交通规划方案满足未来客运交通需求的程度，如何反馈和检验客运交通规划的实施效果，这些问题对公交系统规划是非常重要的。为此，必须提出一套科学、实用的公共交通规划方案评价指标体系和评价方法。公交线网评价的基本思路是在遵循一定评价原则的基础上，建立线网评价的指标体系，对指标进行赋值后，选取合适的评价模型进行评价。评价方法的选取详见本书第三章。

复习思考题

1. 简述公交线网规划的原则。
2. 简述公交线网规划的程序。
3. 简述轨道交通线网规划的原则与程序。
4. 简述轨道交通线网规划的方法。
5. 说明快速公交系统组成。
6. 说明快速公交布线的一般步骤。
7. 说明快速公交专用道的形式。
8. 说明常规公交线网规划的原则、影响因素。
9. 说明常规公交线网规划的方法。
10. 详细说明公交线网规划评价的指标体系。
11. 已知条件如下：

(1) 由四个节点(一个为站点)、5条带有平均出行时间(min)的双向弧组成的公交线路网络。

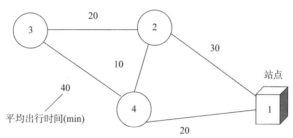

(2) 高峰时段2h的OD对称需求矩阵如下(假定乘客到达服从均匀分布)。

从	到		
	2	3	4
1	960人	380人	160人
2		220人	200人
3		对称	240人

(3) 期望载客量为每辆车60人。
(4) 公交车仅在站点(节点1)出发,不允许空驶发车。
(5) 有两条路径(往返运行)服务于给定的网络客流需求:路径 A:1→2→3 并返回节点1;路径 B:1→2→4 并返回节点1。
(6) 忽略上下车和换乘时间。

请根据条件计算：

①采用最大载客断面方法,对两条现有的路径求出所要求的发车间隔。如果存在1个以上的备选方案,选出最合适的一个,并解释你选择的理由。
②根据获得的行车计划(发车间隔),路径 A 和 B 所要求的最小车队规模是多少？
③请在给定网络中评价所有可能的单条路径(往返运行,即同一路径由站点出发并返回

该站点),在 2h 的高峰时段中遍历所有节点。注意往返运行可能在高峰时间后结束。

　　a. 请确定单条路径的所有可能组合(遍历所有节点)。
　　b. 请对你的评价建立适当的评价标准。
　　c. 请构建与各条可能的单条路径出行时间有关的断面客流量。
　　d. 各单条路径所要求的最小车队规模是多少?
　　e. 推荐一单条路径,并与现有两条路径做比较。

第六章 城市公共交通场站规划

公共交通场站通常分为两类：一类是担负公共交通线路营运调度和换乘的各种车站，包括公交首末站、枢纽站、中途停靠站；另一类是担负公共交通线路分区、分类运营管理和车辆维修的公交综合车场。公交综合车场通常设置为综合性管理、车辆维修和停放的中心停车场，也有专门为车辆维修或车辆大修所设置的维修厂和修理厂导。目前，随着电动汽车在城市公共交通的应用，充电站的建设成为场站规划中需要考虑的问题。除了新建充电站，也可以利用原来的停车场、车站进行充电设施的安装改造。相关标准参见《城市道路公共交通站、场、厂工程设计规范》(CJJ/T 15—2011)。

第一节 城市公共交通场站布局规划

公交场站是公共交通系统重要的组成部分，公交场站布局规划涉及城市土地供给，城市经济发展，城市发展结构，城市整体规划布局，城市居民公交需求，城市道路等级、道路网分布，小区人口变化等。合理的公交场站布局规划能够提高公交线网的覆盖率，扩大公共交通服务范围，方便居民公交出行，节省居民公交出行时间，从而提升公共交通的吸引力，促进城市交通的可持续发展。

一、城市公共交通场站规模的确定

公交场站规模的确定主要是确定场站的用地面积，这和场站的性质、场站服务的对象、场站所处的地理位置有关。目前公交场站规模的确定所依据的国家标准是《城市道路公共交通站、场、厂工程设计规范》(CJJ/T 15—2011)。

常规公交场站的整体规模要满足常规公共交通的正常运营需求，也需要提升土地资源的利用率，避免土地被不合理利用。由于常规公交场站占据土地面积较大，建设成本较高，为了避免浪费，降低公交场站设施建设成本，充分利用土地资源，需要依据相关国家规范对常规公交场站进行合理的整体规模预测。公交场站整体规模测算依据居民出行需求预测的结果。根据常规公交客流需求预测结果布设常规公交线网；再将常规公交客流分配到线网上，根据分配结果、线路长度、发车间隔等影响因子进行各条线路公交车辆配置分析，并依据城市日公交出行总量等相关影响因子对车辆配置标台数进行总量控制；最后，根据总的规划车辆标台数，结合《城市道路公共交通站、场、厂工程设计规范》(CJJ/T 15—2011)中关于场站适宜的标台面积，计算常规公交场站的整体规模。公交场站面积标准为每辆为本区提供服务的车辆按国家标准折算成标台后，地面的停车场面积可按每标车 $100\sim120\text{m}^2$ 计算(上述面积不含保修工间区的建筑用地面积和调度管理站房的建筑用地面积)。另外，场站规模应适中,在充分满足近期车辆运营的同时体现规划的前瞻性,为远期的发展留有余地。公交车辆规模为一条公交线路中为本区提供服务的车辆数等于该线路的总配车数乘以整条线路在本区的长度比例。再对每条线路求和,就得到各个公交公司所有线路为本区提供公交服务的车辆数。

公共交通停车场、车辆维修场、整流站、公共交通车辆调度中心等场站设施是城市公共交通系统的重要组成部分,应与城市公共交通发展规模相匹配,用地有保证。公共交通场站布局,主要根据公共交通的车种、车辆数、服务半径和所在地区的用地条件设置。公共交通停车场宜大、中、小相结合,分散布置;车辆保养场布局应使高级保养集中,低级保养分散,并与公共交通停车场相结合。

二、城市公共交通场站布局规划的基本原则

1. 公交场站布局规划与城市总体规划中的用地相协调

城市公交场站的规划与布局应该在满足城市总体规划的要求为前提下,满足和符合城市总体规划和城市公交线网规划等其他专项规划的要求来进行合理化布设,做到土地资源的利用与城市用地功能相一致,保证公交场站布局规划与城市总体规划相一致。

2. 体现公交优先发展的城市交通发展战略

公交场站的规划、建设应根据城市的发展战略以及土地利用规划来促进城市发展对于土地所产生的需求,进而促进城乡一体化以及组团式城镇体系的形成和发展,最终可促进城市交通合理化。

3. 公交场站规划应当适度超前

在对城市公交车辆进行规划的过程中,往往既满足现在的实际需求,又要进行适度的超前规划。公交运营场是车辆维护、停放的重要场所,建设周期、使用周期较长,其规划与建设一定要与车辆的发展规划相匹配,适度超前。

4. 高效便捷

各种运输方式紧密衔接,乘客可以方便、快捷地在短距离内实现换乘或集散。交通标志系统清晰准确,交通组织科学合理,以有序、顺畅的交通流线引导建筑空间,快速集散乘客和车辆。

5. 刚性和弹性相结合

城市内部不同的区域具有不同的城市功能,不同的城市功能对于公交场站的建设要求是存在差异的,为更好地进行城市公交场站的规划和建设,在进行公交场站规划的过程中所选择的规划方法也应有所区别,必须采用不同的规划模式。

6. 定性和定量相结合

公交场站的规划过程中,规划者应该对公交场站的发展趋势、用地的布局进行定性的分析,同时为了保证公交场站的规划的合理性,还需要对公交场站的规模进行定量的预测研究。

7. 与道路交通管理相适应

公交场站的规划应该尽量减少对正常交通的干扰。因为公交运营场的设置势必会对周

边交通产生一定的影响。规划时要充分考虑道路交通管理的要求,尽量减少对正常交通的干扰,必要时应对交通影响进行评价分析。

三、城市公共交通场站规划建设中存在的问题

在很多城市,公交基础设施匮乏,现有停车场站饱和,造成公交车"无家可归"的情况。造成这一现象的原因有多个:其一,在公交场站及相关设施的规划过程中,缺乏一定的政策和法规支持,很多规划和配套的场站设施用地经常未被使用或难以落实;其二,在建设方面,由于企业资金有限甚至无力支付资金,只能依靠有限的财政预算来解决建设问题;其三,在使用方面,缺乏特殊的监督和保障机制。公交车停放在路边,安全、消防等问题也突显出来。

场站规划中的用地矛盾突出。公交场站应根据城市建设发展规划、人口发展规模、分布及土地利用等进行布局规划,并且对规划中的公共交通场站设施用地应做好有效的规模控制。场站建设用地应及时纳入城市用地建设规划中去。但是,实践中,在中心城区,特别是大中城市的中心城区,用地紧张情况非常突出。

涉及部门多,建设难度大。城市公共交通场站建设是城市中重要的投资建设项目,项目的实施前期工作繁多,如各职能部门的沟通与协调性不够,会导致建设周期长。如果用地涉及改造、拆迁等难题,落实起来难度很大,项目所需的时间更长。

四、城市公共交通场站规划的思路

公交场站规划一般步骤如下:
(1)公交客流预测和车辆规模预测。
(2)公交场站需求预测。
(3)公交场站用地规划。
(4)常规公交场站布局规划、轨道交通场站布局规划、辅助公交场站(出租车)布局规划。
(5)公交场站布局衔接规划。
(6)公交场站规模布局方案的确定。
(7)公交场站布局规划的评价。
公交场站规划思路如图6-1所示。

五、城市公共交通场站综合开发

公交场站综合开发是指利用公交场站用地,对场站服务设施与包括商业、办公、居住在内的多种物业形态进行统筹规划、设计并投资建设成场站综合体的形态,在不影响基本交通功能的前提下,实现公交场站土地的集约优化利用,形成公益性兼容商业经营模式,以商业经营收益反哺公交场站建设和运营,促进城市公交良性可持续发展。

2012年,《国务院关于城市优先发展公共交通的指导意见》(国发〔2012〕64号)中提出,要加强公共交通用地综合开发,综合开发的收益用于公共交通基础设施建设和弥补运营亏损。2016年,《交通运输部关于印发〈城市公共交通"十三五"发展纲要〉的通知》中也提出,

要健全公共交通用地综合开发政策落实机制。细化城市公交用地综合开发政策，优先满足和节约集约利用城市公交用地。建立健全城市公交用地综合开发增值效益反哺机制，保障用地综合开发收益用于城市公交基础设施建设和弥补运营亏损。

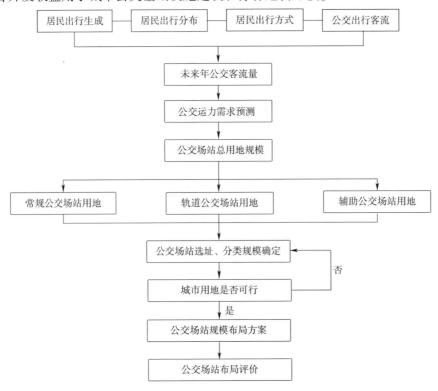

图 6-1　公交场站规划思路

公交场站综合开发模式大体可以分为以下三类：

（1）政府自建、自营模式。由政府直接委托公交场站建设公司负责项目融资和建设管理。公交场站综合开发一般整体采用"交通+商业"方式进行开发，通过适当配建可供商业功能部分。建设用地一般采用划拨或协议出让等供地方式。在融资方面，主要由公交运营公司自筹资金建设运营，城市财政适当补贴资金。

（2）带配建条件的土地招拍挂方式。由国土主管部门公开出让本项目地块，并附带土地使用权。受让人必须按规划要求配套投资建设交通功能设施，建成后将交通功能设施部分移交政府管理，商业部分由拿地企业自主经营。

（3）引入社会资本方参与公交场站综合开发。城市政府通过引入社会投资，充分发挥社会资本方的投融资能力、商业策划能力和物业运营能力，与公交场站的公益性进行有益互补，对公交场站用地进行多业态开发，经营收益用于反哺公交场站的公共功能支出。

第二节　城市公共交通枢纽选址优化

在城市公共交通中，不可避免地存在换乘问题。客流量大、通过线路多的地点，就需要设置枢纽站,进行客流集散。枢纽站的布局规划问题,解决的是城市公交线路网的节点问题。

一、城市公共交通枢纽选址影响因素

影响常规公交换乘枢纽的因素有很多,可以从宏观和微观两个角度对影响常规公交换乘枢纽布局选址的因素作出全面系统的分析。

1. 宏观影响因素

常规公交换乘枢纽选址的宏观影响因素主要包括城市规模及空间扩展趋势、城市经济基础及未来发展情况、城市人口分布及土地利用的布局形态、客流集散点的规模和等级、城市道路网和常规公交线网结构、城市地形、地势及地质条件、城市历史、人文条件、商业战略、政治因素等方面。

2. 微观影响因素

常规公交换乘枢纽选址的微观影响因素主要包括换乘枢纽的设计规模和等级、换乘枢纽的重要程度、换乘枢纽内商业设施的布置、换乘枢纽负荷标准和换乘耗时等方面。

二、城市公共交通枢纽选址原则

城市交通枢纽的布局既要着眼城市对外交通,又要充分考虑城市内部交通;既要体现对外交通便捷和城市交通顺畅的统一,又要实现枢纽站场规模效益与城市空间布局的统一。要从乘客出行、枢纽规模效益、城市发展三个角度出发,协调三者之间利益关系,找到最佳平衡点。城市交通枢纽选址应贯彻以下基本原则:

1. 以人为本原则

枢纽站场的选址力求与城市主要居民区、大型客源点之间有便捷的交通联系,应尽量靠近公交等主要的城市交通方式或与公交等城市交通方式合并建设,实现乘客的快速集散和中转换乘,建立"方便、舒适、高效"的客运一体化换乘方式,最大限度地体现"以人为本",减少乘客换乘过程中的消耗,节约乘客的出行时间和费用。

2. 适应性原则

枢纽的选址要求与枢纽所在城市的经济社会、城市空间布局形态与用地、交通发展格局以及乘客的出行习惯相适应。布局选址必须服从经济、社会发展的战略与目标,符合城市总体规划和生产力分布的格局,与城市总体布局相协调,促进城市各功能区的有效拓展。

3. 协调性原则

发挥公路运输衔接其他运输方式的优势,处理好与火车站、港口、机场、轨道交通、城市公交以及社会车辆之间的协调关系,做到信息互通、能力匹配,使运输生产的全过程保持高效连续,提高综合运输的总体效益。

4. 统筹性原则

枢纽的选址要有长远战略思想,正确处理局部与整体、远期与近期、需要与可能、新站与旧站之间的关系。在尽可能满足客运需求及减少城市交通干扰的前提下,尽量利用已有站场,以节省投资,从功能分工和服务区域分工上满足新旧兼顾、统筹发展的原则。

5. 有效性原则

城市交通枢纽作为集多种运输方式于一体的交通设施,在枢纽内多种运输方式并不是简单的叠加,在布局过程中需要强调时空布局的有效性,在内部的交通设计与流程安排、外部的交通组织与环境设计都必须坚持有效性原则。有效性原则是提高城市交通枢纽运行效率的重要保证。

三、城市公共交通枢纽选址模型

城市交通枢纽选址模型按照其性质划分为两类,即定性选址模型和定量选址模型。定性选址模型又称经验法专家咨询选址模型,指的是建立在逻辑思维、逻辑分析、逻辑判断、逻辑推理、创造基础上的定性方法进行公交枢纽选址的模型。定量选址模型指的是建立在数学、统计学、数理逻辑、控制论、运筹学等基础上,通过图表、数学公式等建立的枢纽选址模型。

定量选址模型又可分为两类:连续型选址模型,如重心法、微分法;离散型选址模型,如混合整数规划法、逐次逼近模型等。

其中,定性选址模型是专家凭经验和专业知识对相关指标量化后,综合分析得到的选址方案,决策结果受专家知识结构、经验及所处时代和社会环境等多方面因素的影响。由于选址分析取决于主观分析,在规划时更适用于对有限备选站点的优化选址。连续型选址模型不限于对特定备选集合的选择,自由度较大,但规划时难以考虑实际的土地约束条件,结果往往并不实用。离散型选址模型应用广泛,但其具有所需基础数据较多、计算量大的不足。因此,在规划实践中经常将其中几个选址模型结合起来,共同确定枢纽的选址方案。

1. 连续型选址模型

1)一元重心法模型

一元重心法适用于在规划范围内只设置一个站点的问题。虽然实际的运输枢纽中这种问题并不多见,因为多场站布局的变数多,有时为了简化模型,减少工作量,可以把它变成一元场站布局问题求解。

重心法是一种模拟方法,它将运输发生点和吸引点看成是分布在某一平面范围内的物体系统,各点的运输发生、吸引量分别看成该点的重量,物体系统的重心就是场站设置的最佳点,用求几何中心的方法来确定运输场站的最佳位置,其数学模型如下。

设规划区域有 n 个交通发生点与吸引点,各点的发生量和吸引量为 W_j,坐标为 (x_j,y_j),需设置场站的坐标为 (x,y),场站的运输费率为 C_j。根据平面物体取重心的方法,枢纽的最佳位置计算公式如下:

$$\begin{cases} x = \dfrac{\sum_{j=1}^{n} C_j W_j x_j}{\sum_{j=1}^{n} C_j W_j} \\ y = \dfrac{\sum_{j=1}^{n} C_j W_j y_j}{\sum_{j=1}^{n} C_j W_j} \end{cases} \quad (6-1)$$

重心法的特点是简单,但它将纵坐标和横坐标视作独立的变量,与实际交通系统的情况相去甚远,求出的解往往是不精确的,只能作为初步场站布局的参考。

2）微分法模型

微分法是为了克服重心法的缺点而提出的，它的前提条件与重心法相同。系统的总费用 F 的计算公式如下：

$$F = \sum_{j=1}^{n} C_j W_j \left[(x-x_j)^2 + (y-y_j)^2 \right]^{1/2} \tag{6-2}$$

通过对总费用 F 取极小值，即分别令 F 对 x、y 的偏微分为零，得到新的极值点。求解公式如下：

$$\begin{cases} x = \dfrac{\sum\limits_{j=1}^{n} C_j W_j x_j \left[(x-x_j)^2 + (y-y_j)^2 \right]^{1/2}}{\sum\limits_{j=1}^{n} C_j W_j \left[(x-x_j)^2 + (y-y_j)^2 \right]^{1/2}} \\ y = \dfrac{\sum\limits_{j=1}^{n} C_j W_j y_j \left[(x-x_j)^2 + (y-y_j)^2 \right]^{1/2}}{\sum\limits_{j=1}^{n} C_j W_j \left[(x-x_j)^2 + (y-y_j)^2 \right]^{1/2}} \end{cases} \tag{6-3}$$

上式中，物理量意义同式（6-1）。

微分法需要以重心法的结果为初始解，不断迭代，直到前后两次的迭代误差不超过设定范围，从而确定最佳结果。虽然它从数学上可以给出具体位置，但其只是数学解，还需放到实际的交通系统中进行进一步调整。

2. 离散型选址模型

1）多元站场的混合整数规划法模型

设在一个供需平衡的系统中有 m 个发生点，各点发生量为 a_i；有 n 个吸引点，各点的需求量为 b_j；有 q 个可能设置的备选场站地址。发生点的交通量可以从设置的场站中转，也可以直接运达吸引点。假定各备选地址设置场站的基建投资、中转费用和运输费率均已知，以总成本最低为目标确定场站布局的最佳方案。

$$\min F = \sum_{i=1}^{m}\sum_{k=1}^{q} C_{ik} X_{ik} + \sum_{k=1}^{q}\sum_{j=1}^{n} C_{kj} Y_{kj} + \sum_{i=1}^{m}\sum_{j=1}^{n} C_{ij} Z_{ij} + \sum_{k=1}^{q} \left(F_k W_k + C_k \sum_{i=1}^{m} X_{ik} \right) \tag{6-4}$$

约束方程为：

$$\begin{cases} \sum\limits_{k=1}^{q} X_{ik} + \sum\limits_{j=1}^{n} Z_{ij} \leq a_i \\ \sum\limits_{k=1}^{q} Y_{kj} + \sum\limits_{i=1}^{m} Z_{ij} \leq b_j \\ \sum\limits_{i=1}^{m} X_{ik} = \sum\limits_{j=1}^{n} Y_{kj} \end{cases} \tag{6-5}$$

式中：X_{ik}——从发生点 i 到枢纽场站 k 的交通量；

Y_{kj}——从枢纽场站 k 到吸引点 j 的交通量；

Z_{ij}——从发生点 i 到吸引点 j 的交通量；

W_k——备选枢纽站 k 是否被选中的决策变量，被选中时取 1，否则取 0；

C_{ik}——从发生点 i 到备选枢纽站 k 的单位费用；

C_{ij}——从发生点 i 到吸引点 j 的单位费用；

C_{kj}——从备选枢纽 k 到吸引点 j 的单位费用;

F_k——备选枢纽场站 k 选中后的基建投资;

C_k——备选枢纽场站 k 单位交通中转费用。

这种方法在理论上是非常完善的,但仍然是对实际问题的大大简化,没有考虑场站规模的限制、建设成本、运营费用的非线性等实际因素的影响。由于考虑了枢纽场站基本建设投资,出现了 0/1 型整数变量,模型的求解仍很复杂,因此混合整数规划模型只能用于比较简单的交通网络中。

2) 运输规划模型

运输规划模型是忽略了对枢纽场地的基础建设投资,从而将混合整数规划模型简化成线性规划模型,该方法需要事先确定备选枢纽的集合和位置,以及节点间的单位运输费用:

$$\min F = \sum_{i=1}^{m}\sum_{k=1}^{q}(C_{ik}+C_k)X_{ik} + \sum_{k=1}^{q}\sum_{j=1}^{n}C_{kj}Y_{kj} + \sum_{i=1}^{m}\sum_{j=1}^{n}C_{ij}Z_{ij} \quad (6-6)$$

约束方程为:

$$\begin{cases} \sum_{k=1}^{q}X_{ik}+\sum_{j=1}^{n}Z_{ij}=a_i \\ \sum_{k=1}^{q}Y_{kj}+\sum_{i=1}^{m}Z_{ij}=b_j \\ \sum_{i=1}^{m}X_{ik}+X_k=d_k \\ \sum_{i=1}^{m}Y_{kj}+X_k=d_k \end{cases} \quad (6-7)$$

式中: X_k——备选网点 k 的闲置量;

d_k——备选网点 k 最大能力(最大可能设置的规模);

其余符号意义同前。

这是线性规划中典型的运输问题,模型求解的方法比较成熟,可采用表上作业法。

四、基于客流集散强度的公交枢纽优化模型

在实践中,在进行枢纽选址的时候,经常综合几种方法。在影响客运枢纽的因素中,最重要的有客流需求强度,与公交路线优化相同,客流需求强度是影响公共客运枢纽选址和规模的主要因素。另外还有一个限制条件,即用地及周围环境条件。公共客运枢纽的布局规划要求占用一定的城市空间,并且与之相连的道路,其交通条件和服务水平较好。下面介绍一种基于客流集散强度的公交枢纽选址优化方法。

1. 公交枢纽选址优化的目标函数

假设规划区域内有 n 个备选公交枢纽位置,拟选择 m 个进行建设,则公交枢纽选址优化的目标函数可表达为:

$$Z = \max\left\{\frac{E_a}{E_i}\right\} \quad (6-8)$$

式中: Z——规划公交枢纽的备选集合;

E_a、E_i——备选枢纽的客流集散强度指标,$a=1,2,\cdots,m$,$i=1,2,\cdots,n$。

在不同的条件下,备选枢纽的客流集散强度可用不同的指标反映。

1) 已知城市公交线网的线路客流量

城市公交线网的线路客流量已知时,可以较为方便地求得各备选站址的客流集散强度量,其中:

$$E_a = \varepsilon_1 \cdot \sum_{l_i,l_j \in R_a} e(l_i,l_j) + \varepsilon_2 \cdot \sum_{l_i \in R_a} e(l_i,b_i) + \varepsilon_3 \cdot \sum_{l_i \in R_a} e(l_i,\omega_a) + \varepsilon_4 \cdot \sum_{l_i \in R_a} e(l_i,o_u) \quad (6-9)$$

式中: R_a——经过 a 的公交路线集合;

$e(l_i,l_j)$——公交路线 l_i,l_j 间的换乘量(人);

$e(l_i,b_i)$——公交路线 l_i 与自行车方式 b_i 间的换乘量(人);

$e(l_i,\omega_a)$——公交路线 l_i 与步行方式 ω_a 间的换乘量(人);

$e(l_i,o_u)$——公交路线 l_i 与其他(如对外等)交通方式 o_u 间的换乘量(人);

$\varepsilon_1,\varepsilon_2,\varepsilon_3,\varepsilon_4$——各种客流转换类型的权重系数,与规划的枢纽的类型有关。

若令 $\varepsilon_i = 1(i=1,\cdots,4)$ 则有:

$$E_a = \sum_{l_i \in R_a} [u_{l_i}(i) + d_{l_i}(i)] \quad (6-10)$$

式中: $u_{l_i}(i), d_{l_i}(i)$——路线 l_i 在站点 i 的上/下客流量(人)。

2) 已知城市客流 OD 分布,规划线网不确定

当未知规划线网,但已知城市客流 OD 分布时,可按下式估算客流集散强度:

$$E_a = \sum_{j,k \in Q} q_{jk} \cdot \delta_{jk}^i \quad (6-11)$$

式中: q_{jk}——OD 点 j,k 间的 OD 客流量(人);

$$\delta_{jk}^i = \begin{cases} 1 & \text{当} j,k \text{间的最短路经过} i, \\ 0 & \text{否则}。 \end{cases}$$

与前类似,q_{jk} 可按所规划的枢纽类型对各方式 OD 量进行折算。

3) 城市客流 OD 和规划线网均不确定

当未知 OD 客流和规划线网时,一种实用的方法为依据经过备选枢纽点的道路网节点或 OD 对间最(次)短路条数来选取枢纽点。计算方法如下:

$$E_i = \sum_{j,k \in Q} \delta_{jk}^i + \delta_{jk}^{'i} \quad (6-12)$$

或

$$E_i = \sum_{j,k \in N} \delta_{jk}^i + \delta_{jk}^{'i} \quad (6-13)$$

式中: $\delta_{jk}^{'i} = \begin{cases} 1 & \text{当} j,k \text{间的最短路经过} i, \\ 0 & \text{否则}; \end{cases}$

Q——道路网节点集合,节点个数为 q;

N——OD 点集合,OD 点个数为 n。

当 $E_i \geq 0.20 \times 2q(q-1)$ 且 $E_i \geq 0.20 \times 2n(n-1)$ 时,备选枢纽点入选。

2. 选址模型算法分析

客运公交枢纽选址方法通常有逐个选址法和枢纽推荐法两种,算法流程参见图 6-2 和图 6-3。

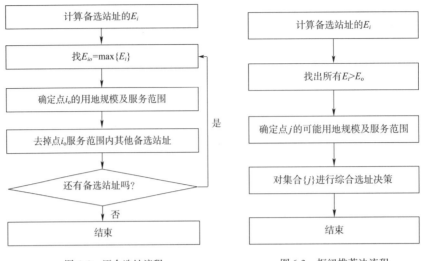

图 6-2 逐个选址流程　　　　图 6-3 枢纽推荐法流程

备选枢纽可根据经验和用地的限制进行选取,也可将所有路网节点列入备选址集,在选址过程中考虑用地的可实现性。

总之,枢纽选址模型以经过枢纽的线网客流量或 OD 量,或以最(次)短路径条数最大为优化目标,反映了枢纽选址的关键因素——枢纽客流集散强度。

第三节　常规公交线路起终点和中途站点规划

一、起终点站规划

1. 起(终)点站规划注意事项

(1)公交起(终)点站的设置应与城市道路网的建设及发展相协调,宜选择在紧靠客流集散点和道路客流主要方向的同侧。

(2)公交起(终)点站的选址宜靠近人口集中、客流集散量较大而且周围留有一定空地的位置,如居住区、火车站、码头、公园、文化体育中心等,使大部分乘客处在以该站点为中心的服务半径范围内(通常为 350m),最大距离不超过 700m。

(3)起(终)点站的规模应按所服务的公交线路所配营运车辆的总数来确定。一般配车总数(折算为标准车)大于 50 辆的为大型站;26 ~ 50 辆的为中型站;小于 26 辆的为小型站。

(4)与公交起、终站点相连的出入口道应设置在道路使用面积较为富裕、服务水平良好的道路上,尽量避免接近平面交叉口,必要时出入口可设置信号控制,以减少对周边道路交通的干扰。

2. 公交起(终)点站布局规划方法

1)公交起(终)点站选址模型

公交起(终)点站根据其规划原则,主要设置在公交客流比较集中的地方,一般会有几个备选地址,以集散客流从公交起(终)点站至各自目的地的时间最小为目标建立选址优化模型,确定起(终)点站的选址,模型如下:

$$\min T_A = \sum PT \qquad (6\text{-}14)$$

式中：T_A——居民按正常行走速度从公交起(终)点站到目的地的总出行时间(min)；

T——单个乘客的总出行时间(min)；

P——公交起(终)点站集散客流量。

2)公交起(终)点站规模确定

公交起(终)点站的用地规模主要取决于该站点服务公交线路的配车数、线路公交车辆夜间停放率等因素，应该在同时满足公交车辆运行和提供夜间车辆停放用地需求时，选择两者中取值较大的，模型建立如下：

$$d_1 = \max\{W \cdot D_1, W \cdot r_1 \cdot D_2\} \cdot r \qquad (6\text{-}15)$$

式中：d_1——公交起(终)点站的用地规模(km^2)；

W——公交起(终)点站服务线路的总配车数(标准车)；

D_1——每标准公交车对起(终)点站的用地需求(km^2/标准车)；

r_1——夜间停放在公交起(终)点站中的比例(%)；

D_2——每标准公交车对停车场的用地需求(km^2/标准车)；

r——用地规模修正系数。

二、常规公交中间站规划

1. 常规公交中间站规划注意事项

(1)中间站应设置在公共交通线路沿途所经过的各主要客流集散点上。

(2)中间站应沿街布置，站址宜选择在能按要求完成车辆的停和行两项任务的地方。

(3)交叉口附近设置中间站时，一般设在距交叉口50m以外；大城市车辆较多的主干道上，宜设在100m以外。

(4)中间站的站距受乘客出行需求、常规公交车辆的运营管理、道路系统、交叉口间距和安全等多种因素的影响，应合理选择，平均站距在500~600m之间，市中心区站距宜选择500m，城市边缘地区和郊区的站距宜选择600m；百万人口以上的大城市，站距可大于600m；不同的车辆类型和区域条件下站间距范围如表6-1所示。

典型的车型与站距分类表 表6-1

常规公交车辆与服务类型	最大设计速度(km/h)	站台速度(km/h)	站间距(直线距离)(m)		
			CBD地区	非CBD地区	
				传统系统	现代系统
市内常规公交	80~105	13~23	150~300	150~200	300~460
区域性常规公交	80~105	20~30	150~300	360~900	600~1500
快速常规公交	80~105	25~50	*	1200~9000	1500~4500
有轨系统	65~95	13~25	150~300	150~250	300~460
轻轨系统	80~105	25~55	300~600	—	600~1500
地铁系统	80~110	25~55	300~750	500~1000	1000~2500
区域快速MRT	110~135	55~90	600~900	—	1800~9000

注：*表示通常只有1~2个首末站在CBD或与CBD相连。

2. 中间站布局规划方法

中间站的规划主要是对中间站间距的研究。一般而言,较长的车站间距可提高常规公交的平均运营速率,并减少乘客因停车造成的不适,但乘客从出行起点(终点)到上(下)车站的步行距离增大,并给换乘出行带来不便;站间距缩短则反之。最优站间距规划的目标是使所有乘客的"门到门"出行时间最小。

中间站间距的规划主要考虑乘客总出行时间,并与车辆性能和运营要求有关。对于大容量快速交通(MRT)系统,车站的造价也是一个重要的影响因素。进行中间站间距规划还应考虑间距对需求的影响和各种客运交通方式之间的协调。从长期的影响来看,站间距的增大会导致乘客短途出行量减少,吸引长距离的出行。这里介绍一条线路上使所有乘客出行时间最小的站间距的求解问题。

1)最优站距目标函数

进行公交中间站最优站距的规划是以线路上乘客总出行时间最小化为目标,模型可表达为:

$$\min T_A = \sum PT \tag{6-16}$$

式中:T_A——线路上所有乘客的总出行时间(min);
  T——单个乘客的总出行时间(min);
  P——线路上所有乘客的集合。

如考虑与站距有关的主要出行时间,则有:

$$T = T_1 + T_2 + T_R + T_S \tag{6-17}$$

式中:T_1——由出行起点到上车站的步行时间(min);
  T_2——由下车站到出行终点的步行时间(min);
  T_R——出行途中常规公交的行驶时间(min);
  T_S——出行途中常规公交的停车时间(min)。

2)模型约束变量分析

(1)常规公交的行驶时间

常规公交行驶时间可由下式表达:

$$T_R = K\left(T_P + T_{IN} + \frac{D_S + L_A + L_D}{v_N}\right) \tag{6-18}$$

式中:K——常规公交途中经过的车站数;
  T_P——乘客上、下车完成后,常规公交驾驶员的操作反应时间及车辆启动时间(s);
  T_{IN}——车辆进出站受干扰的延误时间(s),与道路交通状况、车站类型和使用车站线路数量有关;
  D_S——公交路线的站间距(m);
  L_A——车辆加速到正常速度所需行驶的距离(m);
  L_D——车辆由正常速度减速至静止所需行驶的距离(m);
  v_N——常规公交的正常行驶速度(m/s)。

（2）常规公交的停车时间

常规公交的停车时间 T_S 受车辆上、下乘客数和乘客上、下车时间的影响较大，计算公式可表达为：

$$T_S = \sum T^U + \sum T^D = \overline{T^U} \cdot \sum_{i=n}^{m} P_i^U + \overline{T^D} \cdot \sum_{i=n}^{m} P_i^D \qquad (6\text{-}19)$$

式中：T^U、T^D——乘客的上下车时间（min）；

P_i^U、P_i^D——站点 i 的上、下乘客数（人）；

n、m——乘客出行的起点、终点站，$m > n$；

$\overline{T^U}$、$\overline{T^D}$——乘客上、下车的平均时间（min）与站台的高低、车门大小、售票方式等有关，取值参见表 6-2 和表 6-3。

典型的上/下车时间　　　　　　　　　　　　　　　表 6-2

上/下车	站台条件	售 票 条 件	上车时间（每通道乘客,s）
上车	高站台	站台入口处售票	1.0
		站台出口处售票	2.0
	低站台	单个硬币或代用券	3.0
		多硬币	4.0
		预付车费，上车时检票	4.0~6.0
		上车买票	6.0~8.0
下车	高站台	车门处不检票	1.0
		车门处检票	1.7
	低站台	检票或办理转车手续	2.5~4.0

注：每通道宽 55~60cm，假设每通道平均利用。

多车门上/下车时间统计值　　　　　　　　　　　　表 6-3

车门数（上/下车）	每乘客上/下车时间（s）	车门数（上/下车）	每乘客上/下车时间（s）
一个车门	1.5	三个车门	0.7
二个车门	0.9		

（3）乘客到/离站时间

乘客按出行时间最小选取上、下车站，如图 6-4 所示。

图 6-4　乘客的上、下车站示意图

乘客到、离公交站点的最短出行时间为：

$$T_1 = \min\left(\frac{D_S - x}{v_M}, \frac{x}{v_M} + T_P + T_{IN} + \frac{D_S + L_A + L_D}{v_N}\right) \qquad (6\text{-}20)$$

$$T_2 = \min\left(\frac{y}{v_M}, \frac{D_S - y}{v_M} + T_P + T_{IN} + \frac{D_S + L_A + L_D}{v_N}\right) \quad (6\text{-}21)$$

式中：T_1、T_2——乘客到、离公交站点的最短出行时间(s)；

x——乘客出行起点到站点 n 的距离(m)；

y——乘客出行终点到站点 m 的距离(m)；

v_M——乘客的步行速度(m/s)；

其余符号意义同前。

(4) 总时间计算

总时间为乘客到离公交站点的时间与常规公交行驶时间之和，可表达为：

$$T = \min\left(\frac{D_S - x}{v_M}, \frac{x}{v_M} + T_P + T_{IN} + \frac{D_S + L_A + L_D}{v_N}\right) + (m - n - 1)\left(T_P + T_{IN} + \frac{D_S + L_A + L_D}{v_N}\right) +$$

$$\min\left(\frac{y}{v_M}, \frac{D_S - y}{v_M} + T_P + T_{IN} + \frac{D_S + L_A + L_D}{v_N}\right) \quad (6\text{-}22)$$

式中，各符号意义同前。

(5) 决策变量 D_S 的约束条件

实际计算中，公交站点间距 D_S 有上下限的约束：

$$D_{S\min} \leq D_S \leq D_{S\max} \quad (6\text{-}23)$$

其中，考虑乘客到常规公交站的最大容忍步行距离，令：

$$D_{S\min} = 2R_S \quad (6\text{-}24)$$

式中：R_S——公交中间站的服务半径(m)。

另外，站距不应小于车辆加速达到正常运营速度再减速停止所需的最小行驶距离，假定加速度与减速度相同，则 $D_{S\min}$ 可表达为：

$$D_{S\min} = v_N\left(\frac{v_N}{a} + T_P + T_{IN}\right) \quad (6\text{-}25)$$

式中：a——加速度(m/s²)，设车辆尽快地加速，考虑站立乘客的安全与舒适的要求，通常有 $a \leq 1.52\text{m/s}^2$；

其余符号意义同前。

复习思考题

1. 城市公交场站如何分类？其用地规模是如何规定的？
2. 简述公交场站布局规划的基本原则。
3. 简述公交枢纽站选址的影响因素。
4. 简述公交枢纽站选址原则。
5. 说明大城市中心城区枢纽站布局的基本方法。
6. 说明公交中间站布局思路。
7. 假设一个城市公交网络有三条线路，即 A、B 和 C，这三条线路在不同的车站两两相交。线路 A 有 17 个车站，线路 B 有 15 个车站，干线线路 C 有 11 个车站。计算：

(1) 终点站、换乘站以及总的车站数量。

(2) 网络中的区间数。
(3) 网络中不同出行对(站站对)总数。
(4) 在所有的出行对中,需要一次换乘的有多少?

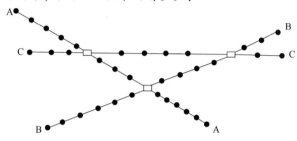

第七章　常规公交运营调度基本参数分析

第一节　常规公交运营调度的目的及前期工作

城市常规公交运营组织与调度,简称运营调度,是一项相对复杂的组织工作。它的复杂性表现在:一方面,包括线路调度、车辆调度、人员管理等多项调度内容;另一方面,与多种外部活动(如乘客出行、交通资源分配)密切相关。从若干套运营组织与调度方案中,运用数学理论与方法定量评价这些方案,以期评定出不同方案的优劣程度,选择出最优的调度方案,这就是常规公交运营组织与调度评价的根本目的。此外,在权衡各种确定性和不确定性因素权重时,既要明确因素影响的程度,又要指出这些影响因素是积极正面还是消极负面的,从而为决策者进一步改进方案提供切实有效的建议。

在常规公交运营与调度过程中,基础数据的采集、处理和分析是必不可少的环节。在常规公交的调度方案设计中,及时准确地获取公交运营中的静态信息和动态信息是关键。这些动态和静态数据具体包括:公交车辆运行和运营产生的数据、公交出行客流信息以及公交线网布局和一些运营基本参数等主要部分。这些信息的获取和收集主要由公交运营企业和交管部门完成。这些数据一般储存在车载卫星导航系统和 POS 机终端,经过互联网向数据库不断传输。本章第二节对这些数据的来源和数据类型进行了具体介绍。某些数据具体使用时要根据实际情况进行核对、校验,可能还要进行一些变换(如 Box-Cox 变换)改善数据的分布特性,然后投入使用。

为了城市公交智能化和集约化发展,让乘客获得更好的出行体验,需要掌握公交客流变化情况和未来变化趋势,于是又衍生出了短时公交客流预测和车辆到站时间预测两部分重要内容。本章最后两节对这些内容作了详细的介绍,阐述了客流预测的主要方法和数据处理的一般过程以及车辆到站时间预测的主要模型和参数处理方法。

第二节　常规公交运营调度的基本参数与信息

常规公交运营和调度的基本参数主要包括常规公交线网数据、运营车辆定额数据、公交到站及行程时间信息和公交客流信息等。本节介绍了有关数据的基本概念和数据获取来源以及相关指标的计算方法,为常规公交调度与运行进行数据基础铺垫。

一、常规公交线网数据

城市常规公交线网数据主要包括公交线路参数和线网参数。

公交线路参数主要由以下几个部分构成:

(1)公交站点信息主要包括:公交站点类型、站点性质、站点尺寸以及站台间的距离。

(2)公交线路信息包括公交线路路径、长度以及层次。
(3)站牌架与候车亭信息。
(4)公共站场信息包括:公交站场数量、分布位置、面积、服务车种、服务车辆数以及服务半径等。

二、运营车辆运行定额

运营车辆运行定额是城市公交企业中一项重要的技术经济指标,它跟行车作业计划编制、线路调度工作落实和企业的经营效果等方面密切相关。确定车辆运行定额是一项细致的工作,要由运营组织的负责人或专业人员,在分析公交线路实际情况的基础上适当地确定,既不能过高,又不能过低。

运营车辆运行定额主要包括以下几个方面的内容:

(1)单程时间:是指车辆在一个单程的运输工作,由始发站发车开始到终点站停靠为止所耗费的时间,包括一个单程中的单程行驶时间和中间站停站时间,即:

$$\text{单程时间} = \text{单程行驶时间} + \text{中间站停站时间} \tag{7-1}$$

式中,单程行驶时间是指车辆在一个单程中沿线各路段(站段)行驶时间之和;中间站停站时间是指车辆在中间站完全停车后经过开门、乘客上下车以及乘客上下车完毕后关门后至起车前的全部停歇时间。

(2)始末站停站时间:是指车辆在线路的起始站和终点站的停站时间,包括调动车辆、签发行车路单、清洁车辆、行车人员休息、交接班、旅客上下车以及停站调整车辆间隔等所必需的停歇时间。

(3)周转时间:车辆从起始站出发,运行到达终点站后再运行回到起始站,称为一个周转,是上下行单程时间、始末站停站时间之和。周转系数是单位时间内(如1h)车辆完成的周转次数,它与周转时间呈倒数关系。计算公式为:

$$\text{周转时间(min)} = \text{起点和终点站停站时间} + \text{上下行单程时间} \tag{7-2}$$

$$\text{周转系数} = 60/\text{周转时间} \tag{7-3}$$

(4)计划车容量定额:是行车作业计划限定的车辆载客容量。计划车容量是根据计划时间内线路客流的实际需要、行车经济性要求和运输服务质量标准来确定的计划要完成的单车载客容量,采用下列公式来计算:

$$\text{计划车容量} = \text{车厢定员人数} \times \text{满载率定额} \tag{7-4}$$

式中,满载率定额,一般高峰期取 0.8~1.1,平峰期取 0.5~0.6。

车厢定员人数,首先取决于车辆载质量的大小,对有确定载质量和车厢有效面积的车辆,则主要取决于座位数与站位数量的比例。由于各不同公交车线路的旅客乘车时间不同,所以考虑采用运营车辆的座位比例也有所不一样:市内线路车辆的座位比例以 1:(2~3)为宜;郊区线路车辆的座位比例以 1:(0.5~0.7)为宜;而长途线路则不应该设站位。

不同车型的客车都有规定的车厢定员人数,城市公交车辆的车厢定员人数,可以采用下列公式计算:

$$\text{车厢定员人数(人/车)} = \text{固定座位数} + \text{站位面积} \times \text{每平方米站位定额} \tag{7-5}$$

式中,每平方米站位定额,一般按照 9(人/m^2)计。

三、公交到站及行程时间信息

1. 车辆加减速时间

车辆减速进站是指公交车辆在公交站点范围之内,从正常行驶速度开始减速进站,直到停止的过程;车辆加速离站是指公交车辆在公交站点范围之内,从静止开始加速出站,直到达到正常行驶速度的运行过程。车辆加减速时间主要与道路条件、交通条件、车辆性能、站台形式等因素有关。

2. 乘客上下车时间

公交乘客的上下车时间与许多因素有关,包括车门宽度和数量、踏步级数和高度、售票系统、乘客携带行李和包裹数量、车内拥挤程度、座位构造、车内通道宽度、上下车混行状态以及路面条件等。

3. 公交停靠服务时间

正常状态下,公交站点的停靠服务时间包括开关车门时间、乘客上下车服务时间,以及停靠站排队产生的附加延误。

四、公交客流信息

公交客流信息包括路段客流信息、线路客流分布信息、站点客流分布信息、断面客流信息 4 个主要层次。

1. 路段客流信息

路段客流量包括单条线路路段客流量和多条线路路段客流量。

单条线路路段客流量表示某一条公交线路在统计时间内通过某路段的客流量,通过公交客流的调查统计得到。

多条线路路段客流量表示统计时间内所有通过该路段公交线路的客流量。计算公式如下:

$$Q_\mathrm{T} = \sum_{i=1}^{n} Q_i \tag{7-6}$$

式中:Q_T——统计时间内某路段的客流量;

n——通过该路段的公交线路条数;

Q_i——第 i 条公交线路在统计时间内通过该路段的客流量,易知 $Q_i = \sum_{j=1}^{f} Q_{ij}$,其中,$f$ 为统计时间内第 i 条公交线路经过该路段的车辆数,Q_{ij} 为第 j 辆车的载客数。

2. 线路客流分布信息

公交线路客流表示统计时间内某条公交线路的载客量,通过公交客流的调查统计得到。

3. 站点客流分布信息

站点客流表示单位时间(如 1h 或 1d)公交站点上下车乘客数量,反映了公交站点及其周边的公交需求情况,可作为公交规划及公交站点改造的重要依据。公交站点客流数据主要是全天站点客流量、高峰小时站点客流量等。

1) 全天站点客流量

全天站点客流量指站点一天总的公交客流量,可分为站点全天上车客流量与站点全天下车客流量,通过对客流调查数据的统计得到。

2) 高峰小时站点客流量

高峰小时站点客流量指站点一天内公交客流量最大的时段对应的客流量,同样分上车客流量与下车客流量。城市公交日客流通常呈现早晚两个高峰,不同站点因为附近用地性质不一其高峰小时不太一致。例如,郊区站点与市区站点高峰小时会有半小时左右的时差。因此计算站点高峰小时客流量,需要将一日客流分为若干小时段客流,再分别合并为小时时段客流量,取最大客流量为站点高峰小时客流量。

4. 断面客流信息

断面客流是指公交车辆在单位时间内通过线路特定方向某断面的客运量;相应的,最高断面客流是在某方向断面客流的最大值,其对应的站点为关键站点。由于单位时间内公交线路各个站点的上下客人数不相等,因而其断面客流量自然呈现出不同的统计规律。公交线路断面客流是公交系统线网优化和车辆配置不可或缺的基础数据。单条公交线路断面客流分布及其时变特征是编制公交车发车频率、考量是否设置区间车的重要依据。

如图 7-1 所示,城市公交断面客流一般呈现若干种分布形态。对于平型的断面客流,通常采用全程车的调度形式,而对于其他不规则的形态分布,为提高车辆利用率,通常需要在全程车调度的基础上配合区间车或大站快车。详细分析见第八章的第五节。

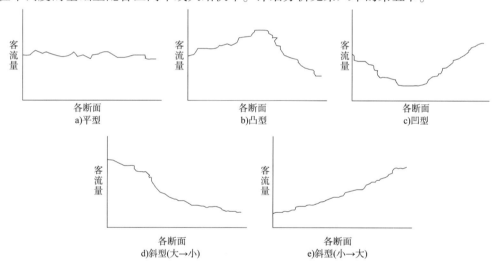

图 7-1 武汉 23 路公交断面客流分布情况

五、公交乘客出行信息

公交乘客出行基本信息是掌握居民公交需求、评价公交服务水平的重要依据,也是公交规划与运营管理部门制订公交线路布局和运营调度方案的基础,其内容包括平均出行次数、起讫点分布、平均换乘次数、出行耗时、出行距离等。根据公交客流调查与居民出行问卷调查可以获取城市公交客流的基本数据,对这些数据进行统计与分析可以得到公交乘客出行的基本信息。

1. 平均出行次数

公交平均出行次数是单位时间(通常为一天)内平均每位乘客使用完成公交出行的次

数,计算公式如下:

$$\bar{q} = \frac{\sum_{i=1}^{m} q_i}{m} \quad (7\text{-}7)$$

式中:$\bar{q}$——公交平均出行次数;
q_i——单个乘客 i 公交出行次数;
m——统计时间内公交乘客总数。

另外,还可以计算公交平均乘坐次数,即单位时间(通常为一天)平均每位乘客乘坐的公交次数,计算公式如下:

$$\bar{r} = \frac{\sum_{i=1}^{m} r_i}{m} \quad (7\text{-}8)$$

式中:$\bar{r}$——公交平均乘坐次数;
r_i——单个乘客 i 一次出行的公交乘坐次数。

与传统的居民出行调查相比,利用公交刷卡数据统计公交平均出行次数和公交平均乘坐次数会简单得多。数据中每一条刷卡记录对应公交乘客的一次乘坐公交的行为,同一卡号对应一位公交乘客。因此,可以用两种方法进行统计。

(1)利用刷卡总量进行计算,非换乘刷卡记录总条数即为公交出行总次数,不同卡号总数为公交乘客总数,刷卡记录总条数为乘客公交乘坐总次数,因此计算公式为:

$$公交平均出行次数 = \frac{非换乘刷卡记录总条数}{不同卡号总数} \quad (7\text{-}9)$$

该方法计算简单,如果不需要了解单个乘客出行次数特征,可选用此方法。

(2)刷卡数据中同一卡号对应的刷卡记录条数即为该乘客一天乘坐的公交次数,剔除换乘的刷卡记录,统计得到该乘客一天公交出行次数,所有乘客的公交出行次数与公交乘坐次数取算术平均值可得到公交平均出行次数与公交平均乘坐次数。该方法较第一种方法增加了提取以卡号为分组对象统计刷卡记录条数,并建立数据集的步骤,可以计算单个乘客的出行次数或乘车次数,如需要分析单个乘客长期公交出行特征,可选用此方法。

2. 起讫点分布

根据公交站点客流 OD 与交通小区的客流 OD,将所有乘客的出行端点在地图上表示,得到更为直观的起讫点分布情况。

3. 平均换乘次数

平均换乘次数是刻画城市公交网络的一个重要指标,它体现了城市公交网络的可达性和便捷性,是衡量一个城市公交网络站点、线路是否合理的重要参数。

六、公交车辆运营信息

线路运营车辆的运行参数主要包括线路车辆数、发车频率、发车间隔、运营速度等。

1. 线路车辆数

线路车辆数是指组织运营所需要的车辆总数与营业时间内各时间段所需要的车辆数。其基本计算公式为:

$$\text{线路车辆数} = \frac{\text{最高路段单向通过量(人次/h)}}{\text{计划车容量(人次/台)} \cdot \text{周转系数}} \quad (7\text{-}10)$$

根据不同需要,线路车辆数可以做如下分类:

1)日线路运营车辆总数

日线路运营车辆总数是线路每天需要配备和投放的车辆总台数,一般依据日客流高峰时段的最高路段客流量、计划车容量和周转系数来计算。当有多种调度形式时,线路运营所需的车辆总数为各种调度形式所有车辆数的总和。

2)各时段线路运营车辆总数

各时段线路运营车辆数是在每日运营时间的各时间内线路需要投放的车辆台数。一般依据该时间段的最高路段通过量、计划车容量和周转系数来计算。

3)各种调度形式的线路运营车辆数

对于全程车、区间车和快车等调度形式的车辆数,在线路上采用两种及以上调度形式的时候,各种车辆的运行定额和参数不尽相同,确定各种调度形式的线路车辆数,可以按照如图 7-2 所示的基本思路来进行。

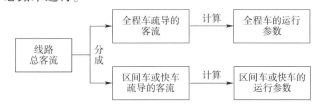

图 7-2　确定多种调度形式车辆的基本思路

首先,在分析线路客流情况的基础上,将线路总客流分成两部分:一部分是采用全程车调度形式疏导的客流;另一部分是采用区间车或快车调度形式疏导的客流。

然后,按照第一步分好的两部分客流情况分别计算全程车、区间车及快车的线路运营车辆数。

4)线路允许的最小运营车辆数和最大车辆数

在各运营时间段内,客运高峰时间段内所需要的车辆数最大,此时线路车辆总数称为线路最大车辆数。考虑线路具体情况,线路最大车辆数量不能超过上限值,即运营车辆数最大限值。而在客运低峰时间段所需的车辆数最少,此时线路车辆总数称为最低线路车辆数。考虑客运服务质量需要,线路最小车辆数量不能少于下限值,即运营车辆数最小限值。以上两个限制值,可以这样来确定:

(1)运营车辆数最大限值

$$\text{运营车辆最大限值(台)} = \frac{\text{周转时间}}{\text{行车间隔允许最小值}} \quad (7\text{-}11)$$

(2)运营车辆数最小限值

$$\text{运营车辆最小限值(台)} = \frac{\text{周转时间}}{\text{行车间隔允许最大值}} \quad (7\text{-}12)$$

2. 发车频率

发车频率是指线路在单位时间内通过的车辆次数。发车频率与乘客量成正比,与计划车容量成反比,其计算公式为:

$$发车频率(辆/h) = \frac{最高路段单向通过量}{计划车容量} = 线路车辆数(台) \times 周转系数 \qquad (7-13)$$

或

$$发车频率(辆/h) = \frac{60}{平均行车间隔} \qquad (7-14)$$

可见，发车频率与发车间隔成反比。从运营调度的角度分析，发车频率同时具有时间性、方向性和断面性。

1）时间上的发车频率

时间上的发车频率是指在具体时间内起止站共发出的车辆次数，但不表明哪个方向、哪个断面，仅从时间上来说明所发车次数，即频率。确定分组时间的发车频率是编制发车作业计划的重要内容之一。

2）方向上的发车频率

方向上的发车频率是指单位时间内起止站向某方向发出的车辆次数。分析方向上的发车频率是计划调度中研究方向上的运力与运量是否平衡的一项基本工作。

3）断面上的发车频率

断面上的发车频率是指线路在单位时间内某一方向、某一断面所通过的车辆次数。

3. 发车间隔

行车间隔是指正点行车时，前后两辆车到达（或离开）同一站点的时间之差，又称为车距，单位为"min"。

1）发车间隔的计算

$$发车间隔(min) = \frac{周转时间}{线路车辆数} \qquad (7-15)$$

一般，发车间隔允许最大值取决于客运服务质量的要求，如公交车服务质量要求发车间隔不应大于 15~20min。而发车间隔允许最小值则应该满足下列条件：

发车间隔允许最小值(min)≥线路中途站的平均停站时间 + 车辆尾随进出站时间 + 必要时等待交通信号的时间。在发车秩序正常的情况下，对大中城市客运高峰线路，发车间隔允许最小值一般不小于 1~3min。

2）发车间隔的分配

发车间隔的分配是指对发车间隔计算值的分配，对呈现小数的发车间隔值取整数处理，并使之确定为适当数值便于发车掌握，或者根据实际需要将一个整数发车间隔分为其他大小不同的整数发车间隔的过程。

3）发车间隔的排列

发车间隔的排列是指根据客流需要和一定的原则，将分配得到的大小不同的发车间隔进行排列次序。排列的目的是使运营发放车次时更加符合客流变化的动态趋势。发车间隔排列的原则主要有三种形式：

(1) 由小到大顺序排列

在客流高峰向客流低峰过渡时，适宜采用这种排列。

(2) 由大到小顺序排列

在客流低峰向客流高峰过渡时，适宜采用这种排列。

（3）大小相间排列

在客流变化不大时，可以采用这种排列来使得各发车间隔镶嵌均匀。

综上所述，确定某时间段内发车间隔的分配与排列方案的基本思路，如图7-3所示。

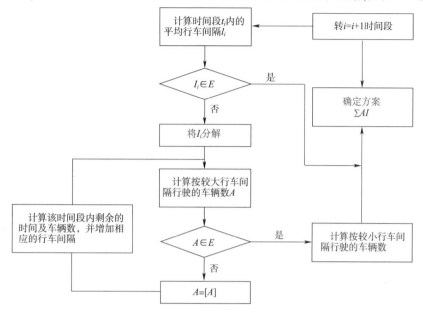

图7-3　发车间隔分配与排列的基本思路（E为整数，I为确定后的行车间隔）

4. 运营速度

运营速度是指车辆在线路上往返行驶时的周转速度，单位为"km/h"。其计算公式为：

$$运营速度(km/h) = \frac{上行线路长度(km) + 下行线路长度(km)}{周转时间(h)} \tag{7-16}$$

运营速度的高低，直接关系到乘客乘车的方便程度，也是组织线路运营的主要参数之一。

第三节　常规公交运营调度的多源数据分析

狭义的城市公交系统多源数据主要包括公交基础设施数据和公交运行的实时车辆信息。其中，公交基础设施数据一般由公交企业采集或其他部门提供。公交运行的实时车辆信息包括公交车辆的动态速度和位置变化情况，一般存储在车载卫星导航系统中。这些多源公交数据是检测车辆运行轨迹和车辆运行状态的关键依据。

广义的多源公交数据还包括天气特征（降雨、气温、风力）、站点沿途人口特征（5km内人口数量）等，这些数据对于短时客流预测和车辆行程时间预测有较高的贡献度。

一、多源公交数据类型

1. 公交静态数据

特点：没有实时更新的需求，如城市公交基础设施信息，一般由公交企业采集或其他部门提供。

主要包括公交线路所经过的站点数据、公交站点位置数据、路段上公交车辆设置数据、换乘站点连接线路编号等。

2. 公交动态数据

特点：随时间不断变化，需要动态采集、更新、处理信息。

主要包括公交站点客流量、公交车辆位置、车辆实时速度信息、交通流量数据、交叉口信号控制方案等。

二、常用的多源公交数据类型

1. POS 机数据

POS 机主要用于记录公交用户的刷卡交易数据，支持公交卡、银联卡、二维码等多种支付方式。另外，部分类型的 POS 机内置卫星导航系统定位模块，定时上报车辆位置信息。

2. 车载卫星导航系统数据

公交车辆车载卫星导航系统终端能够实时采集、上传并记录公交车辆的位置信息，该类位置信息具有时空属性。车载机上传的公交车定位数据精度高于 POS 机内置卫星导航系统，这类数据是进行车辆位置校准和行程时间预测的主要依据。车载卫星导航系统数据结构见表 7-1。

车载卫星导航系统数据结构　　　　表 7-1

字段显示	字段名称	字段描述
machine-id	车载机编号	公交车载机唯一标识号
route-id	线路双向编号	公交运行线路的双程编号
segment-id	线路单向编号	公交运行线路的单程编号
arrive-or-left	到离站标志	公交到离站标志：1. 到站，2. 离站
stop-id	站点单向编号	公交经过地理站点编号
origin-longitude	转换后经度	卫星导航系统原始经度
origin-latitude	转换后纬度	卫星导航系统原始纬度
longitude	原始经度	平面坐标系下的经度
latitude	原始纬度	平面坐标系下的纬度
receive-time	接收报文时间	车载机接收卫星导航系统报文信息时间
gmtime	卫星导航系统卫星时间戳	用于时间校对，采用 UTC +0 格式
receive-date	接收报文日期	车载机接收卫星导航系统报文信息日期，可按日期将数据分区

3. 公交线路站点数据

静态公交线路站点数据主要包括三类：公交线路信息、公交站点的空间位置数据、公交运营线路所经过的站点数据。该类信息不会经常变化，不需要实时采集。

公交线路和站点数据主要分为线路信息数据、站点空间位置数据、线路站点联系关系数据三个主要部分，具体的数据结构类型见表 7-2 ~ 表 7-4。

第七章 常规公交运营调度基本参数分析

线路信息数据结构 表 7-2

字 段 显 示	字 段 名 称	字 段 描 述
route-id	线路双向编号	公交线路的唯一编号
direction	线路方向	公交线路的全称
route	线路名称	用于区分上下行运行,包括起终点

站点空间位置数据结构 表 7-3

字 段 显 示	字 段 名 称	字 段 描 述
station-id	站点双向编号	公交站点的双向编号,对应 route
stop-id	站点单向编号	公交站点的唯一标识号
stop-name	站点名称	公交站点的名称
stop-type	站点类型	公交站点类型,如中间站、起终点站
latitude	站点经度	站点空间位置的经度值
longitude	站点纬度	站点空间位置的纬度值

线路站点联系关系数据结构 表 7-4

字 段 显 示	字 段 名 称	字 段 描 述
route-id	线路双向编号	公交运行线路的双程编号
segment-id	线路单向编号	公交运行线路的单程编号
station-id	站点双向编号	公交站点的双向编号,对应 route
stop-id	站点单向编号	公交站点的单向编号,对应 segment

三、公交客流数据处理

目前城市公共交通客流数据的获取和收集主要是基于公交 IC 卡,具体包含公交站点信息、IC 卡刷卡基本信息、持卡乘客基本信息、行车路径-站点信息等数据,如图 7-4 所示。本节以公共交通 IC 卡数据集为例说明公交客流数据的一般处理过程。

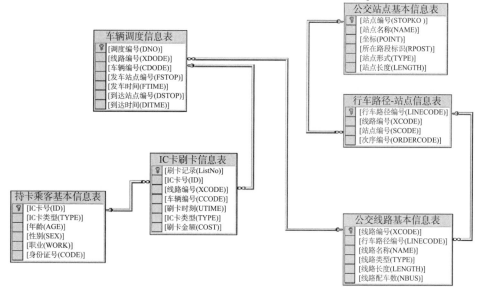

图 7-4 公交 IC 卡数据的一般构成

1. 数据收集

数据收集一般包括两个方面：一方面是从多种数据源中获取综合数据分析所需要的数据，保证数据质量的综合性、易用性和实效性，这就需要以数据库的形式存储数据；另一方面就是如何从现有数据中衍生出所需要指标，这主要取决于数据分析的目标。

2. 数据清理

数据清理是要解决如下的问题：

1) 数据质量

为了保证数据分析结果的价值，必须了解数据本身。输入数据仓库中的异常数据、不相关的字段或互相冲突的字段、数据的编码方式等都会对数据分析结果的质量产生影响。数据很少是完全正确的，因此有必要了解作为决策基础的数据质量。可以通过填写空缺值、平滑噪声数据，识别、删除离群点来去掉数据中的噪声、纠正不一致。公交 IC 卡数据的不一致性，常表现为各类数据之间相同属性数据之间的定义不一致，例如公交 IC 卡刷卡数据中的线路编号与公交线路基础数据中的线路编号不一致，这在建立数据仓库的同时应加以统一。

2) 冗余数据

必须对数据仓库中的冗余数据加以清理，修正错误和不一致的数据、解决打字错误和大小写不一致的问题等。

3) 过时数据

随着时间延长，老的数据很可能会过时失效。例如公交乘客的注册信息、公交线路的信息已经发生了变化，数据仓库中数据仍然为变化以前的信息。

4) 数据缺失

数据的一些取值常会发生缺失现象。公交 IC 卡数据分析要求数据的完整性，如发生数据缺失，就很难从中得到有用的信息。公交 IC 卡刷卡数据缺失的情况很少。公交调度资料由于人工统计容易发生缺失，这种情况可以根据经验和已知连续数据进行推测。

5) 指标定义的不同

例如公交车辆满载乘客数量有不同的指标，这就会在数据分析过程中产生不同的分析结果。

6) 印刷错误

公交 IC 卡数据中的公交调度信息、公交线路信息、公交站点信息等是由人工输入，难免会有拼写错误，例如站点名称打字错误，会对分析过程产生阻碍。

3. 数据变换

数据变换就是将数据进行规范化和聚集。规范化可以改进数据分析的精度和有效性，常用的方法是用平滑（包括分箱、聚类和回归）去掉噪声数据；聚集是对数据进行汇总。

4. 数据归一化

数据归一化通过聚集、删除冗余特征或聚类等方法来压缩数据。常用的方法是维归一化、数据压缩、数值归一化、离散化及偏态检验和 Box-Cox 变换。

1) 维归一化

通过删除不相关的属性集或减少数据量。通常使用属性子集选择方法。属性子集选择的基本启发式方法包括逐步向前选择、逐步向后选择删除、逐步向前选择和逐步向后删除结合、判定树归纳等技术。

2）数据压缩

主要有小波变换、主要成分分析和分形技术。

3）数值归一化方法

回归和对数线形模型、直方图、聚类和选择。

4）离散化技术

可以用来减少给定连续属性值的个数,区间的标号可以替代实际的数据值。常用的方法有：分箱、直方图分析、聚类分析、基于熵的离散化和通过"自然划分"的数据分段。

例如：公交IC卡数据分析过程中,不同出行目的的公交IC卡刷卡数据特征不同。以上班、上学为目的的出行,其公交IC卡刷卡数据比较规律,时间分布相对固定；而其他弹性出行为目的的公交乘客刷卡数据则呈现时间和空间的随意性。在分析公交IC卡数据过程中能够区分不同目的出行的数据,分组进行分析,将极大提高数据分析的精度和效率。对数据进行分组涉及两个问题：一是数据应该分为哪几组；二是如何对数据进行分组。这就需要数据分析者对分析对象有充分的认识,必要时需要采取实地调查,通过经验以及调查结果找到分组的标准,确定分组的方法。现在很多分析软件都有数据分组的功能,如果分组的结果不佳,需要多次进行分组,直到取得较好的分组效果。

5）偏态检验和Box-Cox变换

数据的频数分布有正态分布和偏态分布之分。对于大多数机器学习模型而言,输入特征呈正态分布(即正态分布的样本更适合模型训练)更符合相关模型理论的一般假设,非正态分布的输入变量在模型训练时可能会导致影响因子与预测标签之间的趋势偏移,难以显示出正确的相关性结果。因此,有必要对连续的数值特征进行正态分布测试。

正态分布是指多数频数集中在中央位置,两端的频数分布大致对称。偏态分布是指频数分布不对称,集中位置偏向一侧。若集中位置偏向数值小的一侧,称为正偏态分布；集中位置偏向数值大的一侧,称为负偏态分布。如果频数分布的高峰向左偏移,长尾向右侧延伸称为正偏态分布,也称右偏态分布；同样的,如果频数分布的高峰向右偏移,长尾向左延伸则成为负偏态分布,也称左偏态分布。对于城市公共交通客流预测而言,使用多源客流数据进行分析已然成为常态。这些多源客流特征有时并不完全呈现正态分布的态势,可能会对客流预测的精度和结果分析造成一定的影响。为此,应采用变量的绝对偏度来度量特征变量的概率分布的不对称性。当变量的偏度大于某个值(一般为0.8)时,需要对特征进行Box-Cox变换,以提高特征分布的对称性。

Box-Cox变换的一般形式为：

$$y(\lambda) = \begin{cases} \dfrac{y^\lambda - 1}{\lambda} & (\lambda \neq 0) \\ \ln y & (\lambda = 0) \end{cases} \quad (7\text{-}17)$$

式中：λ——一个待定变换参数,采用极大似然方法来确定；

y——待变换的数据。

图7-5为对广州市565路公交线路所属地区日最低温数据进行偏态检验和Box-Cox变

换的结果。可以看到,变换后的数据分布更趋于正态化,有利于之后的客流预测。

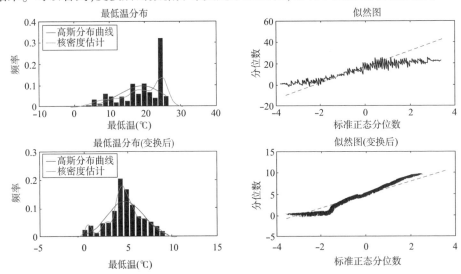

图 7-5　565 路公交线路所属地区温度变量偏态检验及 Box-Cox 变换结果

变换前 565 路公交客流特征呈现明显的偏态分布,不利于进一步的预测。通过 Box-Cox 变换方法对温度数据进行转换,可以看到之后的温度特征分布得到明显的改善。

第四节　常规公交短期客流预测技术

短时公交客流预测主要包括数据收集与处理、模型建立与调参、结果分析等步骤。短时公交客流预测对于合理地调整公交运力结构、优化公交系统的运营和调度有十分关键的作用。

一、常规公交客流预测主要影响因素

根据公交线路规划可行性研究中对客流量分析预测的经验,并参考现有对公共交通客流量的影响因素分析、对出行者行为的影响因素分析等文章,公交客流量的主要影响因素分为内部因素和外部因素两个比较重要的方面。影响城市公交客流变化的外部因素主要有城市规模及人口数量、票价水平、服务质量、出行时间、高峰与非高峰时段、天气状况、工作日性质等;影响城市公交客流变化的内部因素是基于乘客本身的特点和出行行为考虑的,主要有公交卡刷卡类型、乘客对公交线路依赖度和乘客出行行为等。

二、短期客流预测方法

短期客流预测是预测一年内(主要以分时段、日、月、季度等时间单位作为时间粒度)的城市公共交通网络或者线路的客流特征、服务水平以及出行效率等。通过国内外对短期客流预测方法的研究发现,目前关于短期客流预测的研究主要集中在以分时段和日为单位两个方面,尤其在道路交通和铁路领域,拥有大量的研究成果。对于短期客流预测方法的研究,从最初的传统时间序列方法到计量经济学模型,发展到现在的人工智能预测方法,主要有时间序列预测方法、神经网络预测方法、支持向量机等,以及为了取得更好的预测性能而将两种以上预测方法组合在一起共同预测的组合预测方法,如经验模式分解组合模型、神经网络-支持向量机组合模型等,神经网络及机器学习模型相比于传统的统计学模型具有更高的精度。下面对各类方法进行简要介绍,这些方法也同样适用于公交行程、到站时间预测。

1. 时间序列预测方法

时间序列预测方法是通过观察历史时间序列数据后发现其变化趋势与规律,并根据被预测对象的过去及现在的变化规律利用曲线拟合和参数估计建立时间序列模型来预测未来趋势的理论和方法。传统的时间序列预测方法主要包括自回归模型(AR)、移动平均模型(MA),以及在此基础上提出的自回归滑动平均模型(ARMA)、整合移动平均自回归模型(ARIMA)和季节性差分自回归滑动平均模型(SARIMA)。

2. 神经网络预测方法

神经网络预测方法是一种模拟人的大脑神经活动的高度复杂的非线性动力学习方法,其基本思想是通过神经元网络寻找历史输入与输出数据之间的关系,进而构造预测模型。常用的模型有 BP 神经网络模型、RBF 神经网络模型、多层前馈神经网络模型、长短期记忆神经网络(LSTM)等。由于神经网络方法具有自学习、对非线性数据和不完备数据的较强处理能力、高速寻优能力,现阶段已被广泛应用于短期预测。

3. 支持向量机

支持向量机是一种基于数据样本自学习与自适应机制的算法,近年来在交通领域交通流预测中得到广泛的应用。它是建立在统计学习理论的万普尼克-泽范兰杰斯(VC)理论和结构风险最小原理基础上的,能够根据有限的样本信息在模型的复杂性与学习能力之间寻求最佳折中,进而获取最好的推广能力,因此在解决小样本、非线性、维数灾难等问题中具有很大的优势。

4. 机器学习模型

机器学习算法具有通用性高、集成度高、使用方便、计算精度较高等优势,目前在短期客流预测领域内具有广泛的应用。常用的机器学习算法有随机森林、梯度提升决策、岭回归模型等。

5. 组合预测方法

不同的预测方法常可提供不同的有用信息,若仅使用单一的预测方法进行预测,有可能会造成样本数据中包含的有些有用信息的丢失。总的来说,组合预测可很大限度地利用各种数据样本的信息,比单一预测模型考虑问题较为全面系统,因而可有效地减少单一模型中的一些随机因素的影响。

第五节 常规公交车辆行程和到站时间预测

公交车辆的到站时间是所有出行者最为关心的交通信息之一,提高公交车辆的到站时间的预测模型的精准度和可靠性,可以对城市公共交通的发展起到巨大积极的作用。本节系统性地分析出公交车辆的到站时间的组成部分和影响因素,通过对公交车辆实际采集来的数据进行分析,详细分析了数据特性,得出相应的预测结果,为公交系统的发展提供理论意义与实际参考价值。

一、公交车辆到站时间组成要素

定时定点定线可以作为公交车辆运行的特点,其运行过程如图7-6所示。可将其运行过程概括为两段:路段(站间)行驶过程和站点停靠过程,因此,公交车辆运行过程的时间主要包括路段行驶时间、交叉口延误时间和站点停靠时间。由于公交车辆的运行情况复杂多变,受外界因素影响较大,包括道路因素、车辆因素、位置因素和时间段因素等,都难以量化,同时,其综合影响使得公交车辆的运行特征具有很强的随机性,所以公交车辆到站时间的运行规律和影响因素需分段分析处理。

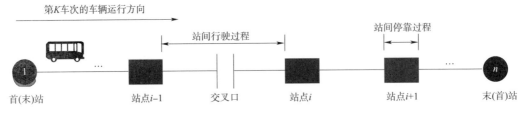

图7-6　公交车辆站间行驶过程

1. 公交车辆站点停靠过程影响因素

公交车辆的站点停靠过程如图7-7所示。首先,由缓冲区Ⅰ减速进入站台,车门打开后,乘客上下车,车门关闭,车辆由站台逐渐加速驶离缓冲区Ⅱ。该停靠过程花费的时间包括车辆减速进入站台时间、站台停站时间(乘客上下客时间)和加速驶出站台时间。

公交站点的位置是根据路段上客流的分布,为服务乘客的交通需求而设定的,分为首末站和中间站。本书的研究主要是针对中间站点进行的。如图7-7所示,综合整体来看,公交车辆停靠站时的过程可大致包括三阶段,分别是减速进站、停站和加速出站。如果站点公交车辆较多,还有可能需要站外等候,排队进站,此种情况这里暂不考虑。为了更直观地表示车辆站点停靠的过程,可通过车辆停靠时的速度变化来观察,如图7-8所示,假设车辆不需要站外等候,路段间是匀速行驶。

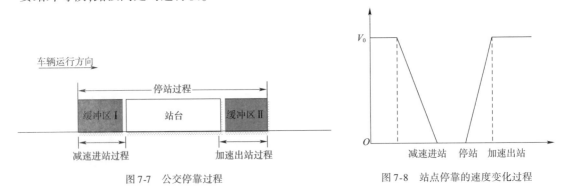

图7-7　公交停靠过程　　　　　　图7-8　站点停靠的速度变化过程

主要影响因素包括:

(1)站台设施。站台的类型、长度和泊车形式等属性会影响公交车进站的时间。另外,如果多条线路的车辆同时进入同一个站点,那么需求车次的车辆在站点停靠时间会受影响。

(2)车辆类型。公交车辆的类型主要包括单层双门式和双层双门式,不同类型的车辆上下车规则也有差异,会对车辆的站点停靠时间有一定影响。

(3)车辆性能。公交车辆的速度控制性能、车门闭合反应及乘客上下车设备等都对到站点停靠的时间产生影响。

(4)客流因素。客流的数量和上下车速度都直接影响站点停靠的时间。

(5)交通环境。如果路面没有建设专用道,公交换道进站停泊时会受其他车辆的干扰;当处于高峰时段时,交通流量增多,也会影响车辆在站点的停泊时间。

2. 公交站间行驶时间影响因素

公交车辆的站间行驶过程如图7-9所示。首先,由缓冲区Ⅲ加速驶离站台a,经过交叉口等减速驶入站台b的缓冲区Ⅳ。

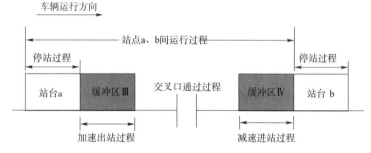

图7-9 公交车辆站间行驶过程

公交车在站间运行的过程中,是同社会车辆夹杂在一起运行的,互相之间会产生一定的阻碍。尽管有些公交线路设有公交专用道,但是在交通高峰时段时,仍有社会车辆占用的现象,对公交车辆的运行造成影响;相比之下,没有专用道的公交车辆更易被社会车辆所阻碍,驾驶员行驶方式不文明,加之行人过街的随意性,都会对公交到站时间造成延误。

尽管公交车辆有专用车道,但是在复杂的交通流中,仍然会被其他社会车辆和行人等所干扰,交叉口的时间延误也在所难免,使得车辆制动频繁,车速较低。所以,其在站间行驶时所受到的影响因素主要为:

(1)道路基础设施。道路的专用道设置、交叉口数量、路面状态等都关系到公交车辆的运行时间。

(2)交通流因素。在有限的道路资源中,交通流的数量、速度和密度都会影响到公交车辆的运行时间,就像高峰期车辆的到站时间与平峰时期的有所不同。另外,路边的停车情况和行人的影响,都会增加公交车辆站间行驶时间过长的可能性。

(3)驾驶员的因素。相同道路和交通流情况下,驾驶员的驾驶水平和反应能力的不同也会影响车辆的运行时间。

(4)公交车辆性能的因素。在复杂的城市交通流中,公交车辆因经常加减速及制动,所以性能会发生改变,影响车辆的运行时间。

(5)交叉口延误。有数据显示,在我国公交车辆运行过程中,交叉口的延误时间占总运行时间的25%~33%。因此,此处的影响成分主要是信号灯系统及交叉口类型等。

(6)其他因素。影响站间行驶时间的因素还有天气、节假日、临时性交通控制及偶然事项等。

二、样本数据的预处理

1. 公交车辆运行卫星定位导航数据采集及处理

城市公交车辆运行轨迹信息数据一般来自于当地公交集团的运营指挥调度系统,该系统是由卫星定位导航系统、地理信息系统(Geographic Information System,GIS)、视频监控系统、车载设备和通信系统组成的一种智能调度系统。通过这些系统可实现对公交车辆的定位、监控、通信和实时调度,也可了解各种交通突发状况并设置相应的应急预案。

公交车辆卫星定位导航数据是指公交车辆车载设备通过移动通信网络,按照一定的传输协议发送至运营指挥调度系统的转发中心,然后存储到服务器上的数据。这些数据的内容主要包括日期、时间、行驶方向、经纬度和速度等车辆的历史运行信息,并以 txt 文本格式存储,便于运营者查看与调用,同时也为到站时间预测的研究提供了数据支持。

2. 数据误差产生原因及处理

1) 数据误差产生原因及处理

本书中的试验数据都是依据车载卫星定位导航所采集的,主要包括历史数据和实时公交车数据采集与预处理数据,二者都直接关系到所建模型的预测精确度。在进行数据采集时,可能会产生一定的误差。

(1) 测量误差

卫星定位导航获取位置信息时,需要综合多个卫星定位导航与地面车载卫星定位导航之间的测量距离,但是城市内高楼林立,会遮挡住信号,造成数据丢失等测量误差。如果少部分数据遗失,可通过均值插补法弥补,即采用缺失的同类型数据的平均值进行替代。

如果卫星定位导航信号不够稳定或者卫星定位导航设备出现漂移状态,可能会造成采集的卫星导航据点偏离车辆所在路线。此时可以设置一个阈值,假设某点的卫星定位导航数据大于阈值,那么丢弃该组数据。

(2) 倒行误差

如果公交车辆处于站点、交叉口等位置,时速较低或处于静止状态,卫星定位导航数据中的速度属性会一直为零,定位时,车辆的经纬度变化也不大,甚至会向后移动定位,造成倒行的假象,如图 7-10 所示。

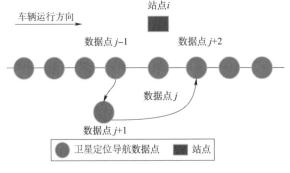

图 7-10 倒行数据造成的假象

由图 7-10 可知,这只是定位错误而生成的假象,并不是真的倒行。所以,当卫星定位导航数据有多个零的情况时,应该删除本条数据。

2) 数据插值处理

卫星定位导航每 3s 采集一次数据,公交车平均速度为 20~30km/h,在两次车辆定位期间,公交车行驶 16~25m。再加上高楼的遮挡,两次相邻定位之间距离可能远大于 25m。但是在地图上,要求公交线路精度是 5m。针对产生的测量误差,需对数据缺失值进行插值处理,从而保证每 1s 都能获取车辆位置信息。比较常见的插值方法有牛顿插值法、拉格朗日插值法、分段线性插值法、Akrima 平滑插值法及三次样条插值法。本书采用三次样条插值法来处理。

经过插值处理后,能够大致获取公交车辆在每一秒钟的位置,不仅可以填补缺失的数据,还能修正一些与实际不符的数据点,经插值处理后的效果见图 7-11。

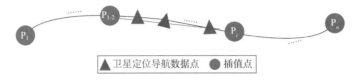

图 7-11 三次样条曲线插值效果示意图

三、数据检验

为验证计算站点停靠时间和区间平均行驶速度的算法是否合理有效,采取跟车调查法对公交车辆的运行信息进行实地调查,将调查数据同按照算法计算的结果进行比较。本书选取的调查对象是北京公交集团第四分公司所属的线路:16 路,调查时间段为 2010 年 3 月 24 日 15:38—17:05,使用秒表作为调查公交运营数据预处理及到站时间影响因素分析工具。本次调查需要记录四个时间点:一是车辆靠近站点开始减速进站时的时间;二是车辆在站点停稳准备打开车口时的时间;三是车辆关闭车口准备加速时的时间;四是车辆加速离开站点后开始匀速行驶时的时间。通过这四个时间可计算出公交车辆的进站时间、停站时间、出站时间和站间行驶时间。根据本节设计的公交运营数据预处理算法和站点停靠时间和区间平均行驶速度的计算方法,得到站点停靠时间(进站时间+停站时间+出站时间)和站间平均行驶速度,然后同实际调查得到的站点停靠时间和站间平均行驶速度(站间距离/站间行驶时间)进行对比分析,结果如图 7-12 所示。

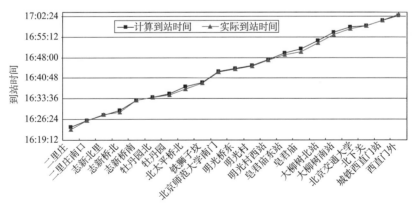

图 7-12 公交车辆到站时间对比

四、案例分析

这里使用了 BP 神经网络验证时间序列数据上的预测效果,网络的输入端为到达各个站点的时间、停留时间以及延误,输出端为车辆到达站点 $k+1,\cdots,n$ 的时间(图 7-13)。据此设计了具体的应用试验,将广州市 108 路公交车在 2018 年 4 月 30 日—5 月 11 日内的 2479 条有效数据用于试验,其中有 2331 条时间序列数据作为训练样本输入网络中进行学习,剩下的 148 条数据作为测试样本。

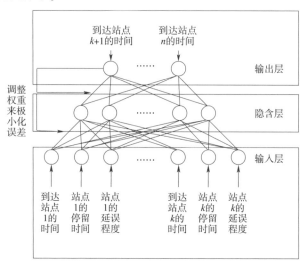

图 7-13　BP 人工神经网络模型

考虑到在数据预处理过程中,已经将到站时刻转化为以秒为单位,数据量级较大,因此引入平均绝对百分比误差(MAPE)来衡量模型精度,试验结果显示基于 BP 网络的到站时间预测模型的精度为 91%。图 7-14 具体显示了测试集样本的预测结果,横轴代表测试集的累积样本个数,竖轴表示相邻站点的时间间隔(以秒为单位),为直观地比较测试数据与预测结果,本节还在预测的站点间运行时间间隔的基础之上,加入前一站点的到站时间,因此得到了预测的到站时间,结果如下。

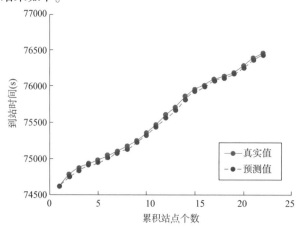

图 7-14　BP 神经网络预测到站时间

预测结果表明,BP 神经网络对公交到站时间的预测误差较小,精度和可靠性都比较高。这种算法广泛应用于实际的公交运营工作,如行程时间评估、到站时间的预测播报等。实际运营中,公交到站预测信息的播报,首先由公交信息服务系统实时获得数据,通过预测模型运算得到预测到站时间,再通过各种终端对预测到站时间进行发布。面向乘客的到站时间信息发布框架流程如图 7-15 所示。

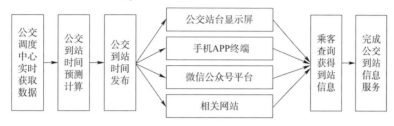

图 7-15　到站信息预测发布流程

目前,通过预测技术提供的较为精准的到站时间预测信息,为乘客合理安排出行计划、减少出行冗余时间以及提升城市公交服务的满意水平做出了重要的贡献。

复习思考题

1. 公交车辆运营调度有哪些重要参数?
2. 目前常用的公交客流预测模型有哪几类?
3. 公交到站时间预测的要点有哪些?
4. 尝试使用神经网络模型对公交客流进行预测,对比传统方法,有哪些优缺点?
5. 请参考 https://github.com/burness/tianchiCode 中的公交客流数据,自行尝试使用机器学习算法进行客流预测。

第八章 常规公交运营调度模型与分析

第一节 发车频率与发车间隔的确定

公交服务的主要决定因素之一是根据每天中不同时刻、每星期中不同的天以及日期的类型为系统中的每条公交线路选择最合适的发车频率(辆/h),应当在保证服务质量且所需运营车辆最少的前提下确定发车频率。发车频率与发车间隔的确定共有四种方法,按调查方法的不同分类,如表8-1所示。

发车频率与发车间隔的确定方法 表8-1

调 查 方 法	具 体 方 法
最大客流(站点调查)	方法1:基于每日最大客流点
	方法2:基于各时段最大客流
断面客流(跟车调查)	方法3:基于载客公里
	方法4:基于载客公里,考虑拥挤度标准

一、最大客流(站点调查)方法

公交服务的基本目标之一就是保证给定时段内的载客量与公交线路沿线上的最大客流量相适应。将该时段表示成 j。基于高峰客流因子概念,时段 j 所需的车辆数为:

$$F_j = \frac{\overline{P_{mj}}}{r_j \cdot c} \tag{8-1}$$

式中:$\overline{P_{mj}}$——时段 j 内观察到的最大客流量(最大载客量);

c——单位公交车的运力(座位数加最大无座位乘客数);

r_j——时段 j 内的客流因子,$0 < r_j \leqslant 1.0$。

为了简便,将 $r_j \cdot c$ 记为 d_{oj},表示时段 j 时车辆的期望拥挤度。可以设置标准 γ_j 使得 d_{oj} 为所需容量的一部分(如 d_{oj} = 座位数量)。值得注意的是,如果 $\overline{P_{mj}}$ 由一系列观测数据得出,那么考虑到数据的统计特性,可以在式(8-1)中用 $\overline{P_{mj}} + b \cdot S_{pj}$ 替代平均值。其中 b 为给定常量,而 S_{pj} 为对应的标准差。

最大客流数据通常由受过培训的调查人员采集,一般在最大客流段的起始站点进行统计。这个站点通常依据历史跟车调查数据或机动调查员提供的信息来选择。调查者常常被要求全天只在一个站点统计,而不是根据时段的不同在不同的最大客流站点间轮换。当然,将调查者安排在一个站点会比几个调查者在多个站点间轮换的成本低。给定条件为一个调查者被分配到一个站点,而且该站点为沿线中每日客流最大点,下面给出适应这种单个站点发车频率的确定方法,并称为方法1。

$$F_{1j} = \max\left(\frac{P_{mdj}}{d_{oj}}, F_{mj}\right) \quad (j=1,2,\cdots,q)$$

$$P_{md} = \max_{i \in S} \sum_{j=1}^{q} P_{ij} = \sum_{j=1}^{q} P_{i^*j}$$

$$P_{mdj} = P_{i^*j}$$

(8-2)

式中:F_{mj}——时段 j 内最小期望发车频率(发车间隔的倒数),并设其有 q 个时间段;

S——线路全部站点 i 的集合,但不包括末站;

i^*——每日最大客流站点;

P_{ij}——时段 j 内离开站点 i 的所有车辆运载乘客总数的统计学指标(简单平均数或平均数加标准差)。

P_{mdj} 和 P_{md} 分别用于表示时段 j 内每日最大客流站点的(平均)观测客流以及该站点的总客流。

【例8-1】 表8-2展示了包括沿线6个站点、全长10km的公交线路从早晨6点至上午11点间的客流数。表8-2的第2列以km为单位表示了沿线各站点间的距离。因为所有时段期望拥挤度和最小发车频率都相同,所以这里将表示其时段的下标省略,并设 $d_o = 50$ 名乘客,$F_m = 3$ 辆/h。站点集合 S 包括5个站点 i,即 $j=1,2,\cdots,5$,各小时时间段都与给定的列对应。表中的最后一列代表 $\sum_{j=1}^{5} P_{ij}$,其中 P_{ij} 为表中的数值(几种调查的平均值)。因此,i^* 为第3站,其 $P_{md} = 1740$,式(8-2)中的 P_{mdj} 只与第3行的数值有关。

公交线路客流数 表8-2

站点号	与下站距离(km)	平均客流(人/h)					总客流(人)
		6:00—7:00	7:00—8:00	8:00—9:00	9:00—10:00	10:00—11:00	
1	2	50	136	245	250	95	776
2	1	100	⑤⑩	310	208	122	1250
3	1.5	④⓪⓪	420	④⓪⓪	③②⓪	200	1740
4	3	135	335	350	166	②②⓪	1206
5	2.5	32	210	300	78	105	725

注:1. 线路长10km,6号站点为末站。

2. 所有时段中,$d_o = 50$,$c = 90$ 人,$F_m = 3$ 辆/h。

方法2基于各时段的最大客流,其计算公式为:

$$F_{2j} = \max\left(\frac{P_{mj}}{d_{oj}}, F_{mj}\right) \quad (j=1,2,\cdots,q)$$

(8-3)

式中:P_{mj}——时间段 j 中观到的最大客流(针对所有站点)$P_{mj} = \max x_{i \in S} P_{ij}$。

在图8-1对应的表8-2中,P_{mj} 用圆圈标出,P_{md} 用方框标出。图8-1也以三维的形式展示了客流数(客流、距离及时间三个维度),从中可以观察到起始3h的小时最大客流。表8-3中根据公式(8-1)及公式(8-2)给出【例8-1】的结果,包括发车频率(F_{kj})与发车间隔(H_{kj})的近似整数值,其中 $k=1,2$。唯一非整发车间隔是 $H_{kj} = 7.5$,因为它与所谓的整点发车间隔

(clock-headway,即从整点开始,时刻表具有按小时重复循环的特性)相符。在实际制定时刻表时,$H_{kj}=7.5$ 可以用 $H_{kj}=7$ 和 $H_{kj}=8$ 交替来得以实现。根据方法1和方法2得到【例8-1】的发车频率和间隔结果,如表8-3所示。

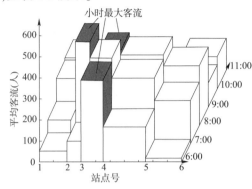

图8-1 5h客流统计

【例8-1】在方法1和方法2下的结果 表8-3

时段 j	方法1 (每日最大客流点)		方法2 (小时最大客流点)	
	(辆/h)	(min)	(辆/h)	(min)
6:00—7:00	8.0	7.5	8.0	7.5
7:00—8:00	8.4	7	10.2	6
8:00—9:00	8.0	7.5	8.0	7.5
9:00—10:00	6.4	9	6.4	9
10:00—11:00	4.0	15	4.4	14

二、断面客流(跟车调查)方法

跟车调查采集的数据能够使计划人员观察到不同站点间的客流变化,这里称为断面客流。通常具有异常分布且重复出现的断面客流意味着线路设计上还有改善的可能性。针对这一现象,最常用的运营策略是开行区间车,而线路上首、末站之间的站点可能被选择作为区间线路的起点和折返点,区间线路设计问题将在本章后续介绍。本节将在线路保持相同的前提下,利用跟车调查数据为确定发车频率提供更多选择。我们知道,实际操作中重新设计公交线路并不是公交企业常用的一种方式。

图8-2中展示了两条断面客流曲线。这些曲线来源于图8-1中【例8-1】的第1时段和第3时段。需要指出的是,在使用的大多数公交计划软件中,这些客流曲线是以各站点作为横轴来统计的。一种更合适的客流统计方法是根据从首站到末站的距离来估算客流曲线。一般来说,使用平均运行时间来代替距离是可行的,但是要求运行时间具有低变化和持续变化的特征。图8-2提供了乘客公里和乘客小时的重要评估指标。

观察图8-2中的阴影区域,如果在观测的平均最大小时客流点画一条直线,那么该直线以下、断面客流曲线以上区域则表示无效运力。在用方法2获得发车间隔时,该区域表示空座公里数。进一步,如果方法2中的d_{oj}等于座位数(通常将其作为期望拥挤度或客流因子使用),那么该指标则表示为空座公里数。根据空座公里这个无效运力指标,虽然具有相同的发车频率(基于最大客流点),但是可以看到在图8-2中8:00—9:00时段客流曲线为6:00—7:00时段客流曲线有效运力的2倍以上。下面使用断面客流曲线提供的附加信息,通过引入基于乘客公里的发车频率确定方法来解决图8-2中存在的问题。在给定相同运力限制情况下,第一种基于乘客公里数据来确定发车频率的下界或发车间隔上界的方法称为方法3,表示如下:

$$F_{3j} = \max\left(\frac{A_j}{d_{oj} \cdot L}, \frac{P_{mj}}{c}, F_{mj}\right)$$

$$A_j = \sum_{i \in S} P_{ij} \cdot l_i, \quad L = \sum_{i \in S} l_i \tag{8-4}$$

式中:l_i——站点与下一站之间的距离;

A_j——时间段j内的断面客流曲线下的乘客数·km(人·km);

L——线路长度;

其余符号意义同上。

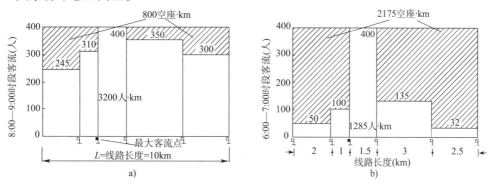

图8-2 最高断面客流相同但客流密度不同示意图

与方法2中的最大客流(P_{mj})不同,方法3将比率A_j/L看作客流P_{ij}的平均值。基于平均值P_{ij},方法3能够使得在最大客流路段上,在给定运力c的情况下乘客不会感觉到过于拥挤。这种方法适用的情况如下:计划人员了解期望的运营车辆数(发车频率),同时期望拥挤度标准的约束可被放宽,同时能够避免乘客在平均等待时间内不能乘车的情况发生。计划人员可以使用方法3处理以下问题:①需求变化但不增加可用车辆;②车辆减少(例如,坏车、保有量问题或紧急情况);③与通常相比驾驶员减少(例如,由于预算削减或与工会有关的问题)。然而,方法3在乘客出行距离延长时有可能引起满意度的下降,在这种情况下客流(载客量)大于d_{oj}。

为了消除或减少上述现象的出现,下面引入另一种方法,称为方法4。该方法通过限制客流量大于期望拥挤度的线路占线路长度的比例来保证服务水平。其计算方法如下:

$$F_{4j} = \max\left(\frac{A_j}{d_{oj} \cdot L}, \frac{P_{mj}}{c}, F_{mj}\right) \tag{8-5}$$

约束条件为$\sum_{i \in I_j} l_i \leq \beta_j \cdot L$。

式中:I_j——时段j内的断面客流P_{ij}大于发车频率$F_{4j} \cdot d_{oj}$的所有站点的集合

$$I_j = \left(i \cdot \frac{P_{ij}}{F_j} > d_{oj}\right);$$

β_j——时段 j 内允许 P_{ij} 大于 $F_{4j} \cdot d_{oj}$ 线路长度的控制参数；

其他参数意义同前所述。

通过控制参数 β_j，可以建立服务水平准则。需要说明的是，当 $\beta_j = 0$ 和 $\beta_j = 1.0$ 时，方法 4 分别等价于方法 2 和方法 3。

【例 8-2】 中时段 9:00—10:00 的断面客流曲线（参见图 8-1）如图 8-3 所示。由方法 3 得到的总客流量为断面客流曲线下的区域（1881 人·km），将其除以 $L = 10$km，可得到平均断面客流量为 188.1 人。然而，站点 1 与站点 4（4.5km）间的所有客流都大于平均数，即占线路长度 45% 的路段上，断面客流都超出平均数。为了避免超载线路长度超过预设百分比的情况发生，可以使用方法 4。如果将预设百分比设为线路长度的 40%，则断面允许的客流量为 208 人，此时只允许站点 1 与站点 2 之间（2km）以及站点 3 与站点 4 之间（1.5km）存在超载现象。将此记为方法 4 中的限定条件（40%）。如果设定百分比为 20%，则允许的断面客流量为 250 人；而在 10% 的情况下（1km），允许的断面客流量为 320 人，这与方法 2 得到的结果相同。

【例 8-3】 在 9 点到 10 点之间考虑三种方法负荷水平的荷载剖面，方法 4 的允许超载线路长度取为 10%、20% 和 40%。

图 8-4 说明了断面客流与最大客流之间的一种权衡。下面以方法 4（20%）9:00—10:00 时段为例来说明。基于表 8-2 的数据和式（8-5），取 $\beta_j = 0.2$，得到 $F_4 = \max(250/50, 320/90, 3) = 5$ 辆/h，而允许断面客流量也从 188.1 人提高到 250 人。

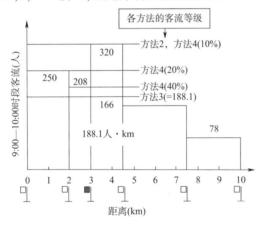

图 8-3 不同方法允许的最高断面客流

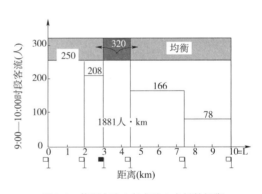

图 8-4 使用方法 4 与方法 2 之间的权衡

站点 3 与 4 之间的这 5 次计划发车将平均承载 320/5 = 64 名乘客（比期望载客量 50 多 14）。虽然如此，正如图 8-4 所示，要满足其中 1.5km 路段的超额负载，会导致（320—250）× 8.5 = 595 空座行驶公里。以经济学观点解释，这种权衡也许会影响公交定价策略。

如果发车频率由公式（8-4）和公式（8-5）中的（P_m/c）计算得出，则断面客流量由（P_m/c）· d_{oj} 确定。给出了方法 3 与方法 4 的计算结果，其中方法 4 中设定的允许超载线路长度比例分别为 10%、20%、30%。

从表 8-4 中可以发现方法 3 得到的第 1 个小时（6:00—7:00）的结果由车辆运力约束 P_{mj}/c 得出，即 $F_{31} = 400/90 = 4.44$ 辆/h。当用方法 4（10%）求得第 1 个小时的发车频率时，因为站点 3 和站点 4 之间的距离为 1.5km,占线路长度的 15%,最大客流超过线路长度的 10%,所以用方法 2 求解其发车频率(同 10% 的情况);当用方法 4(20%)和方法 4(30%)时,车辆运力约束依然生效。在第 2 个小时(7:00—8:00)使用方法 3 的结果为:F_3 = max $\{2942/(50 \times 10), 510/90, 3\}$ = 5.88 辆/h。继续用方法 4(10%)计算第 2 个小时的发车频率,平均最大客流量由 294.2 人增加到 420 人,并得到 F_4 = 8.40 辆/h。表 8-4 中其他值的计算方法类似。需要指出的是,同表 8-3 类似,表 8-4 中所有发车间隔都为近似整数。

【例 8-2】中根据方法 3 和方法 4 得到的发车频率与间隔结果　　　　表 8-4

时段 j	方法 3		方法 4					
			10%		20%		30%	
	F_{3j}(辆/h)	H_{3j}(min)	F_{4j}(辆/h)	H_{4j}(min)	F_{4j}(辆/h)	H_{4j}(min)	F_{4j}(辆/h)	H_{4j}(min)
6:00—7:00	4.44	14	8.00	7.5	4.44	14	4.44	14
7:00—8:00	5.88	10	8.40	7.0	8.40	7	6.70	9
8:00—9:00	6.40	9	8.00	7.5	7.00	9	7.00	9
9:00—10:00	3.72	16	6.40	9.0	5.00	12	5.00	12
10:00—11:00	3.07	20	4.40	14	4.40	14	4.00	15

虽然我们的目标是利用方法 3 和方法 4 实现资源节约,但问题是这种节约是否能够弥补使用跟车调查代替站点调查造成的额外费用。接下来将试图给出选择站点调查还是跟车调查方法的准则来回答这个问题。

三、选择站点调查或跟车调查的准则

本节将检验以下假设:特定的断面客流特征曲线能够决定采用何种数据采集方法,其基本出发点是根据历史断面客流数据就可以指导公交企业选择何种数据采集技术。为了检验该假设,将进一步研究相对平滑的断面客流曲线是否能够确定站点调查(方法 1 或方法 2)和跟车调查(方法 3 或方法 4)哪一种更适用的问题。

断面客流曲线的一个性质是其密度 ρ,它表示为观测的载客公里总数除以线路长度和最大载客量的乘积,即分母为距离和最大载客量的乘积。因此,时段 j 的断面客流曲线密度 ρ_j 为:

$$\rho_j = \frac{A_j}{P_{mj} \cdot L} \tag{8-6}$$

断面客流曲线密度用于检验曲线的特性。ρ 值大表示这是一条相对平滑的曲线,而 ρ 值小则表示线路各站点间客流变化大。

在实际运营中,公交企业希望节省车次,也就是希望以更少的车辆去实现供需间的平衡。正如将在下一节所阐述的那样,不同的发车间隔不一定能节省需要的车次或减少车队规模。然而,公交企业可以将断面客流曲线密度指标分析作为更全面分析前的预检查措施。下面是一些实际经验:①当密度低于 0.5 时,使用跟车调查方法并采集断面客流信息可能会达到节省的目的;②当密度在 0.5~0.85 时,可以在跟车调查和站点调查方法之间进行对比权衡,以期达到调查成本节约的目标(用于建立时刻表和车辆行车计划);③当密度大于 0.85 时,发车间隔计算所需的数据大部分可以从站点调查过程中得到(方法 1 或方法 2)。一种更加简单的操作准

则是:$\rho \leq 0.5$ 时使用方法 3 和方法 4,否则使用方法 1 和方法 2。实际上当 $0.5 < \rho \leq 0.85$ 时,方法的使用需要进一步讨论,虽然在理论上断面客流方法可能更合适,但此时使用断面客流方法与使用最大客流方法相比并不一定能获得更显著的效果。如图 8-4 所示,当总乘客公里数相对较小时,需要在拥挤度与空座数之间进行权衡的情况支持上述论述。

第二节　发车时刻表的制定

一、目标、可选时刻表和比较指标

一个高效的、节省成本的公交时刻表是在乘客满意程度和服务费用之间权衡的结果。当公交时刻表能使用最少的车辆数目来满足乘客需求时,在车辆供给和乘客需求之间就能够相互匹配,这有助于降低公交企业在支付驾驶员工资和购买车辆方面的费用。在编制公交时刻表时要体现节省成本的理念,并需要明确以下 5 个目标:

(1) 从所需资源方面评估可供选择的时刻表。

(2) 最小化所需资源的同时,提高车辆发车次数和乘客需求之间的一致性。

(3) 在编制时刻表的过程中,在一些特殊情况下,允许计划人员直接改变发车频率,而不依赖于乘客需求数据。

(4) 在相邻时段之间的交接部分,允许运用平滑发车间隔技术来编制时刻表(与人工操作时类似)。

(5) 能够集成不同的发车频率制订方法和时刻表编制过程。

1. 实际中要考虑的因素

不同的公交企业会基于他们自身的经验运用不同的时刻表编制方法。因此,至少在细节层面上,两个独立的公交企业不可能运用完全相同的时刻表编制方法;即使是同一家公交企业,计划人员也会针对不同的线路采取不同的时刻表编制方法。所以在开发计算机程序时,有必要为决策者提供多种时刻表的编制方法,并附带每种方法的解释说明,而且不可否认的是,这些方法中的一种必须与计划人员的手工或是半手工过程保持一致。通过这样的方式,计划人员不但可以加速手工或半手工编制的过程,而且还能以乘客满意和运营成本之间的平衡为标准比较各种方法和编制过程。

运营车辆的数目由时刻表决定,所需的车辆数目与计划人员运用的确定发车车次的方法紧密相关。一些公交企业按常规将 F_j 向上取整,然后计算该时段合理的发车间隔,这样就会增加日均发车车次,从而超过了满足客流需求所需的车次数。这样的处理方法可能导致运营效率降低(很多空座公里数)。

2. 可供选择的时刻表

前面列举的 5 个目标和当前编制时刻表采用的方法为制定一系列可供选择的时刻表提供了基础。制定一个时刻表需要明确它的三个属性:①时刻表的类型;②设定发车频率的方法或方法的组合;③特殊的要求。不同属性的组合可产生多种可供选择的时刻表。

时刻表的第一个属性与时刻表的类型有关,在均匀发车间隔类型的时刻表中,发车间隔为常数,即发车间距相等。平均载客量均衡类型的时刻表是指虽然在每个时段内发车间隔不均匀,但是所有车辆在小时最大客流断面的载客量相近,这种类型的时刻表适用于由于均匀发车而导致载客量非常不均衡的情况。载客量不均衡的情况通常发生在下班或放学的时间,但实际上也可能发生在其他时间。

时刻表的第二个属性是可以选择不同的设置发车频率或发车间隔的方法,并允许针对不同的时段选择某一种方法或几种方法的组合。另外,计划人员采用的方法可能并不基于客流数据,而是根据道路监督员和检察员的观察或者其他的信息来源。

时刻表的第三个属性是考虑了一些特殊的要求。现行时刻表的一个特点是通常每小时的发车时间具有重复性,而容易记忆的发车时间则基于所谓的整点发车间隔(clock headway)要求:如6min,7.5min,10min,12min,15min,20min,30min,40min,45min和60min。从表面上看,小于等于5min 的发车间隔不会对乘客能否准时到达公交车站产生影响,因此一般通过对发车间隔进行四舍五入来获得整点发车间隔。然而,与对发车频率的"四舍五入"类似,整点发车间隔也需要比实际需求更多的发车车次来满足客流需求。

第二种可能的特殊要求是允许计划人员预先确定某一时段发车车次的总和。这个要求对公交企业在资源(车辆数和驾乘人员)极度有限的情况下制定一个有效的时刻表非常有用。通过控制发车总数,比毫无系统性地减少发车次数更有效率。另外,公交企业也可能会倾向于增加更多的发车车次来提高公交服务水平,他们相信通过提供改善的服务(提高发车频率)可以吸引乘客。当然,这种特殊要求也可以通过改变期望的载客量标准(载客因子)来获得,然而载客量标准通常是一种强制标准。

最后,应该强调的是,不是所有的关于整点发车间隔的方法都有意义。如果有整点发车间隔约束,就不能选择平均载客量均衡类型的时刻表。此外,因为在整点发车间隔上存在特殊的时间限制,针对整点发车间隔的发车车次就无法预先确定。

二、平滑过渡的均匀发车间隔

时刻表的特征之一是在每个时段内重复相同的发车间隔。然而,计划人员在制定时刻表时遇到的问题是如何在两相邻时段的交接区确定发车时间,本节将讨论这个问题。

1. 基本原理

在不同时段的交接部分中,为了使发车间隔平滑,通常使用平均发车间隔方法。很多公交企业使用这个简单的原则,但是结果表明这会导致不必要的过度拥挤或者较低的利用率。

例如,考虑6:00—7:00 和7:00—8:00 这两个时段,假定第一车次在6:00 出发。在第一个时段内,期望载客量是50 人,第二个时段内是70 人。在这两个时段内的最大需求分别是120 人和840 人。假设乘客均匀到达,在这两个时段内确定的发车频率分别是120/50 = 2.4 辆/h 和840/70 = 12 辆/h,与之有关的发车间隔分别是25min 和5min。如果我们使用通用的平均发车间隔原则,那么该公交发车间隔是(25 +5)/2 = 15(min),因此,时刻表被设置为6:00,6:25,6:50,7:05,7:10,7:15,…,7:55,8:00。假设乘客是均匀到达的,7:05 出发的车辆在到达最大客流断面时,此站点在第一时段内到达的平均乘客数为(10/25) × 50 = 20(人);同样在第二个时段内为(5/5) × 70 = 70(人)。因此,在最大客流断面的预计载客量将是20 + 70 = 90(人),此数据表明在7:00 以后会因超过期望的70 人而造成过度拥挤。当然在现实生活中,乘客到达并不一定满足均匀到达的条件,在一些现实情形中(例如下班和放学后),5min 内的公交需求可能会比在先前 10min 内的 3 倍还要多,为了避免出现这种情形,可以采用 Ceder(2017)提出的以下原理。

原理1:绘制一条与时间相关的累积(非整数)发车频率曲线,每次发车都水平画线向右移动,直到与累积曲线相交,然后垂直向下移动画线直至与时间轴相交,则该交点为所需的发车时间。

证明:图 8-5 通过使用表 8-5 得到的发车频率(方法 2)来证明原理 1。当 $j=1$ 和 $j=2$ 时,曲线的斜率分别是 2.68 和 3.60,并由此可以推算出所需的发车间隔。7:05 所发车次的载客量包括 $j=1$ 时段内(16min)到达的乘客以及在 $j=2$ 时段内(5min)到达的乘客,因此该载客量近似为 $(16/22)\times 50+(5/17)\times 60=54$(人)。因为发车时刻一般被设置为整数分钟,所以此公交载客量值不是载客量 $d_{o1}=50$ 和 $d_{o2}=60$ 的精确平均值。7:00 以后精确的发车时刻应该是 $(3-2.68)\times 60/3.60=5.33$(min),用此值代替前面提到的 5min,得到的结果将与精确的平均值很接近,由此可以证明推论 1。

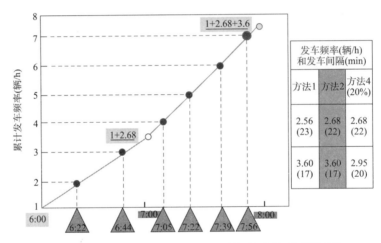

图 8-5 使用方法 2 确定发车间隔(发车时刻包括时段间的平滑过程)

算 例 表 8-5

时 段	发车时刻	小时最大客流断面的平均载客量(人)		断面客流 (人·km)	发车频率(辆/h)和发车间隔 (min,括号中的数据)		
		方法1	方法2		方法1	方法2	方法4 (20%)
6:00—7:00	06:00 * 06:15 06:50	— 52 40	— 35 65	929	2.56 (23)	2.68 (22)	2.68 (22)
7:00—8:00	07:15 07:35 07:50	90 87 75	90 87 75	1395	3.60 (17)	3.60 (17)	2.95 (20)
总时间:T(往返车程时间 + 中途停留时间和车辆周转时间) = 60min							

2. 其他发车频率制定方法

图 8-5 使用了方法 2 设置发车频率,并显示均匀发车间隔的 6 个发车时刻,所确定的发车频率为非整(表 8-5)。图 8-6 是使用方法 1、方法 3 和方法 4(20%) 得到的累积发车频率的结果。为了简化问题,由方法 1、方法 4(20%) 和方法 3 得到的第 6 个发车时刻分别为 7:41、7:46、7:55。总之,原理 1 可以节省一些不必要的车次,同时也可使在两个相邻时段间交接时的载客量达到平衡。

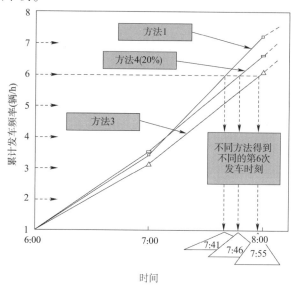

图 8-6 使用方法 1、3、4 确定发车间隔

表 8-6 中使用均匀发车间隔方法,可以得到在线路发车站点(也可以为其他站点)的发车时刻。此表应用了 3 种发车频率确定方法,提供了 5 种可供选择的时刻表(单站发车),其中的方法 2 与相关特殊要求进行了组合。可以用以下 2 个指标对这 5 个时刻表进行比较:总的发车车次和单条线路的最小车队规模。表 8-6 中的前 2 种时刻表是基于图 8-6 而得到的,下面对另外 3 种时刻表进一步给予说明。

对【例 8-2】使用一种方法或几种方法组合得到的 5 种发车间隔均匀的时刻表　　表 8-6

时刻表特征 (发车间隔均匀)	方法 2	方法 4 (20%)	第一个小时使用方法 1, 第二个小时 使用方法 4(20%)	使用方法 2 并要求 有整点发车间隔	使用方法 2 并要求 预设发车车次的 数量(5 次)
在固定时点上的发车 时刻(6:00—8:00)	6:00*	6:00*	6:00*	6:00*	6:00*
	6:22	6:22	6:23	6:20	6:35
	6:44	6:44	6:46	6:40	7:08
	7:05	7:06	7:08	7:00	7:34
	7:22	7:26	7:28	7:15	8:00
	7:39	7:46	7:48	7:30	
	7:56			7:45	
				8:00	

续上表

时刻表特征 (发车间隔均匀)	方法2	方法4 (20%)	第一个小时使用方法1， 第二个小时 使用方法4(20%)	使用方法2并要求 有整点发车间隔	使用方法2并要求 预设发车车次的 数量(5次)
发车车次的总数	7	6	6	8	5(满足预设要求)
单一线路车队规模的 最小值($T=60\min$)	4	3	3	4	3

注：* 为预设的第一个车次。

在选择时刻表时，对不同的时段可以使用不同的发车频率确定方法，这样，公交企业就能够检验这些方法在高峰和低峰时段对车辆需求的影响。例如，通过检验发现，在高峰时段应用方法4所需的车辆最多，而在低峰时段应用方法2所需车辆最多。对于表8-6中的第3个时刻表，方法1应用于第一时段，方法4(20%)应用于第二个时段(高峰)。确定两个相邻时段之间的交接区发车时刻的方法是：将方法1得到的剩余时间内所需车辆与方法4所需的发车频率相结合。由图8-6可知，在6:00—7:00，由方法1可得$F=2.56$，在7:00—8:00，由方法4可得$F=2.95$辆/h。因此根据方法1，最后一个车次在6:46出发，剩余时间的所需车辆是$14×(2.56/60)=0.597$。因此$1-0.597=0.403$是方法4的可用车辆数，并由此可得$0.403×(60/2.95)=8.2(\min)$，即发车时间应在7:00之后大约8min，而7:08之后的发车将按照方法4(20%)中的发车间隔$H=20\min$来安排。

基于方法2和整点发车间隔的要求，可得到图8-7中的第4种时刻表。如图8-7所示，在这种情况下，由方法2确定的发车间隔被近似为最接近的整点发车间隔。则6:00—7:00，$H=22\min$被近似为20min；7:00—8:00，$H=17\min$被近似为15min。

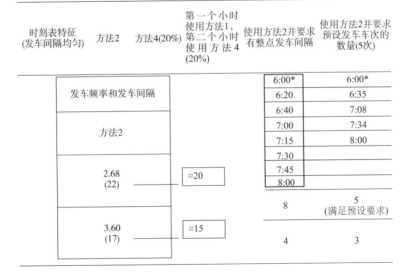

图8-7 方法2整点发车间隔要求

注：* 预设的第一个车次。

如果使用方法2,并且预设有5个发车时刻(第一个发车时刻为6:00),则可得到最后一种时刻表。如图8-8所示,使用方法2得到(排除6:00)的预期车次数为2.68 + 3.60 = 6.28。由于需要确定另外4个发车时刻,发车频率可以用比例4/6.28 = 0.673来修正,即在6:00—7:00,$F = 1.71$(= 2.68 × 0.637)辆/h,$H = 35$min;在7:00—8:00,$F = 2.29$辆/h,$H = 26$min。当然,如果客流需求保持不变,当限制发车总数时,计划人员应该认识到潜在的过度拥挤风险。然而,特殊要求的目的是通过一个系统化的计算过程来处理紧急情况(有限的资源)和可能吸引到额外的乘客需求的情况(比计算结果需要更多的车次)。

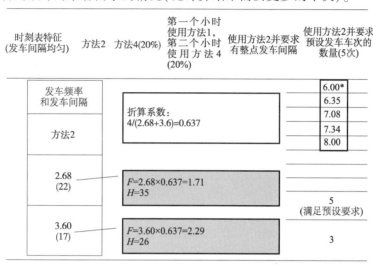

图8-8 方法2预设5个发车时刻

注:* 预设的第一个车次。

下面解释如何计算表8-6中的最小车队规模。如图8-9所示,以表中的第一种时刻表(由方法2产生)为例,因为车次的往返行驶时间$T = 60$min,对在6:00发车的第一班车次加上60min,表明执行这个车次的车辆能够继续执行7:05的车次,因此,在6:00、6:22和6:44发车的车次需要3辆车。通过继续给6:22加上60min,会使执行该车次的车辆继续执行7:22发车的车次,同样执行6:44车次的车辆也可以继续执行7:56发车的车次,这样就产生了彼此独立的发车车次(6:44,7:05,7:22和7:39)。继续计算在每60min内发车的次数,可以找到一个最大值,它就是单条线路所需的最小车队规模。对于表8-6中的第一种时刻表,单线最小车队规模是4。

三、平均载客量均衡的发车间隔

均匀发车间隔时刻表有时无法满足客流需求的变化。前文已述,即使是在单一的时段内,乘客需求也会不断变化,因此导致了在发车间隔均匀的情况下,小时最大客流断面上单个车辆的载客量不均衡。均匀发车间隔时刻表适用于载客量高和发车间隔短的线路。然而,为了提高公交服务的可靠性,一般更愿意采用均衡载客量方案,而不是均匀发车间隔方案。乘客自动计数系统(APC)提供了一个调查乘客需求变化的方法,通过分析海量的客流数据,可以将车辆发车次数和可变的乘客需求互相关联匹配。通过以下方法可以实现这个匹配关联的过程:在小时最大客流断面上使单个车辆具有均衡的平均载客量。

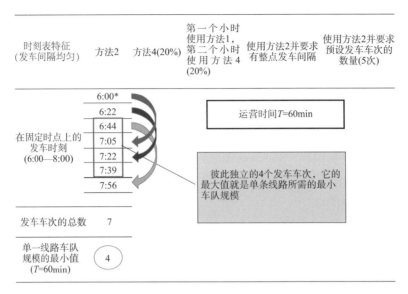

图 8-9 最小车队规模计算

注：* 预设的第一个车次。

1. 基本原理

下面通过一个简单的例子，来说明载客量均衡的问题。考虑一个具有均匀发车间隔的时刻表，在这个时刻表中，在 7:00—8:00 时段，每隔 20min 发一班车，因此发车时刻为 7:20、7:40 和 8:00。跟车调查数据表明，在 7:40 出发的第二辆车明显比第三辆车有更多的乘客。在这 60min 的时段中观察到的最大客流量为 150，而所期望的容量是 50。因此，利用方法 2，需要 3 辆车来满足均匀发车间隔时刻表要求，而这 3 辆车在小时最大客流断面所观察到的平均载客量分别是 50、70 和 30。实际上，公交企业可以通过调整发车时间使每辆车在小时平均最大客流断面的平均载客为 50。假设乘客均匀到达，则在 7:20—7:40 之间每分钟到达的乘客数为 70/20 = 3.5，在 7:40—8:00 之间每分钟到达的乘客数为 30/20 = 1.5。如果第二辆车的发车时间向前调整 X min（早发车），则方程 $3.5X = 70 - 50$ 将产生一个平衡的行车计划，此时 $X = 5.7$ min ≈ 6 min，即在 7:20、7:34 和 8:00 发车，而第三次发车会在小时最大客流断面增加 20 名乘客。均匀发车间隔可以保证有足够的车辆来满足小时客流需求，但是不能保证每辆车在客流高峰时段的载客均衡。为了避免这种不均衡情况，这里提出下述原理。

原理 2：绘制一条在小时最大客流断面观察到的累积客流曲线。对于所有时段 j 的 d_{oj}，以 d_{oj} 为起点，向右水平移动画线，直到与累积客流曲线相交，然后再向下垂直移动画线与时间轴相交，则该交点为所需发车时间。

命题 2：原理 2 求得的发车时间可使小时最大客流断面上每辆车的平均最大载客量达到期望的载客量 d_{oj}。

证明：下面以表 8-5 的方法 2 进行说明。从图 8-10a）可以发现，为了达到均衡载客，站点 3 第 1 时段($j=1$)和站点 2 第 2 时段($j=2$)的发车间隔分布不均匀，由此根据累计曲线得到的均衡载客量接近 $d_{o1} = 50$，$d_{o2} = 50$。假设在两次发车之间乘客均匀到达，那么第一个发车(6:23)在站点 3 的载客量由 6:00—6:15 的到达率(35/15 = 2.33)和 6:15—6:50 的到达率(65/35 = 1.86)决定，可得 $2.33 \times 15 + 1.86 \times 8 \approx 50$。在 $j=1$ 和 $j=2$ 之间的交接区

[图 8-10a)],因为 7:00 以后的发车 $d_2=60$,且站点 2 将发车时间取整,由此可得在小时最大客流断面上 7:07 发车车次的载客量为 $17\times(90/25)=61.2$。其精确值的计算,可由公式 $(10+y)\cdot(90/25)=60$ 得到 $y=6.67\min$,命题 2 得证。

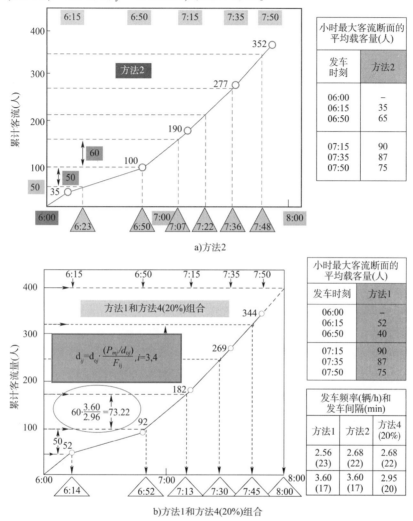

图 8-10 在小时最大客流断面使用方法 2 及在日最大客流断面联合使用方法 1 和 4(20%)确定载客量均匀的发车时刻

2. 均衡载客解释

利用在小时最大客流断面上观测得到的载客量数据(表 8-5,方法 2),图 8-10a)显示了由均衡载客过程中产生的 7 次发车。累积客流曲线可以由发车次数和最大载客量得到 $(35+65+90+\cdots)$。曲线中每一线段的斜率为乘客到达率。例如,6:50—7:15 的乘客到达率为 $90/25=3.6$(人/min)。曲线与第一个期望载客量 $=50$,相对应的时间是 6:23,第二个是 6:50。这意味着第二辆发车的期望载客量并未改变,因为 $35+65=50+50$。

下面考察累积载客量为 150 的情况,由图 8-10a)可知,与曲线中此点相对应的时间在 7:00 之后,此后 $d_{o2}=60$。累积载客量曲线能够保证在任一时段出发的第一个车次能够满足分配给这一时段的客流量。在此过程中,唯一例外的情况是基于公式(8-3)的最小频率标准所确定的发车频率。在这种情况下,为了避免过度拥挤现象,对于给定时段j,可以考虑不采用均衡载客量方法,转而采用均匀发车间隔方法。然而,为了在最小发车频率情况下依然能够保持均衡的载客量,必须根据下面给出的公式对d_{oj}进行替换。

与用方法2描述的小时最大客流断面进行对比,图8-10b)给出了基于日最大客流断面的平均载客量均衡的时刻表。此例中,将方法1(6:00—7:00)和方法4(20%)(7:00—8:00)组合使用。累积载客量曲线则基于在站点2(日最大客流断面)观察到的载客量数据,相关数据和曲线可见表8-5和图8-10。方法1的期望载客量与方法2($d_{o1}=50$)的相同,而d_{o2}的值则需要和方法4(20%)得到的发车频率结果相一致。因此,可用下面的比例公式计算d_{o2}的替代值:

$$d_{ij} = d_{oj} \cdot \frac{F_{ij}}{P_{mj}/d_{oj}} \quad (i=3,4;j=1,2,\cdots,q) \tag{8-7}$$

式中: d_{ij}——调整后的"期望载客量";

i——确定发车频率的方法编号;

j——时段;

F_{ij}、P_{mj}、d_{oj}——发车频率、最大客流量和期望载客量。

对于所有方法而言,公式(8-7)也适用于发车频率由法定最小频率标准来确定的情形,而此标准为公式(8-3)和公式(8-5)得到的结果。例如,在方法2的情况,$F_{2j} = \max(P_{mj}/d_{oj}, F_{mj}) = F_{mj}$,其中$F_{mj}$是在时段$j$内的最小发车频率标准。

基于公式(8-7),应用方法4(20%)得到以下结果:$d_{4,2}=60(3.60/2.95)=73.22$,该调整的载客量在图8-10中被用来编制时刻表。表8-7给出了图8-10中的2个时刻表和例2中的其他可选时刻表。

对使用一种方法或几种方法组合得到的4种均衡载客量时刻表　　　　表8-7

时刻表特征 (载客量均衡)	方法2	方法4 (20%)	方法1(6:00—7:00), 方法4(20%)(7:00—8:00)	使用方法2并要求预设 发车车次数(5次)
期望达到平均均衡载客量的站点位置	小时最大客流断面	小时最大客流断面	日最大客流断面	小时最大客流断面
固定发车站点的发车时刻 (6:00—8:00)	6:00	6:00*	6:00*	6:00
	6:23	6:23	6:14	6:38
	6:50	6:50	6:52	7:10
	7:07	7:10	7:13	7:33
	7:22	7:28	7:30	7:52
	7:36	7:44	7:45	
	7:48	7:58	8:00	
	8:00			
总发车车次	8	7	7	5(满足预设要求)
单线路最小车队规模 ($T=60\min$)	5	4	4	3

注:*为预设的第一个车次。

当使用断面客流的方法时,为了减少空座公里数,其期望载客量比使用最大客流方法时要大。表 8-7 中的第二列给出了依据方法 4(20%)得到的小时最大客流断面时刻表。此时刻表根据原理 2 制得,并且和图 8-10a)有相同的累积客流曲线,但是基于公式(8-7)来调整 d_{ij}。在 6:00—7:00 时段由方法 2 和方法 4(20%)给出的发车频率一致,且两者均有 $d_{i1}=50$。但对于 7:00—8:00 时段,由于 $d_{i2}=73.22$,因此 7:00 以后的第一个发车时刻是在 6:50 后 y min,而该时刻载客量为 73.22 人,由此可得 $y=73.22\times25/90=20.33\approx20$ min,从而方法 4 确定的发车时刻为 6:50+20 min=7:10。

使用方法 2 并基于 5 个预设的发车(包括第一个 6:00 发车的时刻)可得表 8-7 中的最后一种时刻表。与上一节平滑过渡的均匀发车间隔中所用的方法相同,期望载客量按比例进行修正,采用的比例为 $4/6.28=0.637$。因此,在例 2 中的两个时段将分别使用载客量 $50/0.637=78.5$ 和 $60/0.637=94.2$,来代替 $d_{o1}=50$ 和 $d_{o2}=60$。在此期望载客量条件下,可以应用原理 2,并通过图 8-10a)的累积曲线得到此时刻表。需要注意的是,因为整点发车间隔时刻表要求发车间隔必须均匀,因此应用均衡载客量方法不能满足整点发车间隔这种特别要求。

表 8-7 中的比较指标与上一节平滑过渡的均匀发车间隔相同。对于基于均匀发车间隔和均匀载客量两种方法而制订的时刻表,发车车次和单线路车队规模的比较指标应该相似。然而,由于对时刻表结束时间(8:00)利用的方式不同,可能会导致这种相似性出现变化。

第三节 车辆行车计划编制

一、基本概念与术语

车辆行车计划编制是公交企业运营的重要环节。在实际运营中,公交企业希望用较少的公交车辆,满足发车时刻表运营要求。为了更方便地描述和理解车辆行车计划编制问题,首先需要定义如下基本概念:

1. 车次

车次一般在时刻表制定的时候就已经给定。一个车次由开始站点、结束站点、开始时刻、结束时刻四个要素组成。

2. 车次链

车次链是指一辆车从车场出发,执行一系列车次,最终返回车场的全部运营工作。每个车次链包含了车辆一天的行车计划任务。

3. 车辆行车计划

车辆行车计划是指所确定的一日车辆运营工作,是由一组车次链组成的。车辆行车计划,必须保证每个车次由且仅由一辆车执行,通常还应该遵守公交企业制定的相关要求(能源补给、维修等)。

表8-8是广州某公交企业一条公交线路的发车作业计划表,上行与下行代表车辆的不同行驶方向。在行车计划制定前,我们仅仅知道车次的各项信息,例如上行车次1的开始时刻为6:30,结束时刻为7:00,起始站为富丽环市西苑总站,终点站为白沙总站。车辆行车计划编制,就是在给定线路发车时刻表的前提下,通过合理构建车次链(例如指派车辆"双1"执行上行车次1、下行车次4、上行车次8、下行车次12)完成车辆行车计划(哪个车次由哪辆车执行),使其符合各项规则及约束条件,实现车辆数量或运营总成本最小化。

某公交线路的发车作业计划表　　　　　　表8-8

上行	（富丽环市西苑总站—白沙总站）			下行	（白沙总站—富丽环市西苑总站）		
车次	时刻	车辆	停站时间	车次	时刻	车辆	停站时间
1	06:30—07:00	双1	0	1	06:30—07:03	双6	0
2	06:40—07:09	双2	0	2	06:40—07:18	双7	0
3	06:50—07:21	双3	0	3	06:50—07:29	双8	0
4	07:00—07:31	双4	0	4	07:00—07:39	双1	0
5	07:10—07:42	双6	7	5	07:10—07:53	双2	1
6	07:20—07:53	双7	2	6	07:20—08:03	单1	0
7	07:30—08:05	双8	1	7	07:30—08:16	双3	9
8	07:40—08:15	双1	1	8	07:40—08:26	双4	9
9	07:50—08:24	双5	0	9	07:50—08:37	双6	8
10	08:00—08:35	双2	7	10	08:00—08:47	双7	7
11	08:10—08:44	单1	7	11	08:10—08:56	双8	5
12	08:20—08:54	双3	4	12	08:20—09:04	双1	5
13	08:30—09:05	双4	4	13	08:30—09:15	双5	6
14	08:40—09:15	双6	3	14	08:40—09:25	双2	5
15	08:50—09:24	双7	3	15	08:50—09:35	单1	6
…	…	…	…	…	…	…	…
82	21:54—22:30	双6	0	82	22:12—22:55	双4	15

实际行车计划编制是一项非常复杂的工作,这种复杂性主要是由公交企业特殊的需求所带来的,例如考虑多车型、车辆燃料消耗及补充、与司乘人员调度相结合等。由于章节所限,本节主要介绍了单线调度模式以及区域调度模式下行车计划的编制。

二、单线调度模式

单线调度模式的主要特征在于公交企业的主要资源以单条公交线路为单位进行组织,车辆和司售人员都是按照线路进行划分并做固定配置,相应的其他辅助运营资源如现场调度人员、停车场、加油(加气)站、维修场所等也都是按照线路进行配属或者照顾单条线路营运的方便性而设置的。单线调度模式以线路为单位编制行车计划并进行调度,线路配车按照线路最大断面流量确定,基于线路的断面客流量、客流方向,决定线路的配车(车辆调度方案)、配班(驾驶员调度方案),以及首、末站的发车及收车时间。在首末站均设调度员,实行首末站调度。单线调度模式如图 8-11 所示。

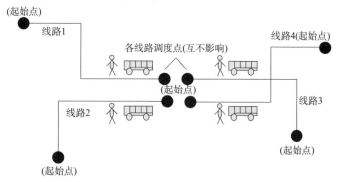

图 8-11 单线调度模式

下面介绍车辆行车计划编制。在这里不允许跨线调度和空驶,并且每条线路都单独运营。假设线路有两个场站:a 和 b。t_{ia} 为从 a 站发出第 i 车次的时间,t_{jb} 为从 b 站发出第 j 车次的时间。T_{ria} 表示从 a 站发出第 i 车次的单程行驶时间(包括车辆在线路上的运行时间和在 b 场站的停滞回场时间),T_{rjb} 表示从 b 站发出第 j 车次的单程行驶时间(包括车辆在线路上的运行时间和在 a 场站的停滞回场时间)。假设 t'_{ia} 为从 a 站发出的第 i 车次(记为 ia)能够在 b 站执行第一个可行车次后回到 a 站执行下一个可行车次(记为 $i'a$)的时间,t'_{jb} 为从 b 站发出的第 j 车次(记为 jb)能够在 a 站执行第一个可行车次后回到 b 站执行下一个可行车次(记为 $j'b$)的时间,根据事件发生的时间先后顺序,存在下列关系:

$$t'_{ia} \geq t_{ia} + T_{ria} + T_{rjb} \quad (8\text{-}8)$$

$$t'_{jb} \geq t_{jb} + T_{ria} + T_{rjb} \quad (8\text{-}9)$$

记在 t_{ia}-t'_{ia} 时间段内(不包含 t'_{ia})从 a 站发出的车次数为 n_{ia},在 t_{jb}-t'_{jb} 时间段内(不包含 t'_{jb})从 b 站发出的车次数为 n_{jb},则该线路为了满足发车时刻表需要的最小车辆配置规模为:

$$N_{\min} = \max[\max(n_{ia}), \max(n_{jb})] \quad (8\text{-}10)$$

单一公交线路需用车辆数目的求解实例如图 8-12 所示,图中,单向平均运营时间为 $T_{ria} = T_{rjb} = 15\min$。时刻表包含自场站 b 发出的 12 个车次和自场站 a 发出的 10 个车次。n_{ia} 和 n_{jb} 的计算过程如箭头所示。图 8-12 中的实线表示自 a 到 b 的第一个可行连接(可行指距离发车时刻 15min 后),反方向虚线表示自 b 到 a 的第一个可行连接(也是 15min 后)。根据公式(8-10),可确定 n_{ia} 和 n_{jb},并最终确定最小车辆数目,即 $N^r_{\min} = 5$。值得注意的是,本例出于简化的考虑,T_{ria} 和 T_{rjb} 使用了相同的值。当 T_{ria} 和 T_{rjb} 不同时,也可用同样的方法来处理。

车次链可以利用 FIFO(先到先发)规则构造。也就是说,一个车次链自一个场站出发执行第一个指定的计划车次,然后在线路的另一个终点站执行第一个可行的车次(基于线路时刻表)。车次链通常以返回场站的车次结束,发出和返回场站的车次通常是空驶车次。如图 8-12 所示,以 b 站第一个车次(5:00)为起始车次,依照 FIFO 规则构造第一条车次链,得到 [5:00(b)-6:00(a)-6:30(b)-6:45(a)-7:05(b)-7:20(a)-7:40(b)-8:00(a)]。当得到第一条车次链后,删除已选择的发车车次,继续构建第二条车次链,以此类推。构造出的 5 个车次链如下:[5:00(b)-6:00(a)-6:30(b)-6:45(a)-7:05(b)-7:20(a)-7:40(b)-8:00(a)];[5:30(b)-6:15(a)-6:50(b)-7:10(a)-7:30(b)];[6:00(b)-6:30(a)-7:10(b)-7:25(a)-

8:00(b)];[7:00(a)-7:15(b)-7:40(a)];[7:20(b)]。值得注意的是,车次链构造规则并不唯一。车次链与车次链之间也可以交换车次,例如第4条车次链与第5条车次链交换车次得[7:00(a)-7:20(b)-7:40(a)];[7:15(b)]。每个车次链可以自同一场站发出和返回,也可以作为一个更大的车次链的组成部分。最后,当两条线路终点之间可以插入空驶车次或者可以微调发车时间时,上面提出的方法应用起来会更加复杂。

n_{ia}	计算 n_{ia} T_{rja}=15min		计算 n_{jb} T_{rjb}=15min		n_{jb}
	a 站时刻表	b 站时刻表	a 站时刻表	b 站时刻表	
3	6:00	5:00	6:00	5:00	3
2	6:15	5:30	6:15	5:30	2
3	6:30	6:00	6:30	6:00	1
3	6:45	6:30	6:45	6:30	2
4	7:00	6:50	7:00	6:50	5
4	7:10	7:05	7:10	7:05	5
3	7:20	7:10	7:20	7:10	4
2	7:25	7:15	7:25	7:15	4
2	7:40	7:20	7:40	7:20	3
—	8:00	7:30	8:00	7:30	3
		7:40		7:40	2
		8:00		8:00	—
max n_{ia}	4				
max n_{jb}			5		
N^r_{min}		max(4,5)=5			

图 8-12 单线路车队规模求解过程示例(无空驶车次插入)

三、区域调度模式

传统单线调度模式中存在着以下问题:①行车计划在一条线路编制,引起低峰时段运力闲置;②线路的富余运力只能在本线路调度,车辆的利用率低;③按线路配备管理人员,人员需求比例偏高;④采集信息手段落后,到站获取车辆相关运行信息。相对以单线为调度单位,"小"而"散"的公交单线调度模式,公交区域调度模式是以一个运营区域为单位进行运营资源的组织与调度。具体每一个区域范围的确定主要是以整个区域的运营效率最高为标准确定的。区域调度模式下,多条线路组成一个区域,属于不同线路的车辆、司售人员在区域调度模式下可以在整个区域内自由调度,而其他辅助设施和管理人员则集中配置和建设,为整个区域所用。相比单线调度,区域调度可以做到:①行车计划多条线路集中编制,减少各线路闲置运力;②区域协调车辆、司售人员配置,减少车辆、人员淡季闲置;③富余运力区域内调度,提高车辆利用效率;④以线路为单位调度转变为以区域为调度实体,减少管理人员数量;⑤调度员可以实时获取车辆调度异常信息,可超前采取调度措施。

在区域调度模式下,通常允许车辆空驶及跨线调度。如图 8-13 所示,如果两条线路拥有相同的终点站,跨线调车可在站内实现,也可通过空驶车次实现。所有车次都必须执行,且从某一场站发出的车辆必须最终回到该场站。公交线网中的车辆行车计划编制问题最困难的部分是在满足时刻表需求的基础上使车辆数目最少或总成本最小。包含多终点站(多线路)的车辆行车计划编制问题可以归结为多场站调度问题(Multi-depot Vehicle Schedule Problem,MDVSP)。这一问题非常复杂,已经被证明为 NP-hard 问题。

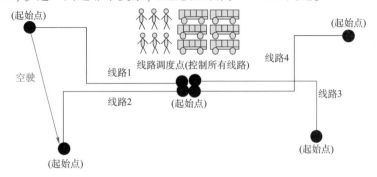

图 8-13　区域调度模式

为了求解这一问题,许多学者投入了大量的精力,建立了不同种类的模型,使用了不同的求解方法。MDVSP 可以被建模为网络流模型或集合划分模型。网络流模型将每个车次当作网络上的一个节点,网络的弧为相邻两节点对应车次是否被同一辆车完成,不同弧相连接构成一条完整的车辆路径。集合划分模型将所有车次分为几部分,每部分车次都被一辆车完成,车辆完成车次的次序由车次的开始时间决定。这些模型都是混合整数规划问题,求解这类模型可以使用经典的整数规划求解方法,例如分支定界算法等。然而,这些方法都只适用于小规模、约束条件简单的问题,对于大规模、约束条件复杂的问题,通常基于集合论知识建立特征模型,并采用智能算法(例如遗传算法、粒子群算法等)进行求解。此外,为了将有经验的公交计划人员在调度过程中考虑的一些实际因素引入方法中,Ceder 和 Stern (1981)提出了一种交互式方法——逆差函数法。关于逆差函数法,感兴趣的读者可以阅读相关文献。

1. 数学规划模型及求解方法

网络流模型是求解公交车辆调度的经典方法。这里以 3 车次 2 车场的多场站调度问题为例,详细介绍网络流模型的建模及求解思路。该问题有 a、b、c 三个车次,其时刻表如表 8-9 所示。在表 8-9 中,第六列及第七列表示车次 a、车次 c 均可被从 k_1、k_2 发出的车辆执行,车次 b 仅能被从 k_2 发出的车辆执行。k_1、k_2 两个车场与 s_1、s_2 两个站点的距离均为 1,s_1、s_2 之间的距离也为 1。假设车辆固定成本 $c_0 = 10$,单位距离成本 $c_1 = 1$,单位等待时间成本 $c_2 = 0.5$。

3 车次 2 车场问题时刻表　　　　　　　表 8-9

车次	开始站点	结束站点	开始时刻	结束时刻	k_1	k_2
a	s_1	s_2	1	2	+	+
b	s_2	s_1	3	4	−	+
c	s_2	s_1	5	6	+	+

建立网络流模型如图 8-14 所示。可以看到,这个网络分为两层,上层代表从 k_1 发出的车辆,下层代表从 k_2 发出的车辆。网络按照车场分层可以确保从某一车场发出的车辆,最终能

够回到该车场。在每一层网络中,节点表示场站或站点,弧表示场站与站点之间可行的连接。车次弧连接了车次的开始站点与结束站点,表示执行一个车次。车次连接弧连接了车次的结束站点与下一车次的开始站点,表示车辆相继执行这两个车次。值得注意的是,车次的连接既可以在站内实现,也可以通过空驶实现。发车弧连接了车场与该车场可执行车次的开始站点,收车弧连接了该车场可执行车次的结束站点与车场。

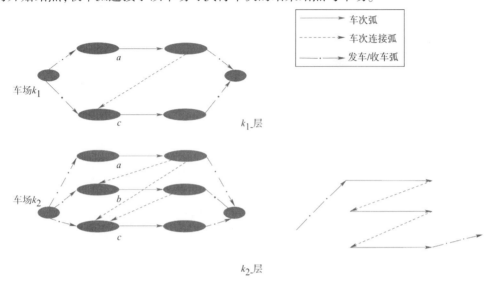

图 8-14 网络流模型

令 $N = \{1, \cdots, n\}$ 表示车次节点集合,$K = \{1, \cdots, m\}$ 表示车场节点集合。对于每个车场 $k \in K$,我们都有图 $G^k = (V^k, A^k)$,其中 $n+k$ 表示第 k 个车场。节点集合 V^k 由第 k 层的车次节点及车场节点组成,即 $V^k = N \cup \{n+k\}$。弧集合 A^k 包含第 k 层的车次节点与车次节点的弧、第 k 层的车场节点与车次节点的弧、第 k 层的车次节点与车场节点的弧,即 $A^k = N \times N \cup \{n+k\} \times N \cup N \times \{n+k\}$。其中 × 表示笛卡尔积,表示第一个对象的成员与第二个对象的成员所有可能有序配对的集合。在这个网络中,车次弧、车次链弧、发车/收车弧的容量均为 1。弧的费用计算如下:

$$c_{ij} = \begin{cases} c_0 + c_1 \cdot d_{ij} & \text{(发车弧)} \\ c_1 \cdot d_{ij} & \text{(车次弧/收车弧)} \\ c_1 \cdot d_{ij} + c2 \cdot (T_j - T_i - t_{ij}) & \text{(车次连接弧)} \end{cases} \quad (8\text{-}11)$$

式中:c_{ij}——弧 ij 的费用;

d_{ij}——从 i 节点到 j 节点的行驶距离;

T_i——i 节点的时刻,既可能是车次的开始时间,也可能是车次的结束时间;

t_{ij}——从 i 节点到 j 节点的行驶时间。

可以看到,发车弧的成本由车辆固定成本与距离成本组成,车次弧/收车弧的成本由距离成本组成,车次连接弧成本由距离成本与等待时间成本组成。

一个可行的车辆行车计划对应网络模型上的一个可行流,必须满足每个车次节点的流入量和流出量等于 1。而最优流(可行流且总费用最小)决定了最优车辆调度计划。图 8-14 右下角的流给出了一个可行且车辆数量最小的解的例子。

若 $m=1$，即只有 1 个车场，问题退化为单车场车辆调度问题。单车场车辆调度问题可以建模为最小费用流模型，这个问题比较容易求解。当 $m \geq 2$，网络规模随着车场数量成倍增加，且在数学模型上需要添加约束条件，保证有且只有一辆车执行车次。因为具有整数变量的约束（所有流量必须等于 0 或 1），优化模型不再是最小费用流模型，并且已经难以求解。

令 x_{ij}^k 表示第 k 个车场从 i 节点到 j 节点的流量，当 $x_{ij}^k = 1$ 时，表示从车场 k 出发的车辆相继执行 i 节点和 j 节点的车次任务，否则为 0。于是，多车场车辆调度问题可以建模为多商品流模型：

$$\min \sum_{k \in K} \sum_{(i,j) \in A^k} c_{ij} x_{ij}^k \tag{8-12}$$

$$\text{s.t.} \sum_{k=1}^{m} \sum_{i \in V^k} x_{ij}^k = 1, \forall j \in N, \forall k \in K, \forall (i,j) \in A^k \tag{8-13}$$

$$\sum_{j \in N} x_{n+k,j}^k \leq r_k, \forall k \in K \tag{8-14}$$

$$x_{ij}^k \in \{0,1\}, \forall k \in K, \forall (i,j) \in A^k \tag{8-15}$$

公式(8-12)表示最小化总成本，包含各种弧费用的累加。公式(8-13)为流量守恒约束，表示每个车次只执行一次。公式(8-14)为车场容量约束，表示车场发出的车辆数量不超过车场容量。公式(8-15)表示决策变量 x_{ij}^k 是 0-1 变量。

对于中小规模的多车场车辆调度问题，由于多商品流模型是混合整数线性规划模型，因此在变量数目不大时可以直接使用优化求解器去求解。常见商业优化求解器有：CPLEX、GUROBI。常见开源优化求解器有：SCIP、GLPK、LP_Solve 等。在实际实施过程中，大致有如下流程：①读取数据，构建网络；②根据网络构建网络流优化模型；③调用优化求解器求解相应模型；④根据求解器结果，获得车辆行车计划。

对于大规模的多车场车辆调度问题，由于车次连接数量随车次数量呈平方增长关系，因此对应的混合整数线性规划模型的变量数量也急剧增加，标准的优化求解器将难以求解这些问题。有很多技巧可以减少变量数目，例如 Kilewer 等人（2006）提出了一种时空网络模型，可以大幅度缩减时空网络模型中弧的数量；一些文献则直接舍弃了等待时间过长的弧；此外，也可以通过模型转化，并利用列生成算法进行求解。

2. 特征模型及遗传算法

1）特征模型

为了更加准确地反映真实问题，同时，也为利用启发式方法和智能计算的方法求解多车场调度问题奠定基础，下面建立一个多车场调度问题的特征模型。其主要思路是利用集合的表示方法，真实地描述出多车场调度问题中的关键因素。建立的特征模型如下所示：

$$\min c_0 \sum_{\forall k \in K} |V_k| + c_1 \Big[\sum_{\forall k \in K} \sum_{\forall v \in V_k} \sum_{\forall n_i \in N_k^v} \mathrm{dis}(\mathrm{dp}_{n_{i-1}}, \mathrm{sp}_{n_i}) + \sum_{\forall n_i \in N_k^v} \mathrm{dis}(\mathrm{sp}_{n_i}, \mathrm{dp}_{n_i}) \Big] +$$

$$c_2 \sum_{\forall k \in K} \sum_{\forall v \in V_k} \sum_{\forall n_i \in N_k^v} [\mathrm{st}_{n_i} - \mathrm{et}_{n_{i-1}} - \mathrm{time}(\mathrm{dp}_{n_{i-1}}, \mathrm{sp}_{n_i})] \tag{8-16}$$

$$\text{s.t.} V_p \cap V_q = \varnothing, \forall p, q \in K \tag{8-17}$$

$$\bigcup_{\forall k \in K, \forall v \in V_k} N_k^v = N \tag{8-18}$$

$$T_p^u \cap T_q^v = \emptyset, \forall u \in V_p, \forall v \in V_q \tag{8-19}$$

$$|V_k| \leq r_k, \forall k \in K \tag{8-20}$$

式中：$N_k^v = \{n_1, n_2, \cdots, n_{|N_k^v|}\}$——从车场 k 出发的每辆车 v 依次执行的班次序列，该车辆在完成所有班次后返回车场 k；

$N = \{n_1, n_2, \cdots, n_{|N|}\}$——所有不同线路的固定时刻表的班次集合，对 $\forall n_i \in N$ 要求车辆在时间 st_{n_i} 从某车场 sp_{n_i} 出发和在终止时刻 et_{n_i} 到达车场 dp_{n_i}；

K——车场集合；

V_k——车场 $\forall k \in K$ 出发的相应车辆集合；

r_k——车场 $\forall k \in K$ 停车的最大泊位数。

车辆 $\forall v \in V_k$ 到达班次 $\forall n_i \in N_k^v$ 的始发车场 sp_{n_i} 的时刻为 $t_{n_i} = et_{n_{i-1}} + \text{time}(dp_{n_{i-1}}, sp_{n_i})$。若 $\text{dis}(dp_{n_{i-1}}, sp_{n_i}) \neq 0$，车辆从 $\forall n_{i-1} \in N_k^v$ 的终点车场空车驶向 $\forall n_i \in N_k^v$ 的始发车场情况为空驶班次（Deadhead Trip, DH Trip）。c_1 为单位车辆成本，包括折旧、保修、保险及管理等各项费用等；c_2 为单位燃料费用；c_3 为单位等待时间费用。

在上述模型中，公式（8-16）是问题的目标函数，表示极小化营运成本，前三项分别为车辆使用成本、燃料成本及等待时间成本；公式（8-17）表示一辆车仅属于一个车场；公式（8-18）确保所有班次都被车辆执行；公式（8-19）表示一辆车同时只能执行一个班次，一个班次只能被一辆车执行；公式（8-20）保证任意时刻车辆入车场满足其容量限制。

2）遗传算法

遗传算法（Genetic Algorithm, GA）是一种借鉴生物性法则"适者生存，优胜劣汰"演化而来的求解复杂问题的通用框架的随机化搜索方法，具有自组织、自适应和自学习性等特点。

根据问题特征，设计求解 MDVSP 的 GA 定义编码方案：采用自然数编码，MDVSP 每一个解用向量 $X = (x_1, x_2, \cdots, x_{|N|})$ 表示，元素 x_i 表示班次编号，取值为 $1 \sim |N|$ 之间的互不相同整数。对 $\forall x_i \in X$，若 $st_{x_i} - et_{x_{i-1}} - \text{time}(dp_{x_{i-1}}, sp_{x_i}) \geq 0$，某车辆完成班次 x_{i-1} 后，紧接着执行班次 x_i；否则，两班次 x_{i-1} 和 x_i 被不同车辆完成。其中 x_1 的前一个班次可能是 $x_{|N|}$。显然，任意 X 均可解码为不同车辆完成班次序列（最坏情况为每个班次都被不同的车辆完成），若它们满足式（8-21）~式（8-24），X 是一个可行解。遗传算法的选择、交叉、变异等操作，可按遗传算法求解其他组合优化问题的方式进行。

实行区域跨线调度，统一安排车辆完成所有班次，可以有效降低营运成本。图 8-15 则给出了三个车场使用车辆情况。表 8-10 给出了对于 3 个起讫车场 6 条线路的问题采用遗传算法求解得到的部分车次链，"A、B、C"代表车场编号，数字代表车次编号，"DH"表示空驶，"fuel"表示在执行该车次之后进行燃料补充。可以看到采用空驶的方案能够有效降低运营成本，减小车队规模。

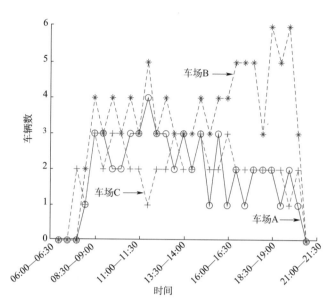

图 8-15 各车场全天各时段车场的车辆数

车辆调度方案　　　　　　　　　　　　　　表 8-10

编号	每车辆完成班次序列情况	时间(min)			里程(km)	
		行驶	等待	空驶	行驶	空驶
1	C-155-106-DH-112-DH-16-204(fuel)-251-212-DH-142-178-152-C	670	125	60	495	60
2	A-97-229-189-DH-193-240-66(fuel)-21-208-172-36-222-A	680	175	15	515	20
3	B-46-107-160-117-165-DH-73(fuel)-DH-254-84-144-DH-39-B	665	90	60	485	65
4	B-43-DH-51-111-162-121-DH-72(fuel)-132-DH-30-217-265-B	655	145	50	485	60
5	A-1-DH-231-53-113-241-202(fuel)-168-135-174-35-223-A	690	150	20	515	25
…	…	…	…	…	…	…
27	C-153-4-192-238-62-20(fuel)-DH-250-80-140-261-221-C	660	140	20	495	25

第四节　司乘人员排班

　　司乘人员排班是公交调度计划中的重要一环,关系着整个调度计划的人员使用效率和运营成本。科学的驾驶员调度计划是司乘人员排班的核心,对于提高整个调度计划的效率、减少运营成本起着重要作用。为了更方便描述和理解司乘人员排班问题,首先需要定义如下一些基本概念。

一、基本概念与术语

1. 换班地点/签到地点/签退地点

换班地点是考虑司乘人员排班问题时，可以供司乘人员进行交接班的地点，通常是由公共交通运营企业指定的。它可以是线路上的一个站点，也可以是线路附近的一个方便交接班的地点。另外，司乘人员在开始一天的运营工作之前和之后，通常分别需要进行签到和签退。可供司乘人员进行签到和签退的换班地点，分别称为签到地点和签退地点。在不同的公共交通运营服务场景下，签到和签退地点还可以称为驾驶员基地或者乘务基地，也可以简称签到地点或者签到点，因为允许司乘人员签到的地点一般也会允许司乘人员签退。

2. 换班机会

换班机会是由一个换班地点以及运营车辆经过该换班地点的时间（称为换班时间）所组成的一个换班时间/地点对。在任意一个换班机会，司乘人员都可以（但不一定）进行交接班。

3. 小驾驶段

小驾驶段是指两个相邻的换班机会之间的一段连续的驾驶工作，在此期间司乘人员不允许换班。

图 8-16 给出了一个带换班机会的车次链示意图，其中字母代表"换班地点"，其上方的时间代表"换班时间"，圆圈表示"换班机会"，任意两个相邻圆圈之间的线段表示一个"小驾驶段"。

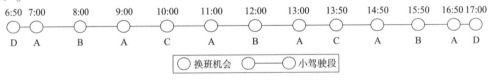

图 8-16 一个带换班机会的车次链示意图

4. 驾驶班次

驾驶班次简称班次，代表一位司乘人员一天的运营工作，通常包括签到和签退，以及之间的一个或多个连续驾驶段。一个连续驾驶段通常由一个或多个相邻的小驾驶段组成，期间司乘人员连续工作、不换班。图 8-17 给出了一个包含 2 个连续驾驶段的班次。其中圆圈是换班机会；"◯"代表驾驶员实际采用的换班机会，成为换班点；两个"◯"之间的线段代表一个连续驾驶段。

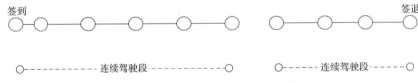

图 8-17 含两个连续驾驶段的班次示意图

5. 司乘人员排班

司乘人员排班就是要构造一组"班次"（即司乘人员调度方案）来覆盖一日内的全部车辆运营工作（即一组"车次链"），并要求：

(1)驾驶员交接班必须在指定的"换班机会"进行。
(2)每个班次必须满足一系列的劳动法规。
(3)所需的班次数量最少和工时成本最小。

其中,劳动法规是由国家制定的,如一天的总工时不允许超过8h,有效工时不允许超过7.5h,大单班的签退不允许晚于22点等;满足全部相关劳动法规约束的班次称为有效班次或者合法班次。图8-18是一个司乘人员调度示意图,其中,给定的车辆调度方案中包含3个车次链,生成的司乘人员调度方案中包含3个班次,每个班次都是由2个"连续驾驶段"组成。

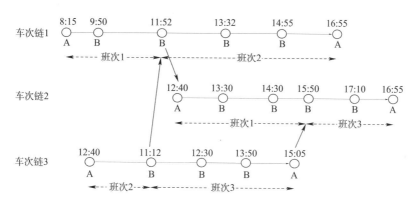

图8-18 驾驶员调度示意图

6. 班型

驾驶班次一般有多种类型,由企业自行确定。同一企业,甚至同一车队也可能采用多种班型。中外公共交通驾驶员调度问题,虽然其各种班型的具体规定不同,但是,大体可以归纳为三大类:分段班(又称大单班)、整班和单班。分段班的特点是,从签到至签退的时间跨度较长,如15h;并且,在中途有着较长的休息时间,如2~5h,在这段休息时间内驾驶员除了非上班状态,可以自由支配时间。对这种班型国内许多企业习惯称之为"大单班"。除去分段班(大单班)之外的其他班型分为两类:整班和单班。整班又可以进一步分为:早班、白班、晚班。大部分整班中途含有一个短暂的用餐时间,如15~20min,还有些整班可能含有多个短暂的中途用餐或休息时间。单班的特点是:从签到至签退的时间跨度较短,如不超过4~5h,并且中途没有用餐时间或休息时间。

二、司乘人员调度模型

常用的司乘人员调度问题模型可以归纳为如下两类:数学规划模型和特征模型。前者主要是从现实问题中抽象出来的整数线性规划(简称整数规划或ILP)模型;后者主要是利用集合论更全面直接地描述原始问题的特征模型,亦可称为描述性数学模型。我们主要介绍"生成与选择"模式下的集合覆盖/切分问题建模,这是一种数学规划模型,对特征模型感兴趣的读者可以自行阅读相关文献。

基于"生成与选择"模式的司乘人员调度方法属于两阶段方法,其基本思路是:首先根据劳动法规等规则生成大的候选班次集合,然后再从中选择一个子集,要求覆盖全部的运营任务,目标是采用最少的驾驶班次和最小的工时成本。首先利用给定的劳动法规约束,生成一个大的有效班次集合。由于全部的潜在有效班次数量巨大,通常会借助一些人为设置的软约束或启发式方法将有效班次集合规模限制在一定的可求解范围。这个预先生成的大的有效班次集合通常被称为候选班次集合,这个过程被称为生成过程。通过候选班次集合构造集合覆盖或集合切分整数线性规划模型,本质是从所有可行班次中选择部分班次来执行所有车辆运营任务,因此,通常把求解该模型的过程称为选择过程。图8-19给出了生成与选择模式的基本思路。

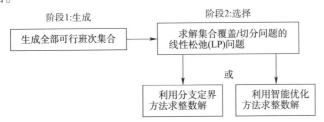

图8-19 生成与选择模式的基本思路

给定 n 个小驾驶段和 m 个候选班次,司乘人员调度问题的目标是最小化班次数和总工时成本,可以被表示为一个集合切分问题,建立成如下整数规划(ILP)模型:

$$\min \sum_{j=1}^{m}(c_j + C)x_j \quad (8-21)$$

$$\text{s.t.} \sum_{j=1}^{m} a_{ij}x_j = 1 \quad (i=1,2,\cdots,n) \quad (8-22)$$

式中:$x_j = \begin{cases} 1, 若班次 j 被选择 \\ 0, 否则 \end{cases}$;

$a_{ij} = \begin{cases} 1, 若班次 j 覆盖小驾驶段 i \\ 0, 否则 \end{cases}$;

c_j——班次 j 对应的工时成本以及可能有的惩罚成本;

C——一个足够大的常量,用于优先考虑最小化班次数这个目标。

现实的司乘人员调度问题往往属于大规模问题,全部有效班次可能多达天文数字。因此,借助经验和启发式方法生成的大的候选班次集合可能并没有包含全部可能的有效班次。对于一个实际问题,有可能无法获得一个可行解,使得其中每个小驾驶段被一个且只是一个班次所覆盖。常见的办法是把上述集合切分模型松弛成集合覆盖模型。至于被重复覆盖的小驾驶段最终由哪个班次执行,将由公共交通企业自行决定。

三、求解方法

"生成与选择"模式下,ILP模型切分预先编制的车辆调度方案,遵照一系列劳动法规约束生成一组有效班次。这组班次要求能够覆盖车辆调度方案中包含的全部小驾驶段,目标是采用最少的班次和最小的工时成本。这种切分存在大量的组合可能性,潜在的有效班次可能多达天文数字。因此,该问题可以被视为一个大规模的集合划分或覆盖问题,属于世界公认的NP-难组合优化问题。现实问题更是极为复杂,其复杂性的主要体现可以归纳为如下三个方面:大规模组合优化、复杂约束、多目标。求解这类大规模组合优化问题,可以采用启发式方法或数学方法。

自20世纪70年代末起,数学方法开始被广泛应用于求解司乘人员调度问题。目前非常成功的一些调度软件系统也是基于ILP的,例如TRACSⅡ和HASTUS。M1或M2模型是典型的整数线性规划模型,因此可以采用分支定界算法进行求解。

传统的分支定界方法求解实际司乘人员调度问题时,仍存在规模受限的问题,这主要是因为候选班次数太过庞大所导致的。因此,这种方法只能求解中小规模的司乘人员调度问题。求解整数优化问题精确解的算法还包括割平面算法、分解算法(列生成、拉格朗日分解、Benders分解等),这些方法相比传统分支定界算法取得了更好的效果,且还在不断发展中。在实际计算中,ILP问题也可以调用优化求解器进行求解。

启发式算法是一种基于直观或经验构造的算法,在可接受的花费(指计算时间和空间)下给出待解决组合优化问题的一个可行解,该可行解与最优解的偏离程度一般不能被预计。启发式算法又可以分为早期启发式算法和智能算法。早期启发式算法求解速度较快,但是难以编制出满意的解,Elias(1966)设计的启发式方法采用生成与选择两阶段模式。其生成过程只能包含两个连续驾驶段的班次,选择过程采用贪婪机制。而智能算法优化方法则来源于对某些自然现象或过程的模拟或揭示,如遗传算法(GA)、禁忌搜索算法(TS)、贪婪随机自适应搜索方法(GRASP)等。这些方法为解决众多NP-难问题及复杂现实问题提供了新的思路和求解方法发挥了巨大的作用。智能优化方法可以归为两大类:基于种群的智能优化方法和基于单解的智能优化方法。这些智能优化方法大部分采用的是生成与选择模式,在这些算法中候选班次集合已实现生成,这些算法旨在完成选择阶段的工作,求出驾驶员调度ILP模型的整数解。

第五节 区间车与大站快车设计

对于常规公交的运营调度来说,主要包括三方面的基本内容:客流数据分析指针;公交车辆调度形式的类型;公交车辆组合调度形式的选定方法。本节将在此基础上,多加一步"公交车辆组合调度形式选择的实例分析"来详细讲解区间车与大站快车的设计方法。

一、客流数据分析指针

公交客流的动态变化具有规律性,主要表现在时间、方向、断面和站点上的不均衡性。在实际工作中,可以根据这些不均衡性来编制和调整公交车辆的调度计划,使运力和运量达到平衡。客流数据分析指针如图8-20所示。

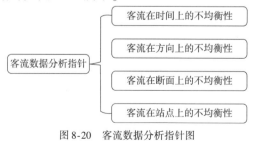

图8-20 客流数据分析指针图

1. 客流在时间上的不均衡性

客流量在公交运营时间内各个小时的分布是不均衡的。例如一周内每天的客流各不相同,特别是周末休息日的客流可能会形成显著高峰。在一昼夜内各小时的客流在方向上或路段上也不相同,尤其是在上下班时段的客流更为集中。这种不均衡性一般用时间不均衡系数(K_t)表示,其计算方法是线路营运时间内第 j 小时的线路客流量与平均每小时线路客流量之比。即

$$K_{tj} = \frac{Q_j}{\overline{Q}_h} \tag{8-23}$$

式中:K_{tj}——线路营运时间内第 j 小时不均衡系数;

Q_j——线路营运时间内第 j 小时客流量;

$\overline{Q}_h$——线路营运时间内平均每小时线路客流。

2. 客流在方向上的不均衡性

公交线路上下行的客流量在同一时间内一般是不相等的。有的线路两个方向的运量几乎相等,而有的线路则差异很大。如通过郊区或通往工业区的线路,上班时间从居住区到工业区方向的客流量较大,相反方向的客流量较小。客流在方向上的不均衡性一般用方向不均衡系数(K_a)表示,其计算方法是统计时间内某线路高单向客流量与双向平均客流量之比。即

$$K_a = \frac{Q_a}{\overline{Q}_a} \tag{8-24}$$

式中:K_a——统计时间内线路最大单向客流量;

$\overline{Q}_a$——统计时间内线路双向平均客流量。

3. 客流在断面上的不均衡性

在同一时间段内线路上一个方向中,各个路段的客流量也不完全相同。若把同一时间段内一条线路各路段通过量的数值,按照上行或下行方向各个路段的前后次序排列成一个数列,则可以从这个数列中显示该线路在这个时间段内各路段的客流动态,这是客流在路段上的分布特点和演变趋势。如市区线路车辆从首站发车后逐站增加上车人数,由于中途各站的客流集散量较大,往往形成线路中间客流量大、两端客流量小的正态分布现状,表现为断面的不均衡性。一般用路段不均衡系数或路段客流量差来表示。

路段不均衡系数 K_{si} 指统计时间内管理线路某路段客流量与平均路段客流量之比。即

$$K_{si} = \frac{Q_{si}}{\overline{Q}_n} \tag{8-25}$$

式中:Q_{si}——统计时间内第 i 个路段客流量;

$\overline{Q}_n$——统计时间内平均路段客流量。

路段客流量差 Q_i,指统计时间内营运线路某路段客流量与沿线各路段平均客流量之差。即

$$Q_i = Q_{si} - \overline{Q}_n \tag{8-26}$$

4. 客流在站点上的不均衡性

由于道路布局的影响和线路衔接的不同情况,乘客交替换乘导致一些线路换乘网站的上下车人数很集中,造成线路各个网站客流量的不均衡性,一般用网站不均衡系数(K_i)表示,其计算方法是营运线路在 i 站乘客集散量与沿线各停车站平均乘客集散量之比。即:

$$K_i = \frac{n \cdot Q_i}{\sum_{i=1}^{n} Q_i} \tag{8-27}$$

式中:n——公交线路站点的总数;

Q_i——统计时间内站点 i 的客流集散量。

这里,站点客流集散量 Q_i 是指在统计时间内所有到达 i 站的乘客人数在 i 站离去人数之和,可以按照下式确定:

$$Q_i = \begin{cases} \sum_{j=i+1}^{n} C_{ij} & (i=1) \\ \sum_{j=i+1}^{n} C_{ij} + \sum_{s=1}^{i-1} C_{si} & (1<i<n) \\ \sum_{s=1}^{i-1} C_{si} & (i=n) \end{cases} \tag{8-28}$$

二、公交车辆调度形式的类型

公交车辆调度形式,是指公交公司运营调度措施计划中所采取的运输组织形式。公交车辆调度形式必须符合客流分布需求,否则将会出现高峰时段乘客过分拥挤、平峰时段车辆满载率不高的现象。按照车辆运行与停站方式的不同,可分为全程车、区间车、大站快车、定班车、跨线车等。

(1)全程车:车辆从线路起点站到终点站,必须在沿线各固定的车站依次停靠,并驶满全程的一种基本调度形式。

(2)区间车:车辆仅行驶线路上某一客流量较高的路段或区段的一种辅助调度形式。

(3)大站快车:为适应线路上乘距较长乘客的乘车需要,仅在沿线乘客集散量较大的停车站停靠,是一种越站快速运行的调度形式。

其各自的调度图示和公交时刻表如图 8-21 ~ 图 8-23 所示。

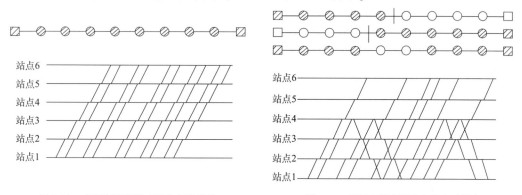

图 8-21 全程车调度形式和公交时刻表　　图 8-22 区间车调度形式和公交时刻表

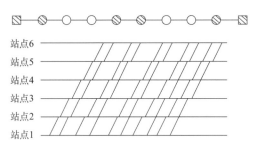

图 8-23　大站快车调度形式和公交时刻表

三、公交车辆组合调度形式的选定方法

公交车辆组合调度形式是指公交公司在一条线路上以全程车为基本的调度形式,并根据线路客流的分布情况辅以其他调度形式的一种运输组织形式。在此,我们主要是对区间车和大站快车这两种组合调度形式进行研究。

1. 区间车的设计

行车计划编制人员当然明白要尽可能满足乘客需求,同时,他们也必须以最少车辆数和驾驶员的成本为设计目标。如何在提高乘客服务水平与降低公交运营成本之间进行权衡是一项十分烦琐和复杂的工作,而区间车的设计就是两者权衡的解决方案之一。区间车指的是不从起点站发车或者不运行到终点站的一种公交车辆运行方式。区间车运行方式既节省了车辆,又能在不超过规定的车辆满载率水平的前提下,满足线路不同断面间的乘客需求。

1)区间车组合调度形式的确定

区间车组合调度形式可通过计算路段不均匀系数或路段(断面)客流量差的方法来确定。判断区间车的运行区间,可按照图 8-24 所示步骤进行。

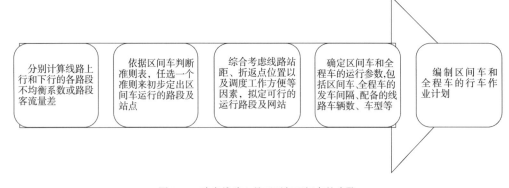

图 8-24　确定线路上是否开行区间车的步骤

2)确定区间车的判断准则

如表 8-11 所示。

区间车判断准则　　　　　　表 8-11

判断准则	条件	备注
路段不均衡系数	$K_{si} > K_s^0$	K_s^0 一般取 1.2~1.5
路段客流量差	$\Delta Q_i \geq \eta q_0$	η 一般取 2~4,q_0 为车辆额定容量

2. 大站快车的设计

合理的调度方法可以有效缓解运力与运量间的矛盾,最大限度地平衡乘客和公交企业的利益。如前所述,在城市公交运营过程中,客流量存在明显的时空差异特性,若采用全程车这一种运营策略运输乘客容易造成公交线路部分车站乘客过度拥挤而其余车站载客率过低等问题,无法保证车辆的利用效率,在全程车的基础上增设大站快车是解决此类问题的一个重要运营策略,既能满足时空不均衡的客流需求,又不至于出现载客率过低等情况,以更合理的车队规模协调运力与运量间的关系。

1) 大站快车组合调度形式的确定

大站快车组合调度形式可通过计算站点不均匀系数或方向不均衡系数的方法来确定。考虑在线路上是否开行大站快车,可按照如图 8-25 所示步骤进行。

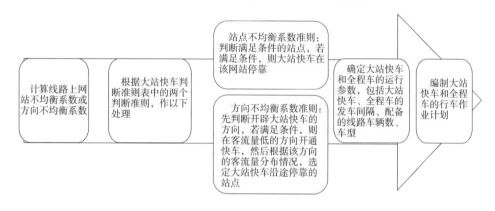

图 8-25　确定线路上是否开行大站快车步骤

2) 确定大站快车的判断准则

如表 8-12 所示。

大站快车判断准则　　　　　　　　　　　　　　　　　表 8-12

判断准则	条　件	备　注	使用情况
站点不均衡系数	$K_i > K_i^0$	K_i^0 一般取 1.4~2.0	若干站点客流集散量超过各站平均集散量,并且长乘距客流较多,开辟大站快车以缓和乘车拥挤、消除留站现象
方向不均衡系数	$K_a > K_a^0$	K_a^0 一般取 1.2~1.4	线路两个方向的客流不平衡现象显著,在客流较小的方向考虑开辟大站快车,以加速车辆运转速度,节省运力,增加效益

3. 公交车辆组合调度形式选择的实例分析

本文结合兰州市 3 路车交通调查工作日早高峰期间(6:00—7:30)的原始资料,简单介绍确定调度形式的方法。

1) 区间车组合调度形式的确定

这里采用路段不均衡系数的方法进行确定。因其客运高峰期间计划满载率较高,所以其判定条件取较小值,即 $K_s^0 = 1.2$。表 8-13 为 3 路车某高峰小时路段不均衡系数表。

3 路车某高峰小时路段不均衡系数表 表8-13

路 段 号	网 站 名 称	路段客流量	不均衡系数
1	崔家庄—刘家堡	189	0.30
2	刘家堡—长风医院	296	0.46
3	长风医院—兰新站	290	0.45
4	兰新站—费家营	392	0.61
5	费家营—安宁区政府	408	0.64
6	安宁区政府—交通大学	646	1.01
7	交通大学—政法学院	507	0.79
8	政法学院—西北师大	503	0.79
9	西北师大—铝厂家属院	508	0.79
10	铝厂家属院—培黎广场	721	1.13
11	培黎广场—十里店	707	1.11
12	十里店—幸福港	874	1.37
13	幸福港—安宁医药公司	811	1.27
14	安宁医药公司—制配厂	842	1.32
15	制配厂—桥北	767	1.20
16	桥北—桥南	932	1.46
17	桥南—一毛厂	924	1.45
18	一毛厂—兰州四中	915	1.43
19	兰州四中—兰州西站	911	1.43
路段平均客流量		639	

根据表8-13分析得到如下结论:

(1)在路段12、13、14、15、16、17、18、19上路段不均衡系数$K_{si} > K_s^0$,结合车队现状、路段长度和路段环境分析,为了改善运输服务水平,可以考虑开设区间车。

(2)路段12为十里店站到幸福巷站,路段19为兰州四中站到西站,因此,区间车起讫点应该设在十里店和西站区间段内,但是结合具体实际情况,由于十里店网站周围路段坡度较大,而且土地利用也受到限制,不宜在此站开设区间车终点站。

(3)十里店的前一站,培黎广场站是15路车和131路车的始发站,在此站设有停车、候车和调度的功能,因此,可以将区间车的终点站延长至培黎广场站,这样根据道路实际条件,既可以方便区间车的公交调度,也可以缩短步行到达换乘点的距离,方便乘客换乘。

(4)因此在研究时段内3路公交线路上,在运行全程车的基础上,可以考虑临时加开区间车,且区间车的起终点车站分别设在培黎广场和西站。

2)大站快车组合调度形式的确定

对于大站快车组合调度形式,这里采用网站不均衡系数的方法进行确定。因其客运高峰期间计划满载率较高,取$K_i^0 = 1.2$。由表8-14可以得出如下结论:

(1) 在网站 1、5、7、11、16、20 上,网站不均衡系数 $K_i > K_i^0$,结合车队情况、乘客出行距离和路段的其他一些因素分析,可以在以上六个网站考虑开设大站快车。

(2) 在即时车辆调度过程中,需要通过预测被调度公交车可能经过各网站的客流集散量来决定该趟车的具体发车形式。

3 路车某高峰小时网站不均衡系数表　　　　表 8-14

路段号	站点名称	站点客流集散量	站点不均衡系数
1	崔家庄	189	1.25
2	刘家堡	108	0.71
3	长风医院	114	0.75
4	兰新站	115	0.76
5	费家营	201	1.33
6	安宁区政府	125	0.83
7	交通大学	213	1.41
8	政法学院	146	0.97
9	西北师大	137	0.91
10	铝厂家属院	139	0.92
11	培黎广场	238	1.57
12	十里店	168	1.11
13	幸福港	114	0.76
14	安宁医药公司	106	0.70
15	制配厂	106	0.70
16	桥北	182	1.21
17	桥南	80	0.53
18	一毛厂	142	0.94
19	兰州四中	109	0.72
20	兰州西站	290	1.92
路段平均客流量		151	

第六节　提升公交服务可靠性的实时控制策略

城市公交运营受诸多不确定干扰的影响,串车和车队负载不均衡现象时有发生,造成服务可靠性下降和运力资源浪费,同时也降低了公共交通的吸引力。公交调度可靠性与车辆运行和承载客流时空分布密切相关,为缓解串车、负载不均衡等现象,需要实施一系列提升公交服务可靠性的动态调度策略(也称实时控制策略)。智能公交系统通过传输和发布公交运行状态信息,为实时控制策略的实施提供了机遇。本节首先对公交服务可靠性的特征和不可靠服务来源进行分析,接着以典型的服务不可靠性现象(串车)为例,探讨有效的实时控制策略。

一、可靠性特征和不可靠服务的来源

与轨道交通不同,城市公交在庞大的开放式环境下运行,现实交通环境中存在的大量不可避免的不确定因素干扰公交车正常运行,这些不确定因素的出现往往导致实际运营生产无法遵循开始制定的基准调度计划。

从影响公交调度计划执行的因素考虑,城市公交系统的不确定因素主要可概括为如下几类:

(1)客流需求的不确定性。针对公交乘客出行需求,大都采用固定需求下的公交调度模型予以简化解决,然而公交出行需求是随时空变化的,需求预测值也不可避免地存在误差。

(2)行程时间不确定性。行程时间是制定公交调度方案的基础,受交通拥堵、混合交通流摩擦、信号灯切断的影响,造成车辆的行程时间随时空波动。

(3)突发事件的不确定性。故障抛锚、司乘人员旷工、冰霜雨雪天气等,致使改变的运力资源不能与运量相匹配。

(4)数据采集误差。公交调度方案合理性很大程度上依赖于基础数据采集的准确性,但由于技术与管理上的限制,如自动乘客采集系统(AVL)、全球定位系统(GPS)、射频识别技术(RFID)检测数据,视频检测器等采集基础和预测数据存在不可避免地误差甚至错误,这些误差与错误又不可避免地对公交调度的合理性带来一定的影响。

二、典型服务不可靠现象(串车)及成因分析

在繁忙的公交走廊中,乘客有时在站台上等了很久都不见来一辆公交车,而一旦来车就发现同时来几辆,并且载客量也差异很大;另一种情况是,当乘客蜂拥向拥挤的公交车时,驾驶员会喊道:"不要挤!后面还有一辆!"过了片刻果然来了一辆车内人数很少的车,于是乘客又像潮水般涌向后面的车,在高峰期这种现象时有发生而且很难控制,这就是典型的公交车串车现象。串车是指公交车辆运行在道路上发生的两辆或两辆以上车辆连接在一起而形成的串联现象,也称为公交"集簇",如图8-26所示的是英国实拍场景。在理论研究中,公交串车问题是指一条线路上两辆连续服务班次到达站点的时间间隔小于计划的发车间隔,即车头时距不均衡的问题。

图8-26 英国实拍公交串车现象

串车现象是公交运营中一种常见现象。串车的发生会导致乘客平均候车时间增大、部分乘客候车时间过长、公交载客量不均衡等一系列不利后果,极大地影响公交服务的质量和

可靠性。在我国，公交大间隔问题一直以来是乘客投诉的热点，同时大间隔累积乘客造成上车拥挤引起乘客不满的现象已屡见不鲜。然而，很多情况下通过电子更纸核实发现调度员和驾驶员并未延迟发车，不存在操作上的失误，管理层和驾驶员也感到无奈。公交串车和大间隔问题是公交服务不可靠的典型表现之一，若要有效提高公交服务可靠性，需要对其发生成因进行剖析，并据此提出动态调度策略（也称实时控制策略），下面对公交串车现象进行成因分析。

如图 8-27 所示，假设同一线路的三辆公交车辆在理想状态下以相同的发车间隔连续出发，且行驶过程中行驶速度、停站时间均相同，且能够满足乘客需求。

图 8-27　理想状态下的公交车系统

假定第一辆车正常行驶，第二辆车由于某种原因（如交通拥堵、停站延误等）导致与前车距离拉大，而第三辆车在完全不知情的情况下继续正常行驶，第二辆车与第三辆车便发生了串车。如图 8-28 所示。

图 8-28　串车问题出现后的公交车系统

同时，由于第二辆车与第一辆车间隔增大，车站聚集乘客不断增加，导致第二辆车的停站时间不得不增加，从而导致其履行时间增加，与第一辆车的距离不断增加；加之，第三辆车与第二辆车间隔减小，车站聚集乘客减少，旅行时间减少，与第二辆车的间隔持续减少，导致串车问题不断恶化。由此可见，发生串车问题后，如果不加以干涉或调整，串车问题将会愈演愈烈，导致公交系统可靠性和服务水平持续下降，这严重影响了公交服务的可靠性。因此，有必要通过公交实时控制策略减少串车的发生。

三、实时控制策略

下面介绍三种常用的改善运营可靠性的实时车辆控制（动态调度）策略，分别是速度引导和滞站控制（基于时刻表和基于车头时距）。滞站调度是为了均衡车辆运行秩序而在首末站或中途站对车辆停靠时间进行临时调整的调度手段，按照调度方法可分为两种：基于时刻表的滞站调度和基于车头时距的滞站调度，前者由到站时刻与基准时刻的偏差驱动，而后者由到站时间间隔偏差驱动；速度引导通过调整公交车队的车速的方式均衡车头时距，该方法既没有额外停车，也不影响乘客可达性，有效地避免了滞站控制缺陷。

1）速度引导

随着车联网和路侧设施技术（如控制点）的发展，可以实时获取到站时间偏差等信息，并传输给调度中心和驾驶员，为公交动态调度提供了新的机遇，如何有效利用车路协同技术收集的数据为公交调度服务，是当前研究领域的热点和难点问题之一。由于行程时间的波动性，车辆可能偏离基准的站点时刻表提早或延迟到站，而公交运营管理者的其中一大目标是使车辆尽可能准点,实际运营中,有驾驶经验的驾驶员会频繁地调整速度使车辆运行尽可能准点,图8-29展示了实现车速引导的一种途径,即通过实时改变显示板的颜色提醒驾驶员调整速度以促使准点。

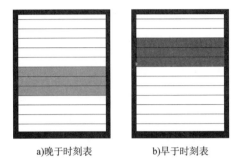

a)晚于时刻表　　　b)早于时刻表

图 8-29　巡航引导装置的界面

在车路协同环境下,可以通过车载装置与路侧设施者射频识别(RFID)、短程通讯(DSRC)、甚至是即将发布的LTE-V技术来获取断面车流信息(ID、速度、位置和流量等)。目前,我国已经有一些城市要求本地车辆都安装电子车牌,如重庆在建成区路网内已设置了超过900个RFID断面,澳门大部分公交线路已在关键站点安装了RFID检测器,对公交班次进行排查。

2)基于时刻表的滞站控制

在基于时刻表的滞站控制模式中,车辆抑或准点离站,抑或在晚点到站时完成服务随即离站。因此,离站时间可用下列分段函数表示:

$$d_{i,j} = \begin{cases} s_{i,j}, a_{i,j} < s_{i,j} - D_{i,j} \\ a_{i,j} + D_{i,j}, a_{i,j} \geqslant s_{i,j} - D_{i,j} \end{cases} \quad (8-29)$$

式中:$s_{i,j}$——基于时刻表的滞站控制中车辆i在站点j的计划到站时间;

$a_{i,j}$——车辆i在站点j的实际到站时间;

$D_{i,j}$——车辆i在站点j的停靠时间;

$s_{i,j} - D_{i,j}$——临界到站时间,此后车辆在基准出发时间$s_{i,j}$后离站。

3)基于车头时距的滞站控制

基于车头时距的滞站控制的方法由车头时距偏差驱动。最基本的方法是:当与前车的车头时距小于计划车头时距时,执行滞站控制;否则,直接离站。

(1)当车头时距小于计划发车间隔时,即$h_{i,j} \leqslant H$,将站点j的车辆i滞留时长$H - h_{i,j}$,因此其到达下站的时间可以表示为:

$$a_{i,j+1} = d_{i,j} + t_{i,j} \quad (8-30)$$

(2)当车头时距大于计划发车间隔时,即$h_{i,j} > H$,车辆在完成装载乘客任务后随即离开,驾驶恢复开始起作用,因此到达下站的时间为:

$$a_{i,j+1} = d_{i,j} + t_{i,j} - (h_{i,j} - H) \quad (8-31)$$

式中:H——线路发车间隔。

图8-30通过随机仿真展示滞站控制策略的效果,为了更好地展现效果,图中相邻出发的车辆用不同深浅线条表示。可以看出,在无控制策略下,公交串车频繁发生,而在实时滞站控制后,串车概率明显减小。

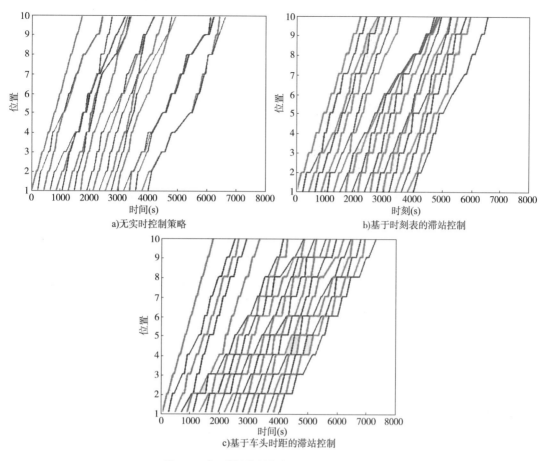

图 8-30　有无滞站控制策略的公交车队运行轨迹

第七节　公交网络协同调度

随着城市的扩张和公交线网基础设施建设的逐步完善,线路间的关联日益增加,同时,乘客期望"无缝衔接"的高效率联程出行需求也与日俱增,由于联程出行的起讫点之间涉及多条公交线路和中途换乘,对缩短中转时间和旅行时间提出了很高的要求,公交网络协同调度由此应运而生。

在公交线网设计中,减少换乘点数量非常重要,因为这些换乘点对乘客会造成不利的影响。从运营成本的角度来看,换乘点的减少和公交线网效率的提高之间,必然存在着某种制约关系,这一关系在图 8-31 中进行了描述。

为了提供优质的(或承诺的)公交服务水平,计划编制人员需要保证最大程度的无缝换乘,这要求乘客从一条线路换乘到另一条线路而无须等待。该任务涉及很广,但有一点毋庸置疑,就是要求换乘的乘客等待时间最小,其最直接的效果就是计划编制人员能够使公交系统更有吸引力,并因此有望增加公交乘客。图 8-31 描述了同步换乘能够减少影响服务水平的负面因素,并使公交线网效率提高。

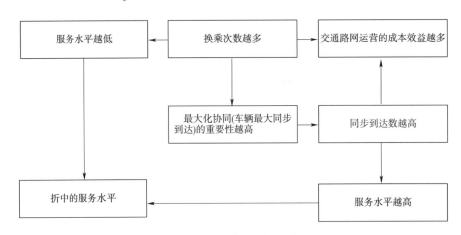

图 8-31 基于乘客换乘的权衡

实际上,换乘协同是一个最困难却是最重要的计划编制任务。差的换乘可能导致用户停止使用公交服务。

公交网络协同调度的研究对象是由若干线路和节点组成的公交网络,节点由多条公交线路共享并为乘客提供换乘,通常称为换乘节点。乘客在两条线路的换乘过程如图 8-32 所示。在确定性情形下,假定线路 k 和 l 的最优计划出发时刻都设定为 s_0。如果没有协同安排各线路的发车时间,线路 k 的车辆可能在时刻 s_1 到达换乘站 m,在准点控制策略下,线路 l 的车辆仍然在计划时间 s_0 出发,这样会导致既定的衔接方案不能顺利实现,迫使乘客等待下一班车。公交网络协同调度的目标是通过调整各公交线路的时刻表使乘客尽量实现同步换乘。

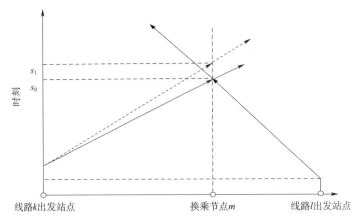

图 8-32 两条线路的换乘过程示意图

一、以协同最大化为目标的运筹学模型

前文建立了可选的时刻表,对一条单独线路而言,这些时刻表有满足需求的发车频率以及合理的载客量。但当两条或多条线路相交时,尤其是在连接换乘点处,线路时刻表的协调问题就变得很重要了。为了在换乘点处实现更有效的时刻表协调,有必要放松某些严格定义的时刻表参数。这里选定可灵活调整的参数是发车间隔。只有对于确定的线路,在确定的时段范围内,才可能进行优化以减少换乘点的等待时间。如前所述,本节将最优化的方法

作为数学处理的框架,并对车辆最大协同到达换乘点的问题进行建模。

下面的运筹学模型基于 Ceder 等(2001)的研究结果,此模型包括五部分:①给定数据的符号表示;②决策变量;③目标函数;④约束;⑤假设及相关解释。

1. 给定数据的符号表示

给定的公交网络由 $G = \{A, \overline{N}\}$ 来表示,其中:

A——公交线路有向弧的集合;

$\overline{N}$——网络 G 中换乘节点的集合。

问题中涉及的数据如下:

T——计划区间(发车时间离散分布在区间$[0, T]$);

M——网络中的公交线路数目;

N——网络中的换乘节点数目;

$H_{\min_k}$——线路 k 上($1 \leq k \leq M$)两次相邻发车之间的最小发车间隔(公交企业要求);

$H_{\max_k}$——线路 k 上($1 \leq k \leq M$)两次相邻发车之间允许的最大发车间隔(法定发车间隔);

F_k——在时段$[0, T]$上($1 \leq k \leq M$),线路 k 的计划发车数;

T_{kj}——从线路 k 的起始点到节点 j($1 \leq k \leq M, 1 \leq j \leq N$)的行驶时间,行驶时间是确定的,并用平均行驶时间来表示。

2. 决策变量

(1) X_{ik} 代表线路 k 的第 i 个发车时间($1 \leq i \leq F_k$)。

(2) Z_{ikjqn} 是一个 0 - 1 变量,当线路 k 上第 i 次发车车辆与线路 q 的第 j 次发车车辆在节点 n 处相遇时,这个变量为 1,否则为 0。

设 $A_{kq} = \{n : 1 \leq n \leq N, T_{kn} \geq 0, T_{qn} \geq 0\}$。

3. 目标函数

$$\max \sum_{k=1}^{M-1} \sum_{i=1}^{F_k} \sum_{q=k+1}^{M} \sum_{j=1}^{F_q} \sum Z_{ikjqn} \tag{8-32}$$

4. 约束

$$X_{1k} \leq H_{\max_k} \quad (1 \leq k \leq M) \tag{8-33}$$

$$X_{F_k k} \leq T \quad (1 \leq k \leq M) \tag{8-34}$$

$$H_{\min_k} \leq X_{(i+1)k} - X_{ik} \leq H_{\max_k} \quad (1 \leq k \leq M, 1 \leq i \leq F_k - 1) \tag{8-35}$$

$$Z_{ikjqn} = \max[1 - |(X_{ik} + T_{kn}) - (X_{jq} + T_{qn})|, 0] \tag{8-36}$$

公式(8-33)保证从时段区间起点处算起,第一个发车时间不会超出最大发车间隔;公式(8-34)保证最后的发车能够在计划时段内执行;公式(8-35)给出了发车间隔限制;而公式(8-36)定义了目标函数中的 0 - 1 变量。

5. 假设及相关解释

(1) 假设每条线路 k 的首次发车必须在时段$[0, H_{\max_k}]$内;

(2) 为了使模型更符合实际,对每条线路 k,应该满足以下约束条件:

$$H_{\max_k} \geq H_{\min_k} \tag{8-37}$$

$$T \geq (F_k - 1) \cdot H_{\min_k} \tag{8-38}$$

$$T \leqslant F_k \cdot H_{\max_k} \tag{8-39}$$

(3)线路 k 不经过节点 j 的情况由 $T_{kj} = -1$ 来表示。

以上的运筹学模型可以通过定义变量 Y_{kq} 来简化。该变量表示在线路 k 与线路 q 上同时到达车辆的总数,因此模型可以变为:

$$\max \sum_{k=1}^{M-1} \sum_{q=k+1}^{M} Y_{kq} \tag{8-40}$$

$$Y_{kq} = \sum_{n \in A_{kq}} \sum_{i=1}^{F_k} \sum_{j=1}^{F_q} \max[1 - |(X_{ik} + T_{kn}) - (X_{jq} + T_{qn})|, 0] \tag{8-41}$$

公式(8-33)~公式(8-35)保持不变。

最后一个公式为非线性规划问题,它可以转化为一个混合整数线性规划问题(MIP),该问题在一定规模的前提下可用软件包来求解,转化方法是:针对非线性约束公式(8-41),令 D_{nijkq} 表示一个 0-1 变量(与 Z_{ikjqn} 有相同的定义域),B 表示一个大数($B = T + \max T_{ij}$)。公式(8-41)中的约束可由以下约束代替:

$$B \cdot D_{nijkq} \geqslant X_{ik} + T_{kn} - (X_{jq} + T_{qn}) \tag{8-42}$$

$$B \cdot D_{nijkq} \geqslant X_{jq} + T_{qn} - (X_{ik} + T_{kn}) \tag{8-43}$$

$$Y_{kq} < \sum_{n \in A_{kq}} \sum_{i=1}^{F_k} \sum_{j=1}^{F_q} (1 - D_{nijkq}) \tag{8-44}$$

如果 $X_{ik} + T_{kn} = X_{jq} + T_{qn}$,那么线路 k 上第 i 次发出的车辆与线路 q 上第 j 次发出的车辆在节点 n 处同时到达。根据公式(8-44),变量 D_{nijkq} 为 0 时,Y_{kq} 增加 1。

如果 $X_{ik} + T_{kn} \neq X_{jq} + T_{qn}$,表示没有同时到达,产生的 D_{nijkq} 值必须满足公式(8-42)和公式(8-43),且线路 k 和线路 q 上的同时到达数(Y_{kq})在公式(8-44)中不增加。

以下是一个给定公交线网上的可能协同到达的车辆数目上限:

$$Z^* = \sum_{k=1}^{M-1} \sum_{q=k+1}^{M} \sum_{n \in A_{kq}} \min(F_k, F_q) \tag{8-45}$$

一般来说,MIP 问题中的整数变量数目是其计算复杂度的一个指标(代表了所需的计算处理时间)。变量 D_{nijkq} 代表线路 k 上第 i 次发出的车辆与线路 q 上第 j 次发出的车辆在节点 n 处同时到达的次数,这是表示两条不同线路相交于节点 n 的所有组合的整数变量。令 F 为 $\max(F_k)$;最坏情况下的整数变量数目是 $O(NM^2F^2)$,这是一个很大的数目,尽管如此,在更现实的情况下,这个数目为 $O(M^2F^2)$,这里 N 被替换为任意两条线路的平均共有节点数。

公式(8-40)~公式(8-44)所表示的问题是一个大型的混合整数线性规划问题。对简单公交网络的最大协同问题求解,由于其变量规模不大,因此可以借助一些优化求解器进行求解,常见的商业优化求解器有 CPLEX、GUROBI、FICOXpress 等,常见的开源优化求解器有 SCIP、GLPK 等。求解也可以借助一些运筹学软件进行求解,例如下文将介绍的 WinQSB 软件和 1stOpt 软件。而对于复杂的网络求解,由于变量规模过大,可采用启发式算法求解(例如 Synchro-1 过程、Synchro-2 过程),感兴趣的读者可以自行查阅相关文献。

二、示例

以下给出公交线网的 2 个例子。对于第一个例子,将使用 WinQSB 软件进行计算。

WinQSB 是一款专业数学软件,对于中小型的运筹学问题一般都能计算,复杂度较小的问题还能演示中间的计算过程。对于第二个例子,将使用 1stOpt 进行求解。1stOpt 的计算核心是"通用全局优化算法",最大特点是克服了优化计算领域中使用迭代法必须给出合适初始值的难题,包含遗传算法、模拟退火等 10 种最优化算法。

1. 示例 1

图 8-33 列出了一个由两个换乘点和两条线路组成的简单路网图,弧上的数字是计划的平均行驶时间(min)。

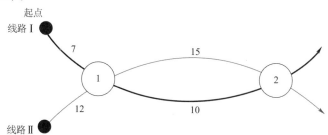

图 8-33 示例 1 的基本网络

线路基本数据如表 8-15 所示,其中计划时段 $T = 30\text{min}$。

示例 1 的线路基本数据   表 8-15

i	$H_{\min_k}$	$H_{\max_k}$	F_i	节 点 数
线路 I	5	15	4	2
线路 II	8	20	3	2

根据公式(8-32)~公式(8-36),建立示例 1 模型如下所示:

$$\max \sum_{k=1}^{2-1} \sum_{i=1}^{4} \sum_{q=k+1}^{2} \sum_{j=1}^{3} Z_{ikjqn} \tag{8-46}$$

$$X_{1k} \leq H_{\max_k} \quad (1 \leq k \leq 2) \tag{8-47}$$

$$X_{F_k k} \leq 30 \quad (1 \leq k \leq 2) \tag{8-48}$$

$$H_{\min_k} \leq X_{(i+1)k} - X_{ik} \leq H_{\max_k} \quad (1 \leq k \leq 2, 1 \leq i \leq F_k - 1) \tag{8-49}$$

$$Z_{ikjqn} = \max[1 - |(X_{ik} + T_{kn}) - (X_{jq} + T_{qn})|, 0] \tag{8-50}$$

通过定义变量 Y_{kq},转化非线性约束[式(8-50)],得到转化后的模型如下所示:

$$\max \sum_{k=1}^{2-1} \sum_{q=k+1}^{2} Y_{kq} \tag{8-51}$$

$$X_{1k} \leq H_{\max_k} \quad (1 \leq k \leq 2) \tag{8-52}$$

$$X_{F_k k} \leq 30 \quad (1 \leq k \leq 2) \tag{8-53}$$

$$H_{\min_k} \leq X_{(i+1)k} - X_{ik} \leq H_{\max_k} \quad (1 \leq k \leq 2, 1 \leq i \leq F_k - 1) \tag{8-54}$$

$$B \cdot D_{nijkq} \geq X_{ik} + T_{kn} - (X_{jq} + T_{qn}) \tag{8-55}$$

$$B \cdot D_{nijkq} \geq X_{jq} + T_{qn} - (X_{ik} + T_{kn}) \tag{8-56}$$

$$Y_{kq} < \sum_{n \in A_{kq}} \sum_{i=1}^{4} \sum_{j=1}^{3} (1 - D_{nijkq}) \tag{8-57}$$

对于(8-51)~式(8-57),代入表 8-15 的数据,其中 $B = T + \max T_{ij} = 75$,得到示例 1 的具体模型:

$$\max Y_{12} \tag{8-58}$$

$$X_{11} \leq 15 \tag{8-59}$$

$$X_{12} \leq 20 \tag{8-60}$$

$$5 \leq X_{(i+1)1} - X_{i1} \leq 15 \quad (1 \leq i \leq 3) \tag{8-61}$$

$$8 \leq X_{(i+1)2} - X_{i2} \leq 20 \quad (1 \leq i \leq 2) \tag{8-62}$$

$$75 \cdot D_{nij12} \geq X_{i1} + T_{2n} - (X_{j2} + T_{2n}) \tag{8-63}$$

$$75 \cdot D_{nij12} \geq X_{i2} + T_{2n} - (X_{i1} + T_{k1}) \tag{8-64}$$

$$Y_{kq} < \sum_{n \in \{1,2\}} \sum_{i=1}^{4} \sum_{j=1}^{3} (1 - D_{nij12}) \tag{8-65}$$

下面采用 WinQSB 进行求解。

(1) 步骤1：使用软件 WinQSB 求解：选择 LP-ILP。

如图 8-34 所示。新建，确定变量、约束条件个数、目标类型、变量类型。

(2) 步骤2：根据已知条件输入资料。

如图 8-35 所示。输入目标函数、约束条件的系数。

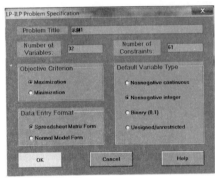

图 8-34 WinQSB 求解：选择 LP-ILP

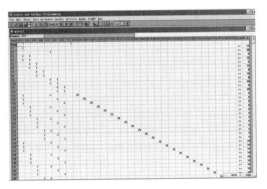

图 8-35 WinQSB 求解：根据已知条件输入资料

(3) 步骤3：求解得到最优解（图 8-36）。

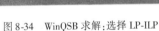

图 8-36 WinQSB 求解：求解得到最优解

整理运算结果,见表 8-16。

示例 1 的最优结果　　　　　　　　　　　　　　　表 8-16

发车时间(min)		相遇时间(min)		总相遇次数
线路 I	线路 II	节点 1	节点 2	
10	0		27	
15	14	22		4
20	18		37	
28			45	

当然,可能得到的最优解并不唯一(图 8-37)。

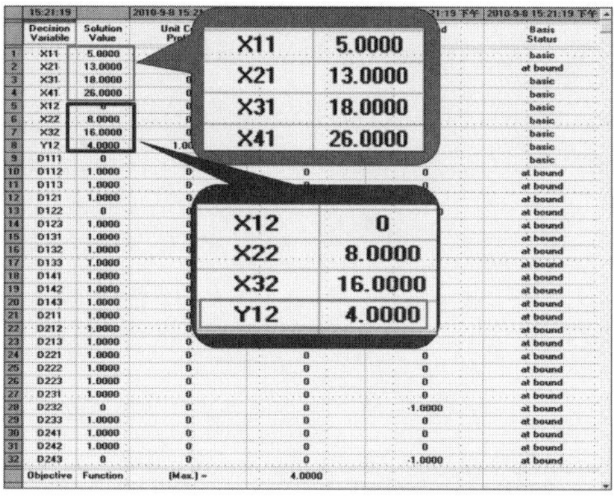

图 8-37　WinQSB 求解:最优解并不唯一

整理运算结果,见表 8-17。

示例 1 另一个最优结果　　　　　　　　　　　　　表 8-17

发车时间(min)		相遇时间(min)		总相遇次数
线路 I	线路 II	节点 1	节点 2	
5	0	12		
13	8	20		4
21	16	28		
26	26		43	

2. 示例 2

图 8-38 给出了第二个示例。此示例包含一个 2 条线路、4 个节点的路网,并且 $H_{\min_i} > H_{\max_j}$,弧上的数字为平均计划行驶时间(min)。

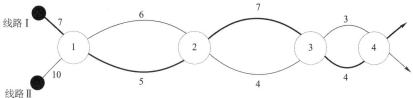

图 8-38　示例 2 的基本网络

线路基本数据如表 8-18 所示。

表 8-18　示例 2 的线路基本数据

i	$H_{\min_i}$	$H_{\max_i}$	F_i	T
线路 I	6	10	4	30
线路 II	3	5	6	

根据公式(8-51)～公式(8-57),建立示例 1 模型如下所示：

$$\max \sum_{k=1}^{2-1} \sum_{i=1}^{4} \sum_{q=k+1}^{2} \sum_{j=1}^{6} \sum Z_{ikjqn} \tag{8-66}$$

$$X_{1k} \leq H_{\max_k} \quad (1 \leq k \leq 2) \tag{8-67}$$

$$X_{F_k k} \leq 30 \quad (1 \leq k \leq 2) \tag{8-68}$$

$$H_{\min_k} \leq X_{(i+1)k} - X_{ik} \leq H_{\max_k} \quad (1 \leq k \leq 2, 1 \leq i \leq F_k - 1) \tag{8-69}$$

$$Z_{ikjqn} = \max[1 - |(X_{ik} + T_{kn}) - (X_{jq} + T_{qn})|, 0] \tag{8-70}$$

通过定义变量 Y_{kq},转化非线性约束[式(8-50)],得到转化后的模型如下所示：

$$\max \sum_{k=1}^{2-1} \sum_{q=k+1}^{2} Y_{kq} \tag{8-71}$$

$$X_{1k} \leq H_{\max_k} \quad (1 \leq k \leq 2) \tag{8-72}$$

$$X_{F_k k} \leq 30 \quad (1 \leq k \leq 2) \tag{8-73}$$

$$H_{\min_k} \leq X_{(i+1)k} - X_{ik} \leq H_{\max_k} \quad (1 \leq k \leq 2, 1 \leq i \leq F_k - 1) \tag{8-74}$$

$$B \cdot D_{nijkq} \geq X_{ik} + T_{kn} - (X_{jq} + T_{qn}) \tag{8-75}$$

$$B \cdot D_{nijkq} \geq X_{jq} + T_{qn} - (X_{ik} + T_{kn}) \tag{8-76}$$

$$Y_{kq} < \sum_{n \in A_{kq}} \sum_{i=1}^{4} \sum_{j=1}^{3} (1 - D_{nijkq}) \tag{8-77}$$

下面采用 1stOpt 进行求解。

(1)步骤 1：常量、变量及约束定义,如图 8-39 所示。

(2)步骤 2：算法参数设置,如图 8-40 设置优化算法为"6：遗传算法：Genetic Algorithm (GA)",设置种群数为 100,交叉率为 0.5,变异率为 0.005,交叉方法为"6-上述随机",选择方法为"4-轮盘选择法(Roulette Wheel Selection)"。

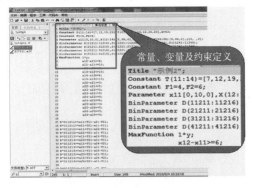

图 8-39　1stOpt 常量、变量及约束定义

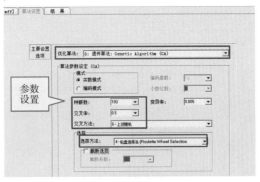

图 8-40　1stOpt 参数设置

(3)步骤 3：求解计算。

求解计算,可得到结果,见表 8-19。

示例 2 的最优结果 表 8-19

发车时间(min)		节点 1 的相遇时间(min)	节点 2 的相遇时间(min)	节点 3 的相遇时间(min)	总相遇次数
线路 I	线路 II				
3	0	10			
9	5		21	28	
15	8		27	34	6
21	11	28			
	14				
	18				

第八节 公交行车计划自动生成技术简介

一、行车计划自动生成软件

公交规划过程的定量分析方法主要零散地分布在一些相关专业书籍和各种规划软件中。在过去的 30 年中，人们对 4 个规划过程(线网设计—时刻表编制—行车计划编制—司售人员排班)作了大量的计算机化研究，旨在使调度工作更有效、更可控和更灵敏。表 8-20 列出了其中一些比较常见的软件。

一些常用的公交调度软件 表 8-20

软件名称	网址	特点
GIRO "HASTUS"	http://www.giro.ca/en	车辆配置司售人员排班
Merakas-"PIKAS"	http://www.merakas.lt/26en/	时刻表编制车次分配班次削减
PTV	http://www.ptv.de	线网规划模拟仿真
ROUTELOGIC	http://www.routelogic.com/FeaturesScheduling.html	线网规划车辆配置规划与分析运营管理司售人员排班
Routematch	http://www.routematch.com/	线网规划车辆配置规划与分析运营管理司售人员排班线路管理
NEMSYS "Routemate"	http://www.nemsys.it/	运输计划车辆计划编制
Optibus	www.optibus.co	实时调度，车辆配置司售人员排班交互式行车计划编制，规划与分析
SYSTRA	http://www.systra.com	运输计划模拟仿真
Tracsis	http://www.tracsis.com/	需求预测，运力规划时刻表编制车辆计划司售人员排班
EnghouseTransportation"TranSched"	http://www.enghousetransportation.com/	计划编制车次链构建人员轮排班优化人员管理车次计划
Trapeze	http://www.trapezegroup.com	线网规划车辆配置规划分析运营管理司售人员排班

由于大多数规划软件都基于静态数据,因而也仅提供静态的计划编制功能。功能强大的软件应具有灵活性,以适应公交服务和工作计划不断调整的需求。例如,尽管司售人员排班所涉及的因素基本相似,但如果每个企业都有各自个性化的需求,则软件需要灵活适应企业的特定商业模式和经营理念,并考虑劳动合同法律法规、工作时间协议及员工个人偏好等因素。在先进的智能算法基础上,软件要能够自动生成或辅助管理人员编制优化的计划。同时,软件还需要具备信息整合、决策分析与趋势预测等高级功能,为企业管理提供更有力、高效的支持。此外,随着其智能化程度的提高,软件也应能更有效地对人、车等多种资源进行一体化规划。

这些商业软件均将重点放在行车计划编制和司售人员排班过程上,因为从公交企业的角度看,公交服务最大的单项开支来自驾驶员的工资和津贴,所以着眼于第3个和第4个基本过程被看作是减少这些开支的最佳途径。但是由于一些商业软件把公交规划问题过于简化处理,只是把它分解成独立的几个子问题,这就使得所得方案很难保证完全满意或得不出最优解,因此还需要有经验的运营人员的参与。

一些观点认为第3个和第4个过程应自动化处理,因为人工完成这两项工作非常费时费力,而且自动化处理有可能获得更有效的计划方案。人工编制行车计划方案的局限性已经影响了第1个和第2个过程的调整。只有借助越来越被广泛接受的自动化行车计划编制方法,才能集成处理更高层次的规划过程。当然,在有些情况下,这些高层次的规划也还需要研究人员和实践人员进行微调。

二、行车计划自动生成软件实例

本软件在国家课题"863"计划《综合公共交通网络运营优化技术》支持下,对课题成果线网优化、运营计划(行车时刻表、行车计划、驾驶员排班)以及上述两部分得到的结果方案打分评价等功能进行程序编制实现,为动态公交网络调整和运营策略制定提供科学有效的决策支持,主要功能及检验结果如表8-21所示,部分软件截图如图8-41,图8-42所示。

行车计划自动生成软件主要功能　　　　表8-21

模　块	主　要　功　能	检　验　结　果
可视化操作	图层加载、卸载以及隐藏功能; 图层基本设置功能,如渲染、字体和颜色等; 图层特征查询功能,并反馈查询结果显示在地图上	可视化功能完善、全面,用户界面友好
基础数据查询和维护	地图地理数据写入数据库功能; Excel文件数据写入数据库功能; 数据库基础数据表操作功能	数据写入、查询和维护功能正常
线网优化	线网优化约束参数及蚁群算法参数设置功能智能算法构建新线网功能; 计算线网评价指标功能	能够得到新的线网优化方案和计算线网评价指标,但程序运行时间较长

续上表

模　块	主　要　功　能	检　验　结　果
运营计划	运营优化约束参数及蚁群、粒子群算法参数设置功能； 粒子群算法求解行车时刻表功能； 蚁群算法求解行车计划功能； 蚁群算法求解驾驶员排班功能； 计算运营评价指标功能	运行正常，能够得到运营计划的各项结果，运行效率达到预期要求
系统评价	指标权重及相关评分标准查询和维护功能； 关联矩阵法和模糊评价法数学模型运算功能； 上述两种评价方法在线网优化和运营计划中的应用功能	实现既定功能，但缺少数据格式检验功能

图 8-41　综合公共交通网络运营优化系统主界面

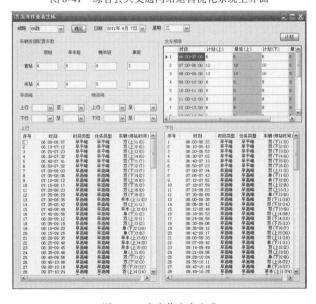

图 8-42　发车作业表生成

本系统应用检验有以下主要的技术指标：
(1) 供本次应用检验使用的广州市大学城综合公共交通网络规模是：公交线路 8 条，地铁线路 1 条;公交站点 49 个,地铁站 2 个,长途汽车客运站 1 个。

(2) 本次应用检验的广州市大学城综合公共交通网络运营计划方案规模是:16h,班次 1015 次,车辆 81 辆,驾驶员 165 名。

(3) 在上述运算规模下,本应用测试在线网优化模块的运行时间约 45min(算法迭代次数 20 次),运营计划模块中的时刻表编制花费约 3min(算法迭代次数 100 次),行车计划和驾驶员排班分别约 9min(算法迭代次数 20 次)。

(4) 软件运行界面友好,可操作性强,基本能够作为公共交通线网优化和运营计划编制的基础工具平台。

现场测试表明,系统所用数据和运算过程真实,运算结果可信。计算结论科学合理,起到了优化的作用,在几个运营调度的关键环节都有系统的解决方法,如复杂的多条线路统一调度的问题是以前难以用手工和其他系统完成的。计算结果对实际工作有具体的指导意义,为公交运营的科学性提供了保障,可作为实际调度工作的操作软件。如果在多 CPU 微机或并行计算系统上运行,可大幅度提高运算速度。

复习思考题

1. 列举公交实时控制三种策略(速度引导、基于时刻表的滞站控制、基于发车间隔的滞站控制)各自的优缺点。

2. 查阅公交运营时段划分的其他方法。

3. 分析公交服务可靠性(如串车概率)与调度基本技术参数(如发车间隔、车载容量)的关系。

4. 分析一维公交运营时段划分的优缺点,并查阅公交运营时段划分的其他方法。

5. 给定以下的网络,包括 5 个换乘点和 4 条线路。弧上的数字是平均行程时间(min)。试使用优化软件求得最大相遇数的优化结果。

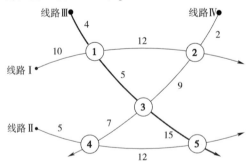

网络中的数据如下:

i	$H_{\min_i}$	$H_{\max_i}$	F_i	T
线路 I	5	10	3	
线路 II	6	10	3	30
线路 III	7	8	3	
线路 IV	10	15	3	

6. 分析公交车辆行程时间随机性对公交网络协同调度的影响,有什么解决策略?

7. 已知一个公交系统包含一条线路,该线路晚高峰的时刻表如下表所示,试确定该线路的最小车队规模,并使用 FIFO 规则构建车辆行车计划。

某线路晚高峰时刻表

上行车次	时　　刻	下行车次	时　　刻
1	16:00—16:37	1	16:00—16:35
2	16:10—16:48	2	16:12—16:48
3	16:20—16:58	3	16:24—17:00
4	16:30—17:11	4	16:36—17:11
5	16:40—17:19	5	16:48—17:22
6	16:50—17:27	6	16:48—17:03
7	17:00—17:40	7	16:48—17:35
8	17:10—17:49	8	17:10—17:46
9	17:20—17:58	9	17:20—17:55
10	17:30—18:12	10	17:30—18:09
11	17:40—18:24	11	17:11—18:26
12	17:50—18:25	12	17:26—18:14
13	18:00—18:51	13	17:50—18:31
		14	17:58—18:13

8. 已知公交线路以及两个小时的跟车调查数据,车辆运力为 80 名乘客,基本的跟车调查数据如下表所示。

站点号	与下站距离(km)	时间段和出站时间(min)			
		06:00—07:00		07:00—08:00	
		06:15	06:45	07:10	07:40
1	2	22	25	50	60
2	3	52	40	60	75
3	3	35	65	80	45
期望拥挤度(人)		40		50	
最小发车频率(辆/h)		2		3	

问题:

(1) 确定小时最大客流和最大客流站点。

(2) 利用方法 2 确定每小时发车频率。

(3) 利用方法 4(40%)确定发车频率,方法中最多允许线路长度的 40% 出现超载。

9. 已知一条包括 5 个站点的公交线路,线路上所有车辆均有 50 个座位,每辆车的运力相同,均为 80 名乘客,下表给出了 5 个小时(6:00—11:00)内每小时的平均客流数、观测到的公交车辆数、期望拥挤度(乘客数)和最小发车频率(辆/h)。画出小时断面客流曲线并计算其面积;确定各时段应使用的数据采集方法并给予解释。

站点号	与下站距离(km)	时段				
		06:00—07:00	07:00—08:00	08:00—09:00	09:00—10:00	10:00—11:00
1	2.2	72	161	65	182	138
2	0.8	90	328	199	318	193
3	1.4	85	468	365	300	222
4	0.6	68	397	388	212	166
5	1	54	286	140	147	84
期望车辆数		2	6	5	4	3
期望拥挤度(人)		50	60	60	50	50
最小发车频率(辆/h)		2	2	2	2	2

(1) 计算每小时内由4种方法得到的发车频率和发车间隔,方法4允许最大的超载线路为20%。

(2) 比较4种方法的结果并给出结论。

(3) 如何使方法3和方法4(20%)得到的超载公里数(以人·km为单位)与减少的空座公里数取得平衡?

(4) 如果空座费用是3美元/km(运营成本),那么为出现超载的路段降低票价的范围应为多少,才能使获得总成本节约(由空座公里数减少而产生)大于减少的总票款收入?

10. 简述单线调度与区域调度模式的不同。

11. 简述"生成与选择"求解方法的基本思路。

第九章　城市辅助公交及其运营技术

第一节　辅助公交的概念与构成

一、辅助公交的定义

辅助公交是指满足特定人群个性化出行需求的城市公共交通方式，其运营组织模式区别于常规公交，可采用固定与非固定或固定与非固定相结合的车站、线路和时刻表，可根据客流需求灵活组织或量身定制的一种交通服务方式。辅助公交服务特征侧重于细分出行需求，通常可分为：

（1）从服务品质上细分，辅助公交侧重于多元化的公共交通服务需求，能为乘客提供紧密结合需求的、有座及近似门到门的便捷公交服务。

（2）从社会公平性角度出发，辅助公交侧重为特殊人群（老人、残疾人等人群）必需的出行需求提供公共交通服务。

（3）从支撑和弥补常规公交出发，辅助公交侧重于提供更灵活和高标准的接驳服务。

（4）从公益性角度考虑，辅助公交侧重于为政府政策性扶持区域提供专项的便捷公共交通服务。

辅助公交在线路和车站设置方面可采用固定、非固定或固定与非固定结合的组合运营模式，辅助公交还根据不同的服务类型采用优质优价或公益性票价，所使用的车辆应该是城市公共汽车或道路客运车辆。辅助公交作为城市公共交通体系的组成部分也可得到一部分政府对于公共交通的财政补贴。

辅助公交是处于出租车及常规公交之间的一系列公共交通服务，从运营模式划分来看包括定制公交、辅助公交专线、接驳公交、需求响应公交等多种形式。通过采用比常规公交更灵活的运营计划、线路、停靠站、服务标准等满足特定目标群体个性化的出行需求，既具有出租车运输的服务灵活性，又具备常规公交的一些优点，以在相同时间段内汇集相同出行点、相同出行品质要求出行需求为总体目标，出行费用（除政府公益性指定服务外）往往高于常规公交，但低于出租车及私人驾车出行，辅助公交具有"低能耗、低污染、低财政负担、低土地占用、相对较低的个人出行成本、高服务品质和高效"的特征。

辅助公交这一称谓是相对轨道交通、快速公交和常规公交这样的基本公共交通模式而言的，它更适合服务较小规模的客流，却是公共交通体系非常重要的组成部分。

辅助公交发展滞后将在一定程度上导致小汽车出行缺乏高品质替代方式，助推小汽车出行的过速增长。当前许多城市受困于高能耗、雾霾天气及交通拥堵，一些城市也纷纷实行了限购和限行的交通政策，大力发展辅助公交，有利于引导人们使用公共交通，甚至促进已有私人机动化交通向公共交通转移。

二、辅助公交的分类

1. 按照与其他公共交通系统的关系分类

(1) 独立的辅助公交系统：不论是单一线路还是整体线网，都不依赖于其他交通系统，能够独立服务乘客出行全程，如：大站快线、定制公交、辅助公交专线等。在设计这些系统时，应尽量提供近似门到门的服务。

(2) 半独立的辅助公交系统：服务的乘客中，一部分能够完成出行全程，另一部分需要依赖接驳其他交通方式完成出行，如：服务于片区公交，既服务小区内日常出行，又与区域内外换乘枢纽接驳换乘常规公交或轨道交通系统。

(3) 接驳型的辅助公交系统：主要功能是提供与其他交通方式的接驳，依赖与其他交通模式的整合，如：地铁车站的接驳公交。在设计这类服务时，应尽可能明确接驳模式和乘客换乘需求，提供时刻表、费用和空间上的接驳便利。

2. 按照经营的商业化或公益化定位

(1) 商业化运营为主：针对所有出行者的公交服务，以商业运营为主，如：需求响应公交、定制公交、接驳公交、辅助公交专线等。

(2) 商业化与公益化运营结合：以商业运营为主，同时承担部分公益运营功能，如：小区巴士在正常运营过程中，为学生、老龄人预留座位，并可适度提供门到门接送服务，针对特殊群体收取更低的费用或免费。

(3) 公益化运营：专门提供基本公共出行服务，保证最基本的可达性，如：残疾人预约出行、老龄人就医、中小学及幼儿园校车等，服务规模及模式根据特殊需要定制，票价低廉，通常享有政府补贴，对车辆、服务有特殊标准要求。

3. 按照运营服务随需求变化的灵活性度划分

(1) 灵活性是最高的：出租车是每辆车的行驶可以随一个乘客的需求变化，适当的拼车也可体现一定的集约型。

(2) 灵活性次高的：需求响应公交，若干人在提前一段时间（一般不超过一天）提出出行需求，公交运营部门予以响应，根据需求确定时间和路线派车接送，每次派车的时间及停靠地点都不必相同。需求响应公交是不定线、不定点、不定时的按照乘客出行需求而开行的灵活公交，其灵活性介于出租汽车和定制公交之间。

(3) 有一定灵活性的：根据大部分人的需求定制的：根据众多乘客的需求，总结出时间、方向、地点比较集中的出行需求（不一定要满足所有需求）。在一段时间内可以开出相对稳定的线路，为乘客提供定制服务，即所谓的定制公交。以上三种都可以形象地描述为"车找人"模式。

(4) 基本没有灵活性的：定线定时的辅助公交专线。为满足城市主要人口集散点与机场、铁路客运枢纽、旅游景点、园区、大型居民区等区域间公众快速出行需求，按照固定线路和站点运行的公共交通模式。专线公交和基本公交都属于班车形式，可描述为"人找车"模式。

三、辅助公交的运行模式

从运营模式划分来看，目前辅助公交包括辅助公交专线、定制公交、灵活公交、需求响应公交等多种形式。

1. 辅助公交专线

在主要客流走廊和客流起讫点之间提供准点、快捷的服务,线路长度一般为 10~30km,沿线仅停靠首末站(或还包括沿途大站),线路避开拥堵路段,并尽量利用公交专用道、城市快速路等通道。高客流线路以不大于 10~15min 间隔的高频率运营,低客流线路以半小时、1 小时等间隔,按照固定时刻表发车运营。乘客不需要提前预约,直接在停靠站乘车。辅助公交专线一般配置设施齐备(舒适的座椅、空调、WIFI 等)的单机公交车,车内设置较多座位,保证乘客一人一座。辅助公交专线可全天候运营,也可面向通勤客流仅在高峰时段运营。辅助公交专线可形成网络,或服务一条或数条客流走廊,由于运营准点、乘坐舒适、运营速度明显快于常规公交(因为停靠站少并避开拥堵路段),辅助公交专线能够吸引对出行品质要求较高的乘客,票价也相对较高。

2. 定制公交

定制公交服务是一种直达、便捷、舒适的高品质公交服务模式,通常具有"定人、定点、定时、定价、定车"的特点,运营单位或中介服务机构通过网络、电话、短信、微信或是定点调查收集个人出行需求和联络信息,以确定定制公交服务的乘客、发车时间、线路、停靠车站和换乘枢纽。定制公交的服务水平与辅助公交专线相似,区别在于辅助公交专线主要服务客流较高的走廊,班次多,乘客无需预约乘车,定制公交需要乘客提前预约,停靠站点和运营时间与乘客需求结合更加紧密,保证了足够的上座率,确保在低客流线路上也能开行定制公交。一般的,定制公交在一段时间内的行驶时间停靠站点是相对稳定的,不会是天天变、次次变的。

定制公交分为线上和线下两个模块,乘客通过移动端 App 或公众号提交起始信息,在线上购买对应车票,由系统定好座位,提供乘客具体班次、乘车凭据,在预定时间到达车站后,通过线上平台查询定制公交的实时位置,出示预定车票凭证后上车。

线下则是公交公司采用 B2C 运营模式对后台进行管理,对收集的数据进行聚合和分类,调整线路分配和乘车票价,安排班次后勤以及最重要的驾驶员调度和行程记录,每天根据行程情况和完成的工单数量给驾驶员发放劳务费,定制公交驾驶员可以在 App 上提现酬劳。

3. 灵活公交

灵活公交是在特定区域内运营的公交服务,线路长度一般为 5~10km,线路走向强调覆盖服务范围内的主要客流集散点,(因为线路短)不突出线路直达性。灵活公交主要承担以下三类功能的一种或多种:一是为区域内日常出行提供便利,二是接驳主要换乘枢纽等客流集散点,三是作为辅助公交专线或常规公交线路的延伸,以加密站点、按需停靠等形式服务。

灵活公交服务模式灵活,在客流较高的线路,灵活公交以高频率或固定时刻表运营,在低客流需求的区域,可以通过电话、网络等提前预约服务,很多灵活公交线路为方便乘客,允许沿途随意招停公交车。因覆盖范围较小,灵活公交的客流规模不大,为控制运营成本,车型一般为 20 座以内的中型或小型公交车。灵活公交适用于区内出行较密集但常规公交服务薄弱(因线网布局、道路狭窄等原因)的区域,特别是接驳地铁站等公交枢纽。

4. 专项公交

专项公交是公共交通服务细分的重要措施,是为出行特征相似特定群体提供的定制化服务,让出行者以经济的价格享受到高品质服务。专项公交的关键是准确定位目标客流的出行时间、出行起讫点、对时效性的要求、对舒适性的要求、票价承受能力等信息,并提供尽可能与之匹配的服务,通过提供这类附加服务来吸引客流并产生经济效益。专项公交包括针对游客、学生、就医人群、商务客流、大型企业通勤、社会活动临时出行的线路等。高品质的专项公交服务是吸引小汽车出行者的重要手段,是小汽车出行的重要替代方式,是对现有公交服务的扩展和补充。

5. 需求响应公交

需求响应公交是针对乘客个体出行需求提供的预约-响应式服务,不设固定线路。在预设的服务范围内,乘客可通过电话、网络等方式预约,调度中心或公交车驾驶员根据乘客要求,及时调整行车线路,提供门到门的接送服务。

需求响应公交的车型一般为6~20座的小型或中型公交车,允许多人合乘,保证一人一座,票价水平低于出租车。需求响应公交适用于出行需求相对分散、乘距较短、出行时空分布相对均衡的区域,如:在城区外围组团,提供地铁站到周边区域单点-多点的集散服务。

原则上,定制公交、灵活公交、商务接送甚至网约拼车等类型也属于需求响应公交的范围,只是灵活程度不同而已,核心形式都是"车找人"。

6. 面向残疾人等特殊群体的公益公交

出行是市民的一项基本权利,政府有义务为所有出行者提供基本的公共交通服务。此类公交服务主要面向老龄人、残疾人等行为受到限制的乘客,在这些人群集中的区域开行专门的线路,甚至通过电话预约提供服务,满足人们日常生活及就医等特殊需求。此外,还可在面向大众的辅助公交服务中通过特殊设计满足老龄人和残疾人的出行需要,如:低底板车型、在车门附近布置轮椅停放位、给予老龄人和残疾人优惠票价(财政专项补贴)等。

7. 面向特定客流群体的其他辅助公交

针对特定客流量身定制的辅助公交服务,具有非常准确的市场定位,最大限度发挥辅助公交规模化定制的效益,直达快线或大站快线是常见运营模式,服务品质高,常常提供目标客流需要的附加增值服务。这些服务包括:

(1)连接外围组团公共住房集中区域(经济适用房、公租房、廉租房等)与中心市区的直达班线,由于是具有社会公益性的服务,政府财政可对这类线路提供定向的票价补贴,保持低票价。

(2)针对游客的旅游班线,停靠主要景点、交通枢纽和酒店区,可提供随车导游服务及景点门票折扣。

(3)针对商务客流的快捷班线,停靠机场、高铁车站、会展区域、高端商务、酒店区、大型文艺及体育活动,可提供特定机票-酒店配套-综合票务等。

第二节 辅助公交的行业管理

1. 合理确定辅助公交定位、发展思路和原则

依据当地发展情况,合理确定辅助公交定位。辅助公交是城市公共交通的组成部分,是城市常规公共汽车的重要补充,是公交供给侧结构中个性化、高品质的服务供给,是介于常

规公交客运与出租车客运之间的、根据客流需求热点和时空数据灵活组织量身定制的一种新型、集约交通出行服务方式。其服务特征侧重于细分出行需求,其站点、线路和时间根据大数据、云计算处理结果,规范实施。

拟定辅助公交发展思路,以技术创新、政策创新和模式创新推进辅助公交发展。以深化常规公交供给侧结构性改革为主线,优化服务供给,以辅助公交提供个性化、高品质服务,促进区域公交网络服务优化;通过引入市场适度参与,优化公共服务供给,激发市场活力,提高公共财政绩效;根据当地公共交通基础设施建设情况,围绕城市大运量客运公交走廊提供集约高效的公交衔接服务,为骨干公交走廊提供客流接驳支撑;以大数据云计算为抓手,打造统一规范平台,开展政府与创新高科技机构的合作,引入大数据高新企业,整合线上线下资源,支持社会创新创业,以智能技术驱动传统公交服务的转型升级。

明确发展辅助公交的原则:一是坚持政府引导,发挥市场的积极作用。政府规范政策保障,合理资金投入引导,有效培育市民出行习惯,有序实行优质优价、市场运作,发挥市场配置资源的作用,积极贴近乘客出行需求。二是坚持差异化高品质,与常规公交协调发展。辅助公交作为常规公交的补充,要发挥其平台整合线上线下资源、数据处理、智能匹配、灵活服务的优势,提供常规公交满足不了的高品质服务、常规公交覆盖不到的区域或时间的服务,与常规公交实行差异化运营,实现协调发展。三是坚持以人民为中心,深化改革创新。以大数据、云计算为依托,坚持问题导向,以人民为中心,深化政策创新、技术创新和模式创新"三创新"同步协同,以"政策创新"深化改革规范发展,以多方合作推动"技术创新"并提高服务和管理效能,以"模式创新"保障可持续发展,以辅助公交的高品质服务促进常规公交的效能提升和转型升级。四是试点先行,有序推进。在确保行业稳定的前提下,通过大数据应用和市场调查相结合,先行先试,有序推进。

2. 建立和完善与辅助公交发展相适应的规制

对于辅助公交,还没有健全完善的法规和标准,但基本方向是明确的,一是鼓励发展,二是市场化为主,三是满足乘客需求,四是保障安全和秩序。需要说明的是,辅助公交的部分服务模式也属于基本公共交通服务,也具有一定的公益性,比如,不定线的需求响应公交、部分稳定的专线等也应该享受一定的政府补贴。如果政府的财力允许,辅助公交模式能更好地满足群众的基本出行需求,政府也应该积极地给予一定的政策优惠,不能一刀切地认为所有的辅助公交都应该走市场化的道路。这里所说的市场化,主要是市场定价,没有财政补贴,完全靠市场化经营,自负盈亏。

3. 建设规范的辅助公交平台

辅助公交平台连接乘客,接入有运营资质的运输企业所拥有的、符合要求的驾驶员和车辆,通过数据整合处理提供辅助公交出行服务。

4. 构建有效的运营监管体系

各级交通运输主管部门、道路运输管理机构应当按职责加强对辅助公交服务的监督管理,定期对辅助公交企业运营及安全情况组织监督检查。

(1)建立辅助公交的市场准入与退出机制。

(2)制定辅助公交运营规则。

(3)完善辅助公交定价机制。

(4)明确平台、客运企业和乘客的安全责权关系。

(5)建设和完善辅助公交的监管平台。

5. 构建有效的诚信评价体系

(1)建立畅通的投诉渠道

辅助公交经营者应当明确服务项目,公布服务质量承诺(不得低于本市行业标准),建立服务评价体系和乘客投诉处理制度。

(2)建立服务质量乘客评价机制

道路运输主管部门应当定期组织开展网络预约巴士服务质量测评,参考滴滴或淘宝评价系统构建乘客评分体系,通过电话、网络、手机App等多种形式建立畅通的投诉渠道。

(3)建立监督检查机制

相关主管部门应建立新型的监督检查机制,除了加强对辅助公交的经营者、营运车辆的资质审查与证件核发管理,根据管理需要调取查阅网约巴士经营者的登记、运营和交易等相关数据信息外,还应通过技术手段对辅助公交的日常运营数据进行监督。

6. 引导辅助公交规范发展

(1)创新"互联网+辅助公交"服务模式

支持和引导辅助公交服务经营主体构建辅助公交服务出行信息平台,多方式收集社会公众辅助公交服务需求,依托大数据有效整合公共交通供需信息,及时发布辅助公交服务线路、车辆、价格和服务时间等信息,为人民群众提供在线查询、网络预订、在线支付、定制服务、实时评价等个性化的定制出行服务。

(2)创新发展多种形式的辅助公交服务

以乘客需求为导向,引导企业创新发展直达公交、快线公交、旅游专线等个性化出行服务。针对机场、高铁站、城际轨道交通站等特殊区域出行需求,引导企业依托现代信息化技术和多元化的车型,以相对集约的运输方式和优惠的价格,为乘客提供"门到门"的出行服务,并实现与网络约租车的错位发展。

(3)创新升级辅助公交途中服务

以吸引个体机动化出行和满足中高端收入人群通勤出行为目标,引导辅助公交经营主体提升乘客途中出行体验,实行一人一座,直达运输或大站运输为主,配套空调、免费WIFI、电子设备充电、视频播放、报刊赠阅等特色服务,并根据市场需求自主提供其他途中增值服务,延伸公共交通服务链条,同步实现品质提升和服务增值。

7. 开拓辅助公交的市场化途径

根据"放、管、服"的原则,加强辅助公交事中事后经营管理服务。平台运营商承担网络平台、驾驶员、车辆及其所有人的集成运输服务整合组织责任,是共享运输服务的总体提供商。辅助公交平台运营商应建立相应的接入审核、培训教育、运营管理、推广营销、安全管理,以及风险管理等的相关管理制度。平台运营商应确保文明服务、诚信经营,公开服务方式、网站、App移动端和客服电话等,应通过手机App等方式向乘客事先告知线路起止及中途站点、时间、距离等,以及运价结构、计费方法等。保证接入车辆具备合法营运资质,技术状况良好,安全性能可靠,具有营运车辆相关保险,保证接入平台的驾驶员具有合法从业资格,保障运营安全和乘客合法权益。

(1) 开放辅助公交经营主体

有序开放除基本公共交通服务以外的公共交通市场,放宽辅助公交市场主体的准入门槛,逐步实现以安全、服务、市场诚信等社会性管制要求代替资金规模、场站规模等经济性管理要求,为社会创造平等进入、公平竞争的市场环境。引导传统公共交通企业、道路客运企业、互联网企业以及其他社会资本依法投资经营和提供多元化的公共交通服务。

(2) 实行辅助公交自主经营

放宽辅助公交经营模式管理限制,辅助公交服务经营者可根据市场需求,自主设置或调整辅助公交线路走向、停靠站点、发车密度和服务时间,并报城市公交管理部门备案。自主选择符合要求的车辆类型,提高运输组织效率。

(3) 规范市场经营行为

交通行业管理部门应从防范市场失灵的角度明确管理职责,守住行业发展底线。通过出台辅助公交经营管理办法,完善辅助公交企业备案和安全生产管理制度,依法落实行业监管职责,规范市场经营行为,保障消费者合法权益。

8. 促进辅助公交与常规公交融合发展

(1) 统筹协调辅助公交发展。做好政策制度保障,完善规划引导。

(2) 统一规范辅助公交管理。辅助公交纳入公交管理,遵循城市公交基本服务和管理要求。

(3) 统一辅助公交服务监管。辅助公交经营主体应按照统一的公交信息系统建设标准开发企业智能化管理信息平台,并主动对接所在地城市公交监管平台,实现城市公交监管平台对辅助公交线路、站点、车辆、人员的全覆盖。

(4) 共享城市公交服务保障。建立城市公交资源共享机制,主动开放共享基本公交服务发展规划、线路布局、站点容能、运营时间和客运量等信息,为辅助公交经营主体科学谋划发展提供信息服务。

(5) 协同推动辅助公交可持续发展。

第三节　辅助公交的运营管理技术

一、辅助公交点位模式

所谓点位模式是指辅助公交服务设计时所考虑的首末站和中间停靠站的运营模式,其中,对于首末站和停靠站分为固定点位和需求点位两种形式。固定点位具有固定的上车点和下车点,对于乘客而言,固定点位方便乘客记忆,系统运营稳定性较高;需求点位是指运营车辆可根据乘客实际需求进行停靠,以方便乘客上下车,需求点位的设置可使系统具有较高的灵活性,更有利于提高公交可达性和服务品质,但同时,需求点位也增加了运营组织难度。从点位布局的角度,结合区域需求特征和线路功能,通常可将点位模式分为均匀分布点位、单点至单点、单点至多点、多点至单点、多点至多点 5 种基本模式,但设置形式的不同也会导致点位模式发生变化。接下来将结合不同停靠点位形式和分布形式提出几种基本的点位模式。

1. 固定点位模式

将停靠站点固定是公交运营设计中最为常见的做法，因为固定的首末站和停靠站具有较高的运营稳定性和服务可靠性，其站点的设置往往是综合了客流需求、车辆运营等多方面的考虑。但对于辅助公交而言，有时由于服务本身特点的不同或客流需求的不同，其设置形式差异也较大。

（1）均匀分布点：在沿线需求较大的地方设有停靠站点，与传统公交形式最接近，运营稳定性较好，运营灵活性较低。如图9-1所示。

（2）单点-单点：只设置起终点，不设中间点位，是一种直达性公交服务。运营效率较高，易于运营组织，主要适用于线路两端客流集散点之间拥有稳定的客流需求。如图9-2所示。

图9-1 均匀分布点位模式示意图

图9-2 单点-单点模式示意图

（3）单点-多点：服务于出行起点相同或相近，且出行方向相同、下车区域相同或相近的乘客群体，是单点至单点直达模式的延伸。可有效扩大线路终点区域的服务范围，提高线路可达性。如图9-3所示。

（4）多点-单点：为某一片区或交通走廊与单一客流集散点之间提供直达服务。可有效扩大起点的服务面积，提高服务可达性，并利于线路单向客流规模的提升。如图9-4所示。

图9-3 单点-多点模式示意图

图9-4 多点-单点模式示意图

（5）多点-多点：是片区与片区之间的连接服务，主要服务于出行方向相同，出行起讫点相同或相近的乘客群体。通过在两个区域之间布设或设置较少的中间停靠站，可有效提高区域直达效应。如图9-5所示。

（6）单点-多点-单点：适用于线路两端出行较为集中，通常是较为密集的客流集散点，相比于单点至单点模式，在完全直达性服务的基础之上，在线路部分区域设置停靠点。如图9-6所示。

图9-5 多点-多点模式示意图

图9-6 单点-多点-单点模式示意图

2. 需求点位模式

需求点位形式是辅助公交灵活性的重要体现，服务通常针对不同服务群体，根据乘客实际需求进行停靠。在模式设计上，除完全采用需求点位外，许多情况下，还需要与固定点位相结合，以满足不同的出行需求和运营条件。

（1）终点需求点位模式：具有固定起始点，但没有固定的出行方向，具有较好的乘客步行可达性。具有高度灵活性的运营方式，乘客可根据实际自身需求制定出行方向和下车点，并可与出行方向相似或终点相近的其他乘客进行合乘,减少出行费用,提高车辆利用率。但同时,由于同行乘客的等待和绕行可能会增加乘客的出行时间。如图9-7所示。

(2)单点-单点需求点位模式:服务具有明确的出行方向和起始点,但不设固定的中间停靠站,乘客可在沿线任意位置进行上下车,运营灵活度较高。模式可服务于某固定区域或客流走廊,起始点通常选取客流集散强度较高的点位,以满足客流需求。如图9-8所示。

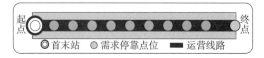

图9-7　终点需求点位模式示意图

图9-8　单点-单点需求点位模式示意图

(3)终点区域需求点位模式:具有明确的出行方向,线路不设固定的中间停靠站,但会在终点附近区域或沿线设置需求点位,提高乘客下车区域可达性。服务具有较好的直达性和灵活性。如图9-9所示。

(4)起点区域需求点位模式:具有明确的出行方向,线路不设固定的中间停靠站,为方便乘客的快速聚集,会在起点区域设置需求点位,具有较好的直达性和灵活性。如图9-10所示。

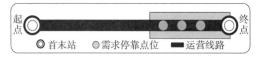

图9-9　终点区域需求点位模式示意图

图9-10　起点区域需求点位模式示意图

(5)起始区域需求点位模式:在明确了出行方向的条件下,在服务的起始点附近设置需求点位,以提高服务的灵活性和可达性,同时,不设中间停靠站以提高运营速度。如图9-11所示。

图9-11　起讫区域需求点位模式示意图

基于不同程度的直达性辅助公交服务可根据不同需求特征进行设计,将固定点位与需求点位进行组合运营,除以上点位模式外,还可能包含下几种模式,如图9-12～图9-15所示。

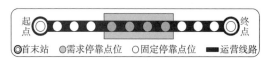

图9-12　部分需求点位模式示意图

图9-13　混合型终点区域需求点位模式示意图

图9-14　混合型起点区域需求点位模式示意图

图9-15　混合型起讫区域需求点位模式示意图

二、辅助公交线路模式

线路是辅助公交服务设计的基本组成要素,在运营模式上通常分为固定线路和灵活线路两种类型。固定线路模式与传统公交相似,车辆完全按照提前计划好的线路进行运行,具有很好的运营稳定性,但同时也缺乏灵活性,通常这类模式较为适用于需求引导型的辅助公交服务设计。纯粹的灵活线路模式是指运营车辆无固定运营线路,其服务主要以乘客需求为主导,虽然具有较好的可达性和灵活性,但同时也增加了运营组织的难度。近年来,许多城市采用了将固定线路和灵活线路相结合的方式,提供更为多样的辅助公交服务,以满足不同的出行需求。灵活线路通常包含两种情况:

①在无固定计划的线路的情况下,完全以乘客需求为主导。

②在既定的运营线路的情况下,根据乘客需求进行适度的偏移,在偏移后仍会沿着原来的线路进行运营。

下面将介绍几种辅助公交常见的线路模式。

1) 固定线路模式

固定线路模式的辅助公交服务采用了固定的运营线路,具有较好的稳定性。如图 9-16 所示。

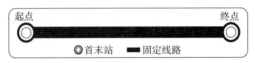

图 9-16　固定线路模式示意图

2) 完全灵活线路模式

如图 9-17 所示。

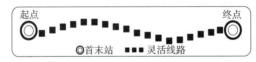

图 9-17　完全灵活线路模式示意图

3) 半灵活线路模式

(1) 起点区域灵活线路模式

如图 9-18 所示。

图 9-18　起点区域灵活线路模式示意图

(2) 终点区域灵活线路模式

如图 9-19 所示。

图 9-19　终点区域灵活线路模式示意图

（3）部分区域灵活线路模式

如图 9-20 所示。

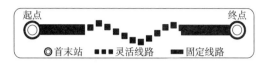

图 9-20　部分区域灵活线路模式示意

三、辅助公交站点、线路、时间均可变的需求响应模式

1. 线路可偏移模式

线路可偏移模式以固定式服务模式为基础，具有一条基准线路，线路上分布着具有一定站间距的固定站点，固定站点上下车的乘客无需预约即可在站点候车进行出行，车辆按照规划的发车时刻表发车。基准线路沿线的区域范围内分散着一些潜在的客源，但由于距离线路站点具有一定的距离，非步行所能达，这部分客源并不能转化为线路的客流。线路可偏移模式的需求响应公交的作用便是将这些潜在客源转化为线路客流。分散在任意两个固定站点间的潜在乘客可通过预约的方式向线路可偏移式需求响应公交提出出行需求，车辆若能在两固定站点间允许的松弛时间内完成乘客的接应，则响应乘客的预约。如图 9-21 所示。

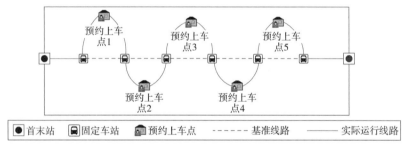

图 9-21　线路可偏移式需求响应公交运行示意图

2. 站点可偏移模式

该模式与线路可偏移式需求响应公交类似，不同的是该模式公交服务并无基准行驶线路，而是在服务区域内具有一些固定的站点供乘客上下车，同时又响应服务区域内的其他有预约出行需求的非固定的上下车点。车辆沿着串联固定站点的路径行驶，当有其他预约上下车点时，车辆便偏移原有的行驶路径，为有预约上下车需求的非固定站点提供服务。由于每次提出预约出行需求的非固定站点位置都不固定，因此车辆的行驶路线不固定，车辆调度方案完全根据每次的预约出行需求来确定。该模式具有较强的灵活性，适用性较广，其运行示意图如图 9-22 所示。

3. 固定目的地区域服务模式

固定目的地区域服务模式需求响应公交乘客的出行目的地固定统一，可分为循环式和非循环式两种模式。循环式指的是车辆起点和讫点固定为一，车辆从起点出发，载上乘客后返还起点；非循环式是指车辆的起讫点是分开的，车辆从起点发车，将服务区域内预约出行的乘客运往一个固定的目的地。如图 9-23 所示。

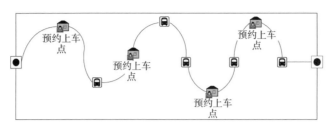

图 9-22　站点可偏移式需求响应公交运行示意图

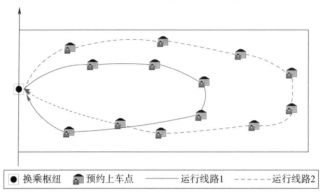

图 9-23　固定目的地的区域服务模式需求响应公交的运行示意图

4. 区域灵活服务模式

区域灵活服务模式需求响应公交服务于出行起讫点均在一个特定区域内的乘客出行需求。乘客的预约上下车点均具有较强的灵活性，预约上车点的同时也预约下车点，该模式类似于出租汽车的合乘服务，但更具集约化。如图 9-24 所示。

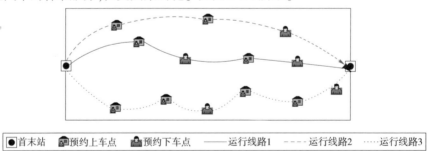

图 9-24　区域灵活服务模式需求响应公交运行示意图

第四节　定制公交的运营管理

定制公交作为多元化公共交通的重要组成部分，是指通过集合个体出行需求，为出行起讫点、出行时间、服务水平需求相似的人群提供量身定制的公共交通服务方式。定制公交为其客户群定制公交服务的车站、线路走向、线路换乘点、线路网络，其票价往往高于常规公交或轨道交通票价，但低于自驾车或出租汽车的出行费用，通常情况下乘客需要签订以月或周为单位的乘车合同并提前支付乘车费用。定制公交可提供门到门的快捷交通服务,确保乘客全程有座位;随着无线通信技术的发展,乘客还可以享用无线上网、出行信息查询等服务内容。

美国、新加坡及欧洲许多国家早在20世纪70年代就开通了定制公交,主要在中心城区和郊区社区之间提供通勤服务,吸引了较多自驾车通勤者。近年来,北京等城市开始尝试开通定制公交,青岛、西安、乌鲁木齐、温州、中山等城市也正在积极筹备定制公交。

一、定制公交的服务要素

定制公交包括以下服务要素。

1) 乘客单元

定制公交的乘客通常以单一运营车辆为单元,组合线网运营模式的乘客单元可以是单一运营车辆,也可以是运营车队。定制公交的乘客需要承诺一定的服务期限,通常不少于1个月,也可以季度、6个月或年度为服务合同期,合同期长有利于定制服务线路组织架构的稳定性。定制服务可在合约期内变更乘车者。

2) 服务定制系统

定制公交服务需建立功能齐全的服务定制系统,充分利用固定网点、网络、电话、短信、微信等平台,为市民提供方便的查询、定制、付费、订单修改等服务,便于不同类型的人群(如消费习惯不同)预约定制服务。

3) 线路和车站

车站的位置按照乘客需求预先定制,为方便乘客,车站位置尽量靠近乘客单元大多数人的出行起讫点。车站既可以设置为独立的定制公交专用车站,也可以利用现有的公共汽车站。定制公交行驶路径既可以采用固定线路,也可根据道路交通状况灵活选择并适时调整,但要确保车站的覆盖范围满足乘客需求。

4) 时刻表

定制公交在每个车站的发车时间是在定制服务时预先确定的,通常根据到达目的地的期望时间和沿途交通状况推算发车时间。

5) 票制票价

为维持定制公交客户群的稳定性,通常采取月票、周票或固定乘车日期等票制。乘客在签订服务合同时需预付合约期的费用。

6) 车辆

根据乘客规模和票价水平综合确定车辆类型,在运营初期一般采用40座以上的客车,随着定制公交服务网络化的发展,也可采用7~19座的小型客车。由于采用一人一座的运营方式,车内尽可能布置较多座位,一般采用"2+2"座位布局形式,车辆配置和内饰注重乘车的舒适性和实用性,如增加USB充电插口、放置电脑的小桌板等人性化服务设施。

7) 路权

定制公交对道路条件没有特殊要求,具备客车通行条件的道路均可通行定制公交。为鼓励发展定制公交及确保其运营速度和稳定性,经交通管理部门允许后也可在公交专用车道内行驶。

8) 运营管理

运营商在客流市场调研基础上,制订初步的运营计划,并根据服务预定情况编制具体的车辆运营调度方案。根据客流市场的变化,运营商可定期对运营计划进行调整。

9) 市场监管

定制公交服务由国营或私营运营商经营,并纳入城市公共交通体系,由城市公共交通行业主管部门按照有关政策、规范、规定和标准进行监管。

10) 客服体系

定制公交配备单独的客服平台,承担业务咨询、投诉、续订、线路调整等相关乘客服务功能。

二、开行定制公交的主要条件

定制公交是针对细分出行市场的专属服务,需要具备一定的客流基础和市场竞争优势。定制公交的潜在客流应具备以下特点:①出行时间和起讫点相对固定,例如通勤客流,以确保定制公交服务能够常态化,用稳定的服务吸引客流,并规避客流波动带来的经营风险;②出行需求相对集中,能够在相同时间和路线上形成足以支撑定制公交服务的客流规模,从而使票款及其他运营收入能够涵盖工资、油耗、日常维护、车辆折旧、场站租用、税费等经营成本,确保定制公交财务的可行性。

在具备市场基础的前提下,能否开通定制公交还应对竞争交通方式进行分析。当定制公交较竞争交通方式具有显著优势时,才具备开通的有利条件。

第五节　需求响应公交的调度方法

与定线定时定点的公交相比,定制公交、灵活公交、商务接送甚至网约拼车等类型都属于需求响应公交的范围,只是灵活程度不同而已,核心形式都是"车找人"。而需求响应公交是集约公交模式中灵活性最大的,其运营组织与调度的难度也最大,深入了解和研究需求响应公交的调度问题,自然可以覆盖其他灵活公交的调度理论与技术,尤其是定制公交的运营管理与调度作业计划,也完全属于需求响应公交相应理论与技术的特例及简单应用。

为了说明需求响应公交的调度理论与方法,这里通过解决类似于同时取送货路径规划问题的建模和求解来加以说明,是典型的需求响应公交的调度方法,具有较好的代表性。

一、问题描述

这里给出的模型是类带时间窗的取送货路径规划问题,问题描述为:某公交公司需要制订未来某段时间内车辆的调度计划,希望在满足乘客需求的前提下最小化运输成本。

已知车辆和乘客的详细信息如下:对车辆来说,主要有起始停靠点、结束停靠点、最早开始时间、最晚结束时间、最大行驶距离、最大行驶时间、速度、载客量、单位距离成本等;对乘客来说,主要有乘客数、上车地点、上车所需时间、预约上车时间窗、目的地、下车所需时间、下车的时间窗等。

假设所有车辆需要从车场出发,并且在运输结束后回到车场。

二、符号说明

见表9-1。

符号说明   表9-1

符 号	说 明
模型参数	
N	$N=\{0,1,\cdots,2n+1\}$,节点集合,其中0代表起点,$2n+1$代表终点
P	$P=\{1,\cdots,n\}$,上车点集合
D	$D=\{n+1,\cdots,2n\}$,下车点集合,$i\in P,i+n\in D$
K	车辆集合
d_{ij}	节点$i,j\in N$之间的距离
S_i	节点$i\in P\cup D$的服务时间
q_i	节点i的乘客量($i\in P$为正,$i\in D$为负)
e_i	节点$i\in P\cup D$最早服务时间
l_i	节点$i\in P\cup D$最迟服务时间
c^k	车辆k的单位距离行驶成本
v^k	车辆k的行驶速度
$d_{\max}^k$	车辆k的最大行驶距离
$q_{\max}^k$	车辆k的最大载客量
$t_{\max}^k$	车辆k的最长连续工作时间
t_e^k	车辆k的最早开始工作时间
t_l^k	车辆k的最晚结束工作时间
u_i^k	车辆k与节点i的匹配关系
模型变量	
x_{ij}^k	二元变量,车辆k是否经过弧(i,j)
q_i^k	连续变量,车辆k到达节点i时的载客量
w_i^k	连续变量,车辆k在节点i的等待时间
a_i^k	连续变量,车辆k到达节点i的时间

三、问题建模

目标函数。公式(9-1)是使运输成本最小化。以最小化运输成本作为优化目标,对模型进行计算。其中c^k代表车辆k的单位距离行驶成本,d_{ij}表示节点$i,j\in N$之间的距离,x_{ij}^k表示车辆k是否经过弧(i,j)。

$$\min \sum_{k\in K}\sum_{i\in N}\sum_{j\in N} c^k d_{ij} x_{ij}^k \tag{9-1}$$

保证每个订单都被服务。公式(9-2)是使每一个乘客订单都将会被服务。对于一个订单,车辆若对其服务,则车辆将从上车点上客,然后赶往下一个地点。

$$\sum_{k \in K} \sum_{j \in N} x_{ij}^k = 1 \quad (\forall i \in P) \tag{9-2}$$

保证乘客上车后要送往目的地下车。式(9-3)是使车辆在上车点载上乘客后运输到目的地下客。

$$\sum_{j \in N} x_{ij}^k - \sum_{j \in N} x_{n+i,j}^k = 0 \quad (\forall i \in P, k \in K) \tag{9-3}$$

路径平衡约束。式(9-4)代表的是节点流量守恒,分为三种情况:

$$\sum_{j \in N} x_{ij}^k - \sum_{j \in N} x_{ji}^k = \begin{cases} 1 & (i=0) \\ 0 & (i \in P \cup D) \\ -1 & (i=2n+1) \end{cases} \quad \forall k \in K \tag{9-4}$$

载客量平衡约束。式(9-5)代表的是载客量平衡约束,当车辆k从i上客并前往j,那么车辆k在j的累积载客量为车辆k在i的累积载客量加上i的乘客量($i \in P$为正,$i \in D$为负)。

$$x_{ij}^k = 1 \Rightarrow q_j^k = q_i^k + q_i \quad (\forall i,j \in N, k \in K) \tag{9-5}$$

车辆最大载客量约束。式(9-6)代表的是车辆最大载客量约束。车辆k的载客量小于等于车辆k的最大载客量。

$$q_i^k \leq q_{max}^k \quad (\forall i \in N, k \in K) \tag{9-6}$$

时间平衡约束。式(9-7)代表的是时间平衡约束。若$x_{ij}^k = 1$,那么表示车辆k从i前往j,则车辆k到达节点j的时间为车辆k到达节点i的时间加上车辆k在节点i的等待时间、节点i的服务时间以及车辆从i开往j的行驶时间。

$$x_{ij}^k = 1 \Rightarrow a_j^k = a_i^k + w_i^k + s_i + \frac{d_{ij}}{v^k} \quad (\forall i,j \in N, k \in K) \tag{9-7}$$

等待时间约束。式(9-8)代表的是等待时间约束。车辆k在节点i的等待时间为节点i的最早服务时间减去车辆k到达节点i的时间与0之间取最大值。若节点i的最早服务时间e_i迟于车辆k到达节点i的时间a_i^k,那么车辆k在节点i的等待时间w_i^k为$e_i - a_i^k$,否则为0。

$$w_i^k = \max(e_i - a_i^k, 0) \quad (\forall i \in P \cup D, k \in K) \tag{9-8}$$

乘客时间窗约束。式(9-9)代表的是乘客时间窗约束。车辆k到达节点i的时间a_i^k与等待时间w_i^k之和应该在节点i最早服务时间e_i与节点i最迟服务时间l_i之间。

$$e_i \leq a_i^k + w_i^k \leq l_i \quad (\forall i \in P \cup D, k \in K) \tag{9-9}$$

车辆时间窗约束。式(9-10)代表的是车辆时间窗约束。车辆k在起点的时间a_0^k应晚于车辆k的最早开始工作时间,车辆k在终点的时间a_{2n+1}^k应早于车辆k的最晚结束工作时间。

$$t_e^k \leq a_0^k, a_{2n+1}^k \leq t_l^k \quad (\forall k \in K) \tag{9-10}$$

车辆最大行驶距离约束。式(9-11)代表的是车辆最大行驶距离约束。车辆k行驶的距离应小于等于车辆k的最大行驶距离d_{max}^k。

$$\sum_{i \in N} \sum_{j \in N} d_{ij} x_{ij}^k \leq d_{max}^k \quad (\forall k \in K) \tag{9-11}$$

车辆最大行驶时间约束。式(9-12)代表的是车辆最大行驶时间约束。车辆k在终点的时间a_{2n+1}^k减去车辆k在起点的时间a_0^k应小于等于车辆k的最长连续工作时间t_{max}^k。

$$a_{2n+1}^k - a_0^k \leq t_{max}^k \quad (\forall k \in K) \tag{9-12}$$

乘客先上客后下客约束。式(9-13)代表的是乘客先上客后下客约束。对于一个订单，车辆 k 在乘客出行目的地的时间 a_{n+i}^k 应大于等于乘客出发地的时间 a_i^k 加上车辆 k 在节点 i 的等待时间 w_i^k、节点 i 的服务时间 s_i 以及乘客出发地与目的地之间的行驶时间。

$$a_i^k + w_i^k + s_i + \frac{d_{i,n+i}}{v^k} \leqslant a_{n+i}^k \quad (\forall i \in P, k \in K) \tag{9-13}$$

四、算法求解

对于约束式(9-5)、式(9-7)、式(9-8)，可以通过大 M 法的思路对非线性约束进行线性化处理，将原模型转变为混合整数规划模型，并调用优化求解器进行求解，例如使用 CPLEX 中的 cplexmilp 函数进行求解。

当问题规模变大或者考虑其他因素变成非线性规划问题时，可以采用智能算法进行求解，例如遗传算法、模拟退火算法等。

❓ 复习思考题

1. 辅助公交是如何定义与分类的？
2. 辅助公交有哪些运营模式？
3. 政府应采取哪些有效措施管理辅助公交？
4. 举例说明如何实现辅助公交与常规公交的融合发展。
5. 需求响应公交的特征是什么？
6. 需求响应公交需要什么技术支持？
7. 需求响应公交与定制公交是什么关系？

参考文献

[1] 张生瑞,严海. 城市公共交通规划的理论与实践[M]. 北京:中国铁道出版社,2007.

[2] 黄正东,刘学军. 大城市公共交通空间网络规划[M]. 北京:科学出版社,2014.

[3] 张新天,罗晓辉. 灰色理论与模型在交通量预测中的应用[J]. 公路,2001(8).

[4] 刘颖杰,靳文舟,康凯. 基于IC信息和概率理论的公交OD反推方法[J]. 公路与汽运,2010,000(003):31-33.

[5] 梁展凡,葛宏伟,王仕国,等. 基于分层网络模式的公交线网规划方法与实践[J]. 城市公共交通,2017(06):31-36.

[6] 袁江. 城市轨道交通线网规划与设计[M]. 北京:北京理工大学出版社,2009.

[7] 陈艳艳,孙明正,王振报. 多层次公交线网规划与评价技术[M]. 北京:人民交通出版社,2011.

[8] 王炜,杨新苗,陈学武,等. 城市公共交通系统规划与管理技术[M]. 北京:科学出版社,2002.

[9] 王炜,陈学武. 交通规划[M]. 北京:人民交通出版社股份有限公司,2016.

[10] 陆锡明. 综合交通规划[M]. 上海:同济大学出版社,2003.

[11] 王亚飞. 关于优先发展我国城市公共交通的研究[D]. 西安:长安大学,2001.

[12] 毛海虓. 中国城市居民出行特征研究[D]. 北京:北京工业大学,2005.

[13] 黄平. 城市公交线网优化及枢纽[D]. 湖北:武汉大学,2005.

[14] 李旭宏,徐永能. 城市客运交通系统[M]. 北京:人民交通出版社,2011.

[15] 邓亚娟. 城市交通场站与枢纽规划设计[M]. 北京:人民交通出版社股份有限公司,2018.

[16] 李琼星. 城市公交线网规划研究[D]. 长沙:湖南大学,2002.

[17] 郭罕智. 城市常规公交场站布局与站点设置规划研究——以松原市为例[D]. 长春:吉林大学.

[18] 张聪聪. 常规公交换乘枢纽选址方法研究[D]. 成都:西南交通大学,2011.

[19] 郑长江. 城市公共交通[M]. 北京:国防工业出版社,2017.

[20] 任科社,马银波,贾文娟,等. 交通运输系统规划[M]. 北京:人民交通出版社,2005.

[21] 吴兆麟,等. 综合交通运输规划[M]. 北京:清华大学出版社,2009.

[22] 李文权,陈茜,李爱增. 城市常规公共交通智能化运营调度关键技术[M]. 北京:科学出版社,2015.

[23] Avishai Ceder. 公共交通规划与运营——建模、应用及行为[M]. 关伟,等译. 北京:清华大学出版社,2017.

[24] Cede A. Public Transport Timetabling and Vehicle Scheduling[M]. Advanced Modeling for

Transit Operations and Service Planning. 2002.

[25] Bertossi A A,Carraresi P,Gallo G. On some matching problems arising in vehicle scheduling models[J]. Networks,1987,17(3):271-281.

[26] 李俊辉,郑锂. 城市公共交通运营管理[M]. 成都:西南交通大学出版社,2016.

[27] 赵航,宋瑞. 公共交通系统营运可靠性研究[J]. 公路交通科技,2005(05):121-127.

[28] AVISHAI CEDER,HELMAN I. STERN. Deficit Function Bus Scheduling with Deadheading Trip Insertions for Fleet Size Reduction[M]. INFORMS,1981.

[29] 沈吟东,陈仕军. 公共交通驾驶员调度[M]. 北京:清华大学出版社,2019.

[30] 郭晨. 面向轨道交通的灵活型接驳公交站点选址研究[D]. 济南:山东大学,2015.

[31] 马超群,艾倩楠,张俊. 不完备信息下公交断面客流的推算模型[J]. 公路交通科技,2018,35.

[32] 王夏秋. 城市轨道交通线路短期客流预测研究[D]. 南京:东南大学,2017.

[33] 陶亭. 基于卫星导航系统数据的公交车到站时间预测[D]. 长沙:长沙理工大学,2018.

[34] 赵衍青. 公交车辆到站时间预测方法研究[D]. 北京:北京交通大学,2017.

[35] 纪安琪. 基于LSTM-PF模型的公交车辆到站时间预测研究[D]. 北京:北京交通大学,2019.

[36] 叶之放. 基于多源公交数据和LSTM的公交到站时间预测研究[D]. 广州:华南理工大学,2019.

[37] 范光鹏,孙仁诚,邵峰晶. 基于LSTM和Kalman滤波的公交车到站时间预测[J]. 计算机应用与软件,2018,35(04):91-96.

[38] 戴霄. 基于公交IC信息的公交数据分析方法研究[D]. 南京:东南大学,2006.

[39] 魏明,靳文舟,孙博. 求解多目标区域公交车辆调度问题的遗传算法[J]. 北京工业大学学报,2013(08):130-135.

[40] Kliewer N,Mellouli T,Suhl L. A time-space network based exact optimization model for multi-depot bus scheduling[J]. European Journal of Operational Research,2006,175(3):1616-1627.

[41] Celso C. Ribeiro,François Soumis. A Column Generation Approach to the Multiple-Depot Vehicle Scheduling Problem[M]. INFORMS,1994.

[42] 巫威眺. 不确定环境下公交网络协同调度的鲁棒性及控制策略[D]. 广州:华南理工大学,2015.

[43] 郝小妮. 公交区域调度关键理论问题研究[D]. 广州:华南理工大学,2014.

[44] Wu Weitiao,Liu Ronghui,Jin Wenzhou. Modelling bus bunching and holding control with vehicle overtaking and distributed boarding behavior. Transportation Research Part B,2017,104,175-197.

[45] Ceder,A.,Golang,B.,Tal,O. Creating bus timetables with maximal synchronization. Transporation Research Part A,2001,35(10),913-928.

[46] 徐康明. 辅助公交,精准化需求管理 新时代上海公交都市战略不可或缺的选择[J]. 交通与港航,2017,4(02):8-11+3.

[47] 胡学文.基于公共交通骨干网络的辅助公交规划方法研究[D].昆明:昆明理工大学,2015.

[48] 徐康明,李佳玲,冯浚,等.定制公交服务初探[J].城市交通,2013,11(05):24-27.

[49] 徐康明.浅谈辅助公交[J].人民公交,2016(01):27-29.

[50] 王玉琢,廖啟迪.城市新型辅助公共交通及规划决策模型研究[C].中国城市规划学会等,2018:879-888.

[51] 深化公共交通供给侧结构性改革加快我市辅助公交发展的指导意见(征求意见稿) http://jtys.foshan.gov.cn/gzhd/yjzj/yjzjjs/content/post_641546.html.

[52] 美国交通运营研究加资源会.公共交通通行能力和服务质量手册[M].3版.腾靖,杨晓光,译.北京:人民交通出版社股份有限公司,2019(06).